# L'HISTOIRE
# DV PALAIS
## DE LA FELICITÉ·

CONTENANT LES AVENTVRES DES
*Chevaliers qui parurent aux Courses faictes à la*
*Place Royale, pour la feste des Alliances de la*
*France & de l'Espagne.* 1612

AVEC LA SVITTE DE CE QVI S'EST
passé sur ce subject depuis ces triomphes & ces
magnificences, iusques à l'accomplissement
des deux Mariages, & retour de leurs
Majestés en leur ville de Paris.

OV L'ON PEVT VOIR ENCORES LA FORME
*des Entrées des Ioustes & des Tournois, les Equippages, les Habits, les*
*Machines, les Deuises, les Armes & les Blasons des plus*
*grands Seigneurs du Royaume.*

DEDIEE A LEVRS MAIESTEZ TRES-CHRESTIENNES.
par FRANÇOIS DE ROSSET.

## A PARIS,

De l'Imprimerie de FRANÇOIS HVBY, ruë S. Iacques à la Bible
d'Or. Et en sa boutique au Palais en la gallerie des prisonniers.

### M. DC. XVI.

AVEC PRIVILEGE DV ROY.

# A LEVRS MAIESTEZ
## TRES-CHRESTIENNES.

### Randes Reines,

Parmy la reſiouyſſance, & les acclamations de tant de peuples, qui recognoiſſent les images viuantes de la grandeur infinie qui n'a rien d'egal que ſoy-meſme, ie viens vous offrir le diſcours de ce qui ſe paſſa à la place Royale, pour la feſte des Alliances de la France & de l'Eſpagne. I'y ay encores adiouſté la ſuitte de ceſte Hiſtoire, & inſeré les Auantures des Cheualiers que la Gloire y appella de toutes les contrees du monde. Comme ces ames genereuſes n'ont iamais eu d'autre but que de teſmoigner leur courage & leur adreſſe aux yeux de vos Majeſtez, ie n'ay eu iamais d'autre deſſein que de celebrer vos loüanges en cet ouurage. Certes (O GRANDES REINES) les obligations que tous vos ſubiects vous ont pour le repos aſſeuré que vous donnez à cet Empire, ſont ſi grandes, & les charmes de voſtre douceur, qui gaigne tous les courages, & toutes les volontez, ſont ſi forts & ſi puiſſans, que tous vos Suiets confeſſent, que quand la Nature ne vous auroit acquis le pouuoir que vous auez ſur eux, neantmoins voſtre merite & vos perfections les obligent à ceſte ſeruitude. Aymant plus fort, ſãs doute, que celuy qui attire le fer, & cheiſnes plus fermes &

â ij

plus affeurees, que celles dont le Sicilien, fe vantoit auoir attaché fa Royauté. Nous fommes tefmoins (ô MERE de mon Roy) de vos trauaux & de vos veilles, & tous les iours nous nous reprefentons la dexterité devoftre clair iugement qui au maniment des plus grandes & plus importantes affaires de cette Couronne, fçait fi bien parer aux coups de la têpefte, furmonter fa propre paffion, preferer l'vtilité publique à la vengeance, & fauuer du naufrage vn fi grand vaiffeau, battu de tant de vagues, & foufflé de tant de vents contraires & dangereux. Nous fommes encore tefmoins (ô chere ESPOVSE de mon Roy) de la felicité que vous donnez à la France, puis qu'il femble qu'à voftre aduenement le Ciel regarde la terre d'vn œil plus doux que de couftume, & face retourner auec la douceur de la paix, le fiecle tant renommé de l'antiquité. Il ne refte (ô belle & diuine Princeffe) pour la guerifon de tous nos maux qu'vn Dauphin. Puiffiez vous nous en donner bien toft vn. Qu'il foit neantmoins different de ceux de la mer, qui ne paroiffent iamais hors des flots, fans prefager quelque orage. GRANDES REINES, le Ciel qui admire en vous la grandeur de fes ouurages, vous comble encores d'autant de benedictions que vous poffedez de merites. Ce font les vœux de tous les bõs François, & particulierement (ô GRANDES REINES) c'eft vn des fouhaits que fait tous les iours pour vos Majeftez,

Voftre tres-humble, tres-fidelle, & tres-obeiffant fubiect & feruiteur,

DE ROSSET.

# LE ROMANT
# DES CHEVALIERS
## DE LA GLOIRE.

# PREMIERE IOVRNEE.

## COMME LES GENIES DE FRANCE
*& d'Espagne se rencontrent aux monts Pyrenées,*
*& des propos qu'ils ont ensemble.*

## CHAPITRE I.

LE GENIE de la France, venant vn
iour de visiter toutes les Prouinces
dont il est tutelaire, se treuua sur l'vne
des plus hautes montaignes, qui portent le nom de la Nymphe, qui par
les charmes de sa beauté, fit perdre au grand Hercule le surnom d'inuincible. Le trauail qu'il auoit pris
en vn si long voyage luy fit ietter les yeux d'vn costé,
& d'autre, pour voir si en ces lieux deserts & inacef-
sibles il ne treuueroit point quelque agreable solitu-
de propre pour s'i reposer. Il n'eut pas employé beaucoup de temps à ceste recherche, qu'il apperceut vn
Antre ou la Nature a pris plaisir de faire paroistre ce

A

que l'artifice des humains auroit peine d'imiter.
Quatre piliers de marbre d'ordre Dorique, enlaçez
de palmes, & de lauriers seruent d'ornement à son
entrée. Le dedans est tout reuestu de feuillages de
lierre & de rameaux d'oliue, ou pendent pour
fruictz des perles, & des diamantz. Le lambris est
vn ouurage à la Mozaique representant l'histoire
des Nymphes chasseresses, qui pour auoir presté
l'oreille aux discours des amoureux ont veu terminer leurs iours, par vne auanture lamentable & funeste.

*Description
de l'Antre
de Diane.*

Califton y est viuement depeincte, de la sorte
qu'elle estoit lors que la seur d'Apollon, la fit retirer
loing de la claire source ou elle se lauoit. La Nymphe baisse le chef, & toute confuse a honte de regarder la Deesse qui la menace. Daphné poursuiuie par
Apollon, s'y voit changée en vn laurier. Semele y est
foudroyée, & la pauure fille d'Inache, y court en
forme de genice par montz, par plaines, & par va-
leés. Son pourtraict y est si naiuement tiré, que rien
ne luy deffaut que le mugissement. La fille de Deda-
lion, qui par son outrecuidance se vantoit d'estre
plus belle que la fille de Latonne, y est couchée à la
renuerse. Vne fleche perce la langue de ceste beauté,
& luy faict vomir auec son blaspheme vn ruisseau
de sang. Son pere qui voit le bucher qu'on luy prepare, en deuient si forcené, qu'il se precipite du sommet de Parnasse: mais les Dieux qui ont pitié de sa
misere le changent soudain en vn faulcon. Vne fontaine coulant de ceste voulte par vn petit canal, ar-

rofe ce lieu folitaire & fe perd au feuil de la porte.
Auffi-toft que la Courriere de la nuict monftre fes
nouuelles cornes, les Oreades à cheueux efpars s'y
affemblent, & demy forcenees fe battent la poictrine, lamentantz la belle Pyrene, qui pour auoir
profané cefte grotte, lors qu'elle y laiffa cueuillir au
fils de Iupiter la fleur de fa virginité fut par le courroux de Diane expofée à la rage de deux Lions affamez qui la deuorerent. L'hiftoire de fa fin pitoyable
y eft fi naïuement depeinte qu'on diroit qu'elle
conte encores aux rochers les infideles amours de
fon Hercule, & que ces deux fiers Lions viennent
mettre en pieces ce beau corps, qui auoit vaincu celuy, qui dompta jadis tant de Monftres.

Noftre Genie n'eut pas fi toft mis le pied dans ce
chef d'œuure de Nature, qu'il y vit celuy d'Efpagne,
que le mefme defir de fe repofer y auoit amené. Ils fe
faluent & f'embraffent, & s'eftants affis l'vn aupres
de l'autre, de difcours en difcours viennent à parler
des affaires de leurs Monarchies: loüent la paix qu'ils
infpirerent aux cœurs de Henry le grand, & de Philippe H. & defirent de treuuer vn moyen pour la
rendre immortelle.

N'eft-ce pas vn grand mal-heur (difoit celuy d'Efpagne) qu'il faille que nos Coronnes foient fi fouuent def-ynies: pendant que l'Infidele fe rit de nos
pertes, & que nos diffentions donnent accroiffemét
à fon Empire? Faut-il que l'ambition & la jaloufie
de nos Rois ayent rendu cefte race d'Ohomans fi temeraire, qu'elle aille rauageant la Pannonie, fans que

A ij

perfonne s'oppofe à l'infolence de fes armes ? Si la
Difcorde n'euft faict armer nos Peuples les vns contre les autres, & qu'au lieu de defchirer nos propres
entrailles, nous euffions vni nos forces pour les employer contre c'eft ennemy commun, l'Aigle qui fe
voit maintenant confiné dans vne partie des Ale-
magnes , eftendroit encores fon vol par toute la
Thrace, & la Croix feroit fi redoutable au Croiffant,
qu'elle le contraindroit de fe contenir dans le terroir
de la Meque.

Ie ne vois ( refpond celuy de France ) q'vn
moyen pour eftablir vne paix parmy nos peuples.

Ie vous prie ( dit celuy d'Efpagne) de me l'apprendre. Peut eftre c'eft celuy mefme que ie me
propofois à l'heure que vous eftes arriué.

Ne fçaues vous pas ( pourfuict le Genie de la
France) que mon Roy eft le plus acompli Monarque de l'Vniuers. Ignorés vous que les Oracles qui
predifent tant de merueilles de fa valeur ne foient
veritables? Neft-il pas vray qu'on ne fçauroit voir la
Princeffe fa fœur fans l'adorer, & que le Ciel ne la produicte auec tant de perfection que pour apprendre
l'obeiffance à ceux qui ne font nez que pour commander? Et puis que le fils de voftre Monarque doit
vn jour par fes rares qualités obfcurcir la gloire de fes
Anceftres, & que l'Infante fa fœur poffede def-à prefent autant de beauté & de perfection, qu'vn jour il
aura de force & de vaillance , pourquoy ne taf-
chons nous point d'affermir les colomnes de nos
Eftatz, par la voye de deux Mariages? Croyez moy
c'eft le chemin le plus affeuré pour chaftier l'Enne-

my commun des peuples baptifés, & pour venger le fang de tant d'innocentz qui ont reffenti les effeĉtz de fa cruauté.

Heureufe la rencontre (s'efcrie alors le Demon d'Efpagne) qui nous a ce jour-d'huy affemblez en ce lieu ! Que le fruiĉt qui s'en recueuillira fera delicieux! Ie m'imagine de voir def-ja la Grece, qui foufpire foubs le joug d'vne cruelle feruitude, rompre fes fers & fes chaifnes, recouurer fa liberté, & reprendre fa premiere fplendeur. Mais comment pourrons nous donner commencement à vne affaire de telle importance?

Il me femble (dit celuy de France) que nous deuons premierement aller en Cypre, treuuer la Deeffe des amours. Nous luy communiquerons noftre deffein, & la prierons de commender à fon fils qu'il bleffe les cœurs de nos jeunes Monarques. De la nous irons vifiter le Sommeil dans fon palais tenebreux, & le prierons encores qu'il commande à Morfée de prendre la figure de Henry de Grand, & puis celle de Philippe II. & que foubs ces formes il apparoiffe à ma Reine, & a voftre Roy, & les difpofe à la recherche de ces alliances.

Le Genie d'Efpagne appreuue l'inuention de celuy de France, & tous deux des l'heure mefme volent deuers Cypre pour treuuer la Deeffe, qui preuoyant leur venuë, les vient rencontrer aux riuages de Pamphilie. Elle les faiĉt entrer dans fon chariot tiré par quatre colombeles, & les mene en fon riche, & fuperbe Palais.

# DESCRIPTION

## DV PALAIS DE VENVS.

### CHAPITRE II.

E Palais de Venus eſt en Amathonte.
L'entrée en eſt deffenduë aux mortels.
Medée qui par la force de ſes charmes arreſte le cours du Soleil & de la Lune, &
contrainct les fleuues à retourner vers leurs ſources,
ſe fit porter par ſes Dragons volants en ceſt agreable
ſejour, pour cueuillir au jardin de la Deeſſe les herbes, & les racines, dont elle vouloit rajeunir le pere
de Iaſon. C'eſt d'elle de qui je tiens la deſcription
que je vais vous en faire.

    Le plan de ceſte ſuperbe & magnifique demeure
eſt de forme quarrée. Il eſt clos d'vne triple muraille
dor maſſif, enrichie de colonnes d'eſmeraudes d'ordre Corinthe. Au front de ce meſme plan eſt le
Palais dont les murailles ſont d'yuoire ſouſtenuës
par de grands piliers de diamant, à la Dorique. Quatre pauillons paroiſſent, aux quatre coings de ce
baſtiment. L'vn eſt de Saphyr: l'autre de Rubis: le
troiſieſme de Turquoiſe, & le quatrieſme de Iacin-

the. Les lambris font de licorne a culs de lampe ren-
forcez d'alloués, de bafme, & de cedre, le tout faict
en manequinage de diamantz, & de fleurons diuer-
fement émaillez. Vulcan qui acheta les premiers
baizers de fa femme au pris d'vn tel edifice, y a fi
heureufement enchaffé les perles, les émeraudes,
les rubis, & les autres pierreries, que fon art égale la
matiere. Ce beau palais n'a pas befoing d'eftre éclai-
ré des rayons du Soleil, par ce que les efcarboucles
femées par les lambris, & enchaffées dans les murailles, y rendent affés de lumiere. Le paué eft de chry-
folite en lacs d'amours, enrichi de corail & de cypres,
taillé en efcaille, retenue par des filetz de diamant.
L'air y eft toufiours doux, & ferain, & les vents rete-
nus de refpect & de crainte nofent pas s'en approcher. La froidure & la chaleur en font bannies. Le
Printemps y eft eternel. A l'vn des boutz de cefte
demeure delicieufe eft vn jardin, ou les fleurs ne
font jamais touchées de la main des hommes. Auffi
ny fletriffent elles iamais, & ny recognoiffent d'autre jardinier que le gracieux Zephyre, qui fe plaift à
les entretenir toufiours freches par le fouffle de fon
halleine. Des deux coftés des allées de ce jardin, il y
a des boccages embellis de verdure perpetuele, ou
ce vent mignard méle fes foupirs auec la voix des
oifeaux, de diuers plumages, qui voletent de branche en branche, & font vn agreable concert. Aucun
oifeau n'y eft receu fans auoir auparauant fait preuue de l'art de bien chanter. La Deeffe elle mefme en
eft le juge, & celuy qui par fa douce voix a fceu con-

tenter fon oreille, y eft receu , au lieu q'vn autre qui
n'a pas la voix bonne, eft renuoyé. Tout y chante:
tout y rit : tout y baize: tout y fait l'amour. Le Palmier s'y ioinct au Palmier : le Myrthe au Myrthe,
& le Peuplier au Peuplier. Ceux qui ont confumé
leur âge au feruice de Venus y font tranfportez apres
leur trefpas, pour y receuoir les fruicts de leurs trauaux. Hercules, Thefee, Iafon, Paris, Ægifte, Deme-
trius, Marc-Antoine, dõ-Galaor, dõ-Rogel de Grece y paffent delicieufement le temps auec Saphon
Corinne, Clitemneftre, Helene, Lais, Lamie, Thais,
Flore, Meffaline, Agripine, Fleur defpine & autres.
Chacun y iouïft de celle qui luy plaift. Les defdains
& les refus fõt bannis de cefte compagnie: le defir y
eft reciproque: on y brufle d'vne pareille ardeur. Il
ne faut point auoir recours aux foufpirs & aux larmes
pour y obtenir ce que les amoureux recherchent. Iamais Amour ny fait vne bleffeure feule. Il frape toufiours deux cœurs a la fois, & leurs affections font auffi
toft eftaintes qu'allumées. Il y a des cabinets ecartez
faits de branches de Mirthe que le iour n'ofe iamais
toucher de peur de troubler l'aife & le repos des amãs:
c'eft là qu'vn chacun fans honte & fans ialoufie tient
entre fes bras celle qu'il ayme. Quand le long trauail
des exercices amoureux a rendu leurs corps debiles
& languiffans, ils mangent d'vn certain fruict delicieux enfermé dans vn coin du verger qui a la vertu
de reftaurer leur premiere vigueur. On voit fur le canal de petits bateaux enrichis de chiffres peints &
dorez, & couuerts d'eftoffes de foye de differentes
cou-

couleurs, les amours en font les bafteliers. Ils paffent les amants, à tire de rame d'vn bord à l'autre, ou
les pourmènent le long du riuage planté de faules
verds. Quelquefois ils mettēt pied a terre, puis chaf-
cun prenāt fa dame foubs le bras va dās le pré email-
lé de belles fleurs, faire des guirlandes dont ils cou-
ronnent leurs teftes. Chacun y fait l'amour a l'enuy
l'vn de l'autre, & la Deeffe donne des prix à ceux qui
fçauent mieux l'art de fe baifer. D'vn cofté l'on y voit
vne fource auffi claire qu'vn criftal qui y traifne doucement fon cours & qui s'y diuife en plufieurs ruif-
feaux. De l'autre vn eftang bordé de mille petis arbriffeaux enlacés en plufieurs fortes. C'eft la que mille petis Amours folaftrent. Les vns couppent des bráches pour en faire des fleches : les autres aiguifent
leurs dards fur vne pierre polie : & mille autres fe
jouënt fur le riuage : petis garçons, beaux & douil-
letz, pareils de beauté, d'aage, de corps, & d'hu-
meurs : enfants des Nymphes, & des Syluains.

Il y a vn autre Amour, qui eft fils de Venus. C'eft
celuy qui exerce fon pouuoir fur les Deitez, & qui
ne daigne tremper fes fleches que dans le fang des
plus puiffants, & plus redoutés Monarques. Venus
(qui pour l'amour d'Aenée cherit les François iffus
de la race des Troyens, fçachant la caufe de la venue
des Genies) l'appelle, & le conjure de trauerfer d'vn
traict doré les ames de Louys, de Philippes, d'Anne,
& d'Elizabeth. Amour obeift à fa Mere, & vole premierement en France, & s'arrefte fur Montmartre.
Le Ciel doux & ferain auoit ce iour la inuité Louys

B

à fortir à la campagne. Il tenoit fur fon poing vn
faucon qu'il eftoit preft de lafcher & de faire voler aprés le Heron, que deux Sacres buffetoient en
l'air le long du riuage de Seine, quád le fils de Cypris
banda fon arc, & decocha fur noftre Monarque vne
flefche, ou il auoit graué les perfections d'Anne. Cefte fleche eft comparable à la foudre. Elle brule le
dedans fans offencer le dehors. Louys en reffent l'atteincte, & s'eftonne de la temerité de celuy qui a
ofé le bleffer. Elizabeth fe pourmenoit à l'heute
mefme aux Tuileries, & faifoit auec les ieunes vier-
ges de fa fuitte des bouquetz & des guirlandes pour
mettre fur leurs teftes. Le fils de Venus n'auoit pas
befoing de s'informer pour recognoiftre cefte Princeffe. Son incomparable beauté, luy en dónoit affés
de cognoiffance : fi bien qu'il n'auoit garde de fe
tromper en decochant fon traict. Sa Mere l'auoit
aduerty de s'adreffer à la plus belle, & cefte beauté
luifoit entre les autres comme faict l'Eftoile du Matin, parmi les feux de la nuict. La Belle receuant le
coup foupire & ne peut fi bien cacher fon mal, que
fes Damoifelles ne remarquent fon émotion. Mais
cependant le Dieu des amours quitte legerement la
France, & fe treuue en vn moment en Caftille.

    Aux bords du fleuue du Tage tant renommé
pour le fablon d'or qu'il traifne en fes ondes, eft vne
maifon Royalle nommée Aranques, ou les enfans
du Roy fon nourris. C'eft la que Cupidon s'arrefte
fur le fommet d'vne haute Tour. Il voit de là le Prince s'efbatant fur vn petit de ces genetz que les iu-

mérz conçoiuent en ceste contrée, lors qu'elles ont
la teste tournée deuers le souffle du vent Zephyre.
Philippes le manioit dextrement, quand Amour
luy lacha le traict & qu'il luy graua dans le cœur la
beauté d'Elizabeth. Anne qui d'vne fenestre regardoit l'adresse de son frere se sentit à mesme temps
atteincte des perfections de Louys. Heureuses bles-
sures que vous causerés de guerisós! Iamais l'Amour
ne fit vne telle conqueste. Il se peut vanter desormais d'auoir en vne heure rengé soubs son pouuoir
toute la valeur, & toute la beauté du Monde. Aussi
l'excez de la ioye qu'il en a le faict retourner plus
promptement deuers Citherée. Si tost que la Deesse
le void reuenir, elle le baise & le serre estroictement
de ses bras amoureux. Ma Mere ( *ce disoit-il* ) ie suis
maintenant absolu Monarque de l'Vniuers : puis
que ceux qui doiuent reduire le monde en vne seule Monarchie, & luy donner des loix, recognoissent
les miennes. I'ay autrefois blessé Apollon, & Neptune, & forcé le Maistre des Dieux à se changer tantost
en Cigne, & tantost en Thoreau : mais i'estime bien
plus la victoire que ie viens de gaigner maintenant
sur Louys & sur Philippes que la gloire qu'on me
donne d'auoir iadis surmonté tous les Dieux. Venus est si aise d'apprendre par le discours de son fils
le succez de ceste Auanture, qu'elle fait publier des
l'heure mesme vne feste par tout son Royaume. Les
Genies y son magnifiquement traictez l'espace de
trois iours. Ils y seiourneroient plus long temps:
mais le desir qu'ils ont d'acheuer bien tost l'ouurage
qu'Amour a si bien commencé les presse à demander congé à la Deesse.                              B ij

※⁂❈⁂❈⁂❈⁂❈⁂❈⁂❈⁂

## COMME MORPHEE APPAROIST
*en ſonge à la Reine Marie ſoubs la Figure de* HENRY
LE GRAND, *& puis à* Philippes III. *ſoubs*
*celle de* Philippes II.

### CHAPITRE III.

*Deſcription de l'Antre du ſommeil.*

Es Genies de France, & d'Eſpagne, ſuiuant la reſolution qu'ils prindrent auant
que d'aller en Cypre, firent tant par leurs
diligences, qu'ils arriuerent le ſoir meſme
dans l'Antre du Sommeil. C'eſt vn lieu ſouſterrain
voiſin de la contree où le fleuue Tanays prend ſa
ſource. Iamais le Soleil depuis qu'il remonte en l'O-
rizon, ou qu'il ſe plonge dans le ſein de Thetis ne
l'eſclaira. On ny entend point de coq, qui annonce le iour, ny de chien qui en abbayant interrom-
pe le doux ſommeil. S'il y a quelque bruict ce n'eſt
que le plaiſant murmure du fleuue d'oubly, qui
tombant parmy des cailloux entre-caſſés, ſemble
conuier à dormir. La ſont les ſonges, images des
choſes, couchez & entaſſés les vns ſur les autres ſur
des feuilles de pauotz, & de mandragores. Le nombre en eſt ſi grand, qu'il eſt impoſible de les conter.
On y entre par deux portes: l'vne eſt faicte de corne,
taillée d'vn merueilleux artifice, ou lon void comme dans vn parfaict tableau repreſentés les ſonges
qui apprenent aux morrels l'heur, & le mal'heur des
Auantures. L'autre eſt d'vn yuoire auſſi blanc que

de la nege, ou l'on remarque pareillement la pein-
cture de quelques fonges, mais feulement tirés au
premier crayon : fonges incertains, obfcurs, & confus, fur qui l'on ne peut mettre de fondement. Les
Genies entrés dans ceft Antre, par la porte de corne, vont treuuer le Sommeil qui eftoit couché dans
fon lict, & apiés l'auoir éueillé, luy font entendre le
fubieĉt de leur arriuee. Ils le coniurent par la Nuiĉt
fidele amie du Silence, & par la noire Hecate, que
le Sommeil reuere, qu'il commande à Morfeé
de prendre la figure de Henry le grand, & celle de
Philippes 11. afin qu'aparoiffant foubs ces formes à
la Reine des Fleurs-de liz & au Monarque des Efpagnes, l'on puiffe voir l'accompliffement de ces mariages. Au nom de ces fombres puiffances des Enfers
le Dieu du Somme leue le chef, & demy éueillé,
& demy endormy accorde leur demande, & puis
laiffe doucement aller fa tefte fur le cheuet de fon
lict.

Tandis Morfeé prend fon vol vers Paris, & battant
auec fes aifles les tenebres entre infenfiblement dans
la châbre de Marie. C'eftoit au matin lors que l'Aurore rappellant la lumiere du Soleil commence de
femer les rozes, & les lis par l'Orizon. Le fonge pofe
fes aifles à vn coing de la chambre, & prend la forme
de Henry le grand. Il auoit vne face joyeufe & telle
qu'on l'a vit quand il reuenoit de la bataille d'Yuri,
ou de la conquefte de Sauoye, couuert de palmes &
de lauriers. Il eftoit veftu d'vn habit de pourpre
dont l'efclat éblouiffoit les yeux. Vn grand panache

B iij

blanc flottoit sur son chappeau *Ma chere ame (. disoit
cefte figure ) que i'aymois à l'egal de mes propres yeux, & 
que i'ayme encores aprés la mort ; si la Parque n'a point effacé
de voftre ame la memoire de voftre cher Henry, ie vous coniure par la douce ardeur de noftre Hymenée, qu'auffi toft que le 
iour fera venu vous affembliez voftre fage Conseil, & luy 
faciés entendre comme les Dieux desirent que vous demandiez
l'Infante des Efpagnes pour eftre Efpouse de mon fils, & offriez
en efchange Élizabeth à Philippes. L'heur qui procedera de 
ces alliances r'amenera au monde le siecle de Saturne.*

Il acheuoit ce discours lors que la Reine s'éueilla
en surfault, & penfant embraffer fon Epoux ne treuua que du vent entre fes bras. *Ou fuyez vous* (crioit cefte vertueufe Princeffe) *chere idole de mes vœux. Que ne
donnez vous ce contentement à voftre Marie, de pouuoir encores preffer vne fois voftre bouche du coral de la sienne. O 
gracieux fonge : mais de trop peu de durée, helas ! tu me fais bien
paroiftre que la felicité des humains paffe comme vne ombre.*

Elle eut continué fes plainctes, si les Dames qui la
feruent & qui eftoient accouruës à ce bruict, ne l'en
euffent detournée. Elle garde cependant dans son
cœur les paroles de son Henry, & auffi toft que le
iour a chaffé les tenebres de la nuict, elle enuoye
chercher son fage Conseil & luy raconte fa vifion.
Ces colomnes folides de l'Eftat. Ces Athlas & ces
Hercules qui fouftiennent le pefant fardeau de noftre Empire, & qui tant de fois ont merité de leur
patrie la couronne Ciuique. Ces Argus qui veillent
inceffamment pour le bien public, & qui penetrent
dans l'obfcurité des affaires comme l'œil à trauers

le verre, leuent incontinent les yeux au Ciel, & le
remercient des graces qu'ils voyent prepareés pour
l'heur de la Chreftienté. Ils confeillent à fa Maiefté
de ne mefprifer point les aduis des Immortels, & la
difpofent d'ez l'heure mefme d'enuoyer vn homme de marque, pour l'execution d'vne affaire de
telle confequence.

Tandis Morfée s'eftoit apparu à Philippes &
foubs la forme de fon Pere luy auoit commandé
la mefme chofe qu'il venoit de confeiller à la Reine.
Deux Ambaffadeurs partent en mefme temps l'vn
de Paris & l'autre de Madril, & fe rencontrent entre Narbonne & Leucate. Chacun d'eux ignore
neantmoins le deffein de l'aultre, & ne fe parlent
qu'en paffant. Merueille! ils fortirent à mefme iour,
& à mefme heure, de la Court de leurs Princes, &
arriuerent à mefme iour, & à mefme heure, l'vn à
Paris, l'autre à Madril. Il n'eft pas befoing d'efcrire
s'ils furent les biés receus puis que les defirs eftoient
cómuns, les vœux & les recherches reciproques. Les
atticles furent bien toft refolus. ANNE MAVRICE
eft accordée à LOVYS ELIZABETH à PHILIPPES.

Au bruit de ces agreables nouueles, les peuples de
France & d'Efpagne fe refiouiffent, & remercient les
Anges tutelaires de leurs coronnes d'auoir fi bien infpiré leurs Princes, & ceux qui les confeillent. Mais
tã dis que les feux de joye, & les alegreffes publiques
fe prepareront, nous irons apprendre d'Almidor, de
Leontide, d'Alphée, de Lifandre, & d'Argante, Cheualiers de la Gloire, comme il faut honorer les mariages des Dieux.

## CHAPITRE IIII.

DVRANT que le bruict de ces alliances couroit par toute l'Europe, il y auoit cinq
Cheualiers, qui pour estre estimés des
hommes, & pour estre aymés de leurs
Dames, alloient par tous les climats du monde, pour
y mettre fin à toutes les auátures estranges. La Hongrie, la Pologne, & la Suede: la noire, & la blanche
Russie, auoient serui de Theatre à leur valeur. Leurs
espeés auoient faict sentir aux plus horribles Monstres des deserts de la Tartarie, que rien ne leur est
inuincible: mesmes les plus forts enchantemens de
la Magicienne Dragontine n'auoient peu arrester le
cours de leurs victoires, de sorte que ne treuuants
plus de lauriers en Europe, ils se resolurent d'en aller
chercher en Asie. En ce desseing ils trauerserét les Al-
lemagnes, & firent tant par leurs journées, qu'ils arriuerent à Venise. Apres s'estre equippez d'vn bon
Nauire, les Mariniers hausserent leurs voiles, & auec
bon vent cinglerent iusques aux costes de Cessalo-
nie, croyants d'abborder bien tost en Crete pour y
voir les antiques monuments du labyrinthe de Dedale. Mais la fortune contraire à leur entreprise fit
qu'a mesme temps les flots de la Mer cómencerent à
blanchir,

blanchir, & le Nord à foufler auec plus de violence qu'il ne faifoit auparauant. Le Patron voyant
l'orage s'éleuer, & criant qu'on abbatit les maftz
& les voiles perdoit fa peine : car les vents fiflants de
tous coftez ne permettoient pas qu'on entendit fon
cri. Le Nauire eftoit pouffé fur des montz de flotz,
tantoft iufques aux Eftoiles, & tantoft il defcendoit en vn fi profond abifme entre deux montaignes de vagues, que ceux qui eftoient dedans
penfoient eftre au fonds des Enfers. Quelque ordre que fçeuffent mettre les matelotz, l'impetuo-
fité de la tourmente eftoit fi forte, que plufieurs
fois ils euffent faiôt nauffrage, fi le Ciel ne les eut
particulierement affiftez de fa faueur. La grefle & la
pluye entreméflez d'efclairs & de tonnerres, tomboient fi efpaix, qu'il fembloit que l'Air, la Terre,
la Mer, & tous les Elemens fe deuffent affembler,
& retourner en leur premiere confufion. En fin le
vaiffeau fut pouffé par fi grande force fur le fable,
qu'il s'entrouurit tout par la quille. Les Cheualiers
bien aifes d'eftre efchappez à fi bon marché defcouurirent vne Ifle deleôtable à la veuë, ou ils def-
cendirent auec deffeing de s'informer de la con-
treé. Mais vn tel effray faifit les Matiniers, que peu
s'en falut qu'ils ne fe iettaffent au profond des ondes. Lors Almidor leur demanda la caufe de cefte
fi foudaine frayeur. Helas ! Seigneur (refpondit le
Pilote) nous ne pouuions rencontrer de pire nauffrage que ceftuy cy. Nous fommes arriuez en l'Ifle
Trifte, ou cinq cruels & barbares Geans, de la

C

race de Briarée, exercent tant d'inhumanité qu'E-
ftranger ny abborde iamais, fans y fouffrir vne
cruele mort, ou vne prifon plus cruele que la Mort
mefme. Les Cheualiers accouftumez à dompter de
tels Monftres, ne firent que rire de la peur des Mariniers, & à l'heure mefme ayant laiffé leurs Efcuyers pour la garde du Nauire, endofferent la cuirace, monterent à cheual, & le heaume en tefte, & la
lance fur la cuiffe fuiuirent vne fente fort eftroicte,
& peu frequentee. Apres auoir cheminé vne bonne heure, ou plus, tantoft montantz & tantoft def-
cendantz, ils defcouurirent d'vne petite coline vne
belle plaine, ou il y auoit vn beau parc, clos de haul-
tes murailles, au front duquel eftoient cinq groffes
& fortes tours. A la porte de chaque tour eftoit vn
perron de cuiure, ou pendoit vn Cor, & au deffoubs
il y auoit vn Efcriteau contenant ces mots en Ef-
pagnol:

QVALQVIERA QVE DESSEA VER LAS
MARAVILLAS DESTE LVGAR, TOQVE EL
CVERNO, MAS YO LE ACONSEJO DE BOL-
VERSE ATRAS, SI EL ANIMO LE FALTA.
C'eft à dire,

*Quiconque a defir de voir les merueilles de ce lieu fonne de*
*la trompe: Mais ie luy confeille de tourner arriere, fi le cou-*
*rage luy deffault.*

Les Cheualiers ayants mis pied à terre, attache-
rent leurs cheuaux à ces perrons, & laifferent leurs
lances appuyées contre, & puis prindrent chacun
vn cor, qu'ils n'eurent pas acheué de fonner, que les

cinq portes furent ouuertes, & les pontz abbatus.
Almidor entra au bas de l'vne de ces Tours. Leontide dans vne autre. Alpheé, Lyſandre, & Argante,
chacun auſſi dans l'vne des trois autres. Mais incontinent ils furent chargez par les gardes du Chaſteau, qu'ils taillerent bien toſt en pieces. Almidor,
qui auoit choiſi la Tour du milieu plus eminente
que les autres, & ou faiſoit ſa demeure l'eſpouuan-
table Geant Baladan l'aiſné des cinq freres, apres s'e-
ſtre depeché de ceſte canaille, monta par des degrez
de marbre juſques à vne grande ſalle fort ſuperbe, &
magnifique, longue de quatre vingts pieds, & large
de quarante. Du coſté tourné vers l'Orient, il n'y
auoit q'vne muraille d'vne certaine pierre polie,
ſi claire & ſi tranſparante, que la belle campagne
paroiſſoit auſſi bien que s'il n'y eut eu rien d'inter-
poſé Les autres coſtez eſtoient parez d'vne riche
tapiſſerie d'or, & de ſoye, ou l'on voyoit naiuement
repreſenteés les batailles des Aſſyriens, des Perſes,
des Grecs, & des Romains. Le lambris eſtoit enrichi d'or & d'azur, comme de meſme les croiſées, les
moulures, les pentes, les quarrés, & les poſteaux
des feneſtres, & des vitres. Comme le Prince s'a-
muſoit a ces peinctures Baladan arriue. Il eſtoit ſi
grand, & ſi demeſuré qu'il reſſembloit vn Coloſ-
ſe. Il tenoit à la main gauche vne targue d'acier,
ſi grande & ſi lourde, qu'a peine dix hommes euſſent peu la leuer de terre. A l'autre vn large cimeterre, conforme à ſa grandeur prodigieuſe. Si
toſt qu'il vit le Prince il commença à maudire

C ij

tous ſes Dieux, de ce qu'ils auoient permis q'vne ſi
chetiue creature *(*diſoit-il*)* auoit eu le courage de
l'attendre , & au meſme inſtant deſchargea vn ſi
horrible reuers;que ſi le Cheualier ne ſe fut deſtourné legerement, il eſtoit en grand danger de ſa vie.
Le coup alla donner ſur vne table de marbre, qu'il
mit en deux pieces. Et comme le Geant releuoit ſon
cimeterre, Almidor luy couppa la moitié de la cuiſſe. Baladan auec vne douleur extreme, ayant releué
ſon coutelas, rua ſur Almidor vn autre coup, que le
Prince ne pouuant euiter para de ſon eſcu , qui fut
mis en deux pieces,encores que ce fut celuy que Roger, dont ſon Ayeule eſtoit iſſue oſta au vaillant
Mandricard, le jour qu'il le tua deuant les murs de
Paris, qu'Agramant auoit aſſiegé. Le Prince marry
de la perte d'vn eſcu , dont il auoit retiré tant d'aſſiſtance en tant de rencontres & de combatz, ou il
s'eſtoit treuué jetta les yeux ſur ſon eſpée , &
tout en colere profera ces parolles. Ha! bonne eſpée dont mon Ayeul Godeffroy fit tant de fois rou-
gir le Iourdain du ſang des Sarrazins , ie ſerois indigne de te porter ſi tu ne me vengeois de la perte que
ie viés de receuoir. Ce diſant il la prit a deux mains &
faiſant vn grand ſaut deſchargea vn ſi horrible coup
ſur l'armet de Baladan,que s'il leut rencontré du fort
de leſpée, comme il ne le toucha que de la poincte,
il leut fendu iuſques à la ceincture. Le coup fut neát-
moings ſi demeſuré, qu'il coula le long de la face,
de ſorte que les dentz luy apparoiſſoient. Rens toy
Geant(luy cria alors Almidor)autrement tu és mort.

Qui és tu dit le Geant, qui as fait ce que les cent meilleurs Cheualiers du Monde ne fçauroient faire. L'on
m'appelle Almidor, refpond le Prince. Es tu donc
ceft Almidor ( dit le Geant ) de qui la renommée
vole par tous les climats de la terre? O faux Mahom
ie te renie, puis que tu n'as fceu empefcher que mon
coufin Lanfuze ne foit mort de la main de Cleandre,
ny moings encores que fon fils ne m'aift vaincu. Ie
croyois ( Almidor ) vanger fur toy , & fur tes freres
la mort de mon coufin, que ton pere le plus valeureux Cheualier de fon temps, mit à mort deuant les
portes d'Anderine: mais au lieu de reparer la honte
de noftre maifon ie ne fais maintenant que l'accroi-
ftre. Toutefois cecy me confole, que fi nous fommes vaincus, au moings c'eft par la plus braue, & la
plus vaillante race du móde. Ie me rens donques nó
feulement á toy, mais encore ie te promets d'embraffer la foy de Chrift: puis que ma deffaicte tef-
moigne affez la fauffeté de la doctrine de Mahómet.
Le Prince joyeux d'ouyr le Geant parler de la forte,
luy tendit la main pour luy ayder à fe fouftenir, & à
fe mettre fur vn lict, qui eftoit en vne chambre proche de cefte fale: car il auoit tant perdu de fang, que
la vigueur luy deffailloit. Cependant le gentil & valeureux Prince Leontide, qui à tant de fois efpandu
fon fang pour la deffence de la Croix, & occuppé les
hiftoires fideles à reciter fes exploicts guerriers, eftoit d'vne autre part attaché auec le cruel Dragonis,
qui cherchoit auec fa lourde maffe de l'accabler:

mais ce Cheualier adroict & difpos le rengea en fin
en tel eftat, qu'il le fit tomber par terre, tout eua-
nouy, & à l'heure fe jettant deffus luy donna tant de
coups fur l'armet, qu'il le luy fit fortir de la tefte, &
hauffant le bras feignit de la luy trencher, s'il ne pro-
mettoit de faire fa volonté, Le Geant le luy promit,
& foubs cefte condition le Prince luy donna la vie.
Alphée eut bien toft raifon de l'orgueuilleux Macarée, car la force de ce Prince, joincte à fa dexterité
paffe l'ordinaire des autres hommes. Auffi de premier abbord que le Geant l'apperceut il s'arrefta
pour le contempler eftonné de le voir fi grand & fi
bien formé. Le Prince s'arrefta pareillement & s'en-
quift du Geant à qu'elle intention il iettoit les yeux
fur luy. Cheualier (dit l'autre) encores que la courtoifie n'ait point icy de lieu, toutesfois ie fuis content
pour quelque chofe de bon, que ie remarque en toy
de te donner la vie, fi tu te veux rendre mon prifon-
nier. Geant (refpond le Prince) i'ay accouftumé de
donner la vie & non de la receuoir. Penfe donques
à te deffendre fans employer inutilement le temps à
difcourir. En es-tu la (dit le Geant) & par tous mes
Dieux, ta tefte refpondra de ta prefomption. Ce difant il prend fa hache a deux mains penfant luy a-
ualer la tefte: mais le Prince preuoyant ce danger
abbatit d'vne eftocade la force du coup & mit au deuant fon efcu, ou la hache entra neantmoings vn
demy pied; Et comme le Geant s'efforçoit à la retirer, Alphée luy defchargea vn tel reuers fur l'ar-

met, que fi l'efpée ne luy eut tourné dans la main, il
l'eut fendu iufques aux dents. Le Geant en fut tellement eftourdy qu'il cheut à terre fans remuer ny
pied, ny main. Le genereux Prince apres luy auoir
ofté le heaume, & qu'il le vit refpirer ne le voulut
pas tuer: car luy & fes Compagnons auoient refolu,
auant que d'entrer au combat de prendre vifs ces
Geans, & d'en faire vn prefent à la Reine des fleurs
de Liz. Lifandre Cheualier des plus renommés &
plus accomplis du monde, apres vn long & dangereux combat, bleffa grieuemét Cartadaque le felon,
& luy fit demander la vie. Le braue Argante combattant Liftorac le fuperbe, qui eftoit armé de dures
& fortes efcailles de ferpent, rompit fon efpée: mais
il fe coula legerement, & ayant faifi le Geant au faux
du corps, il luy arracha fa maffue, & luy en donna
vn fi grand coup fur la crefte de fon armet, qu'il le
renuerfa tout eftourdy. Ce font les cinq Geantz que
vous verrez tantoft au câp de la place Royale, fuiure
le chariot de triomphe des Cheualiers de la Gloire.

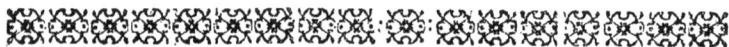

---

*De ce qui aduint aux Cheualiers apres auoir*
*vaincu les Geantz.*

## CHAPITRE V.

A PRÉS qu'Almidor & fes compagnons
eurent vaincu ces Geants, ils pafferent outre & defcendants par vne viz fe treuuerent prefques à mefme inftant tous cinq dans vne

baſſe court, ayant vingt & ſept toiſes de long, &
vingt & deux de large. Au bout eſtoit vn corps
d'hoſtel à vn ſeul eſtage fait en platte forme haut de
quinze toiſes. Le portail eſtoit baſty de pierres de
touche, ſi proprement ioinctes, qu'elles ſembloient
eſtre toutes d'vne piece. Il y auoit a chaque coſté de
ce portail deux groſſes colomnes de marbre gris,
dont les bazes & chappiteaux eſtoiét de bronze. La
voute eſtoit faicte en forme d'eſchiquier, my party d'albatre, & de pierre Ethiopique, Son architraue auec ſes moulures eſtoient de pierre Onyx.
Au deſſus de l'architraue paroiſſoit la frize, dont
le fonds eſtoit d'vn jaſpe verd piolé de taches rouges. Le relief eſtoit d'opales, repreſentant mille
trophées darmes : comme lances, eſpées, boucliers, armetz, tambours, trompettes, arcs &
fleſches. Il y auoit au deuant du meſme portail,
vne grande colomne de porphyre, portant vn
rouleau ou l'on auoit eſcrit ces paroles en langue
Greque.

Ο'ταν πέντε θρασεῖς λέοντες λειείων βασιλικῶν προασπίζαι
ἐκ σπηλύγων ἐξελθόντες διασπάσονται ἀνημέροις τίχρὲς πέντε, αἱ
Σιβύλλαι ἐλευθερωθήσονται ἕτε τῆς εὐδαιμονίας ἀνακτόριον ὑπὸ
τȣ̃ μεγάλου μονάρχȣ κτισθὲν ἀνοιχθήσεται πρὸς τὸ τῶν ἱππέων
κλέος, οἷς μοῖραι εἴσοδον πρώτην ἐπέτρεψαν.

Le valeureux Lyſandre qui ſçait fort bien la langue Greque, leut ceſte Prophetie, & aprés il l'ex-
pliqua

pliqua à fes compagnons en cefte forte.

*Au temps que les cinq braues Lions deffenfeurs du Liz Royal fortiront de leurs cauernes , pour defchirer les cinq Tygres , felons, & cruels , les Sybilles recouureront leur li-berté, & à l'heure le Palais de la Felicité bafti par le grand Monarque f'ouurira à la gloire des Cheualiers à qui les De-ftins en ont referué la premiere entrée.*

Lors que les Cheualiers eurent entendu ce que cefte infcription contenoit, vn defir fi violent d'en-trer dans cefte demeure faifit Alphée, que s'appro-chant de la porte, il luy donna vn fi grand coup de pied, qu'il la mit par terre. Et à mefme temps il fe fit vn fi grand bruict, & vn tel coup de tonnerre, que non feulement les Cheualiers mais tous ceux qui eftoient en cefte Ifle , cheurent à terre euanoüys. Aprés qu'Almidor & fes compagnons fe furent re-leués , l'on oüyt dans cefte fale , vne douce Mufi-que, fuiuie d'vne voix qui difoit: *Bien-heureux foient les bons Cheualiers, pour qui les Oracles , ont referué tant de omerueilles.*

Cefte voix finiffoit quand on vit paroiftre dix vieilles femmes coronneés de bráches de pin, de pal-me, & de laurier. Elles eftoient fi rideés que leur peau reffembloit iuftement vne efcorce de chefne. Com-me les Cheualiers regardoient cefte merueille, l'vne d'elles parla à eux de la forte : Ceffés braues Princes & vaillantz Cheualiers de vous eftonner des cho-fes que vous voyez. Nous fommes les dix Sybilles,

D

qui aprés auoir profetizé l'espace de plusieurs siecles
en de diuers climats, fusmes portees par les Destins
aux plus haultz des montz de la Lune, d'ou le Nil tire sa source, pour y demeurer iusques à tant que le
mariage de Louys, & de l'Infante des Espagnes
viendroit à s'accomplir : car alors nos Oracles nous
apprindrent que cinq Cheualiers nous condui-
roient au lieu ou les magnificences s'en deuoient celebrer, pour y chanter l'heur de ces alliances. Mais
la fausse Dragontine qui a tousiours tasché a desunir
les deux plus puissantes coronnes de la Chrestienté,
sçachant qu'a mesme temps que nous y arriuerions,
le Palais de la Felicité, s'y deuoit ouurir, nous trans-
porta par ses charmes en ce lieu, & par ses enchantements y fit venir encores les cinq Geants que vous
auez surmontez, croyant qu'il ne se treuueroit iamais de mortel, qui peut resister à leur force mon-
strueuse. Mais puis qu'elle mesme, au lieu de retarder, auance la promesse des Destins, & des Oracles,
nous vous conjurons que vous quittiez l'entreprise
d'aller gaigner des palmes aux nations estrangeres,
puis que l'honneur que vous acquerrez d'ouurir les
portes du Palais de la Felicité, & d'en deffendre
l'entrée à la fleur de tous les plus vaillants Cheualiers
du Monde, en presence de la plus grande Reine qui
viue, sera bien plus grand, que si vous auiés conquis
toutes les Prouinces de l'Asie. Que si le peu de temps
qui vous reste de n'y pouuoir paroistre en vn equippage, digne de vos grandeurs vous arreste, ne soyez
pas en peine pour ce suiect, puis que la Gloire qui

vous a choifis pour fes Cheualiers vous y attend,
auec tout l'attirail requis pour honnorer ces magnificences.

Au recit de ce difcours, les Cheualiers quitte-
rent d'vn commun accord le deffein d'aller en Afie,
& fe difpoferent, auffi toft que les Geants feroient
gueris de leurs playes de les mener en France, auec
les Sybilles. Cependant ils firent ouurir les portes
des prifons, & donnerent la liberté à trois ou quatre cens Cheualiers, & à pareil nombre de Dames
& de Damoifelles, qui y eftoient detenues prifon-
nieres.

COMME ALMIDOR ET SES
*Compagnons s'acheminent en France & du*
*combat que fit Lyfandre contre vn*
*Cheualier incogneu.*

### CHAPITRE VI.

Es cinq Cheualiers fejournerent l'efpace de quinze iours en ce lieu, tant pour
faire racouftrer leur vaiffeau, que pour attendre la guerifon des Geants. Cependāt
ils ofterent les mauuaifes couftumes de cefte Ifle, &
la nommerēt l'Ifle fortunee, & aprés en auoir laiffé le
gouuernement au bon Cheualier Girondes, fe mirēt
fur mer, auec vn fi bon vent que le quatorziefme
iour enfuiuant ils defcouurirent l'ancienne & re-

nommeé ville de Marſeille. Auſſi toſt que l'on recognut aux banderoles du Nauire qu'Almidor s'approchoit du port, tout le peuple y courut à la foule : car il ayme ce Prince d'vne amour paſſionnée,
depuis qu'il luy acquit ſa liberté au prix de ſon ſang,
& qu'il le deliura de la tyrannie des deux Geants qui
ſ'eſtoient emparez de la ville, durant qu'vn zele in-
conſideré armoit nos Prouinces, les vnes contre
les autres. Ces Geants rauageoient toute la Pro-
uence, pilloient & ſaccageoient indifferemment
tout le monde, & n'eſpargnoient pas meſme nos
Veſtales, ny les temples des Immortels.

　　Henry le grand y auoit ſouuent enuoyé de
braues Cappitaines pour en auoir la raiſon : mais
la force incroyable des Geants, ioincte à celle
de la ville qui eſt imprenable, & qui leur ſeruoit
de retraicte, rendoit vaines toutes les entrepriſes
qu'on faiſoit pour les exterminer. Enfin Almidor
deſtiné comme vn autre Alcide à dompter les Monſtres, eut commandement de noſtre Monarque d'y
aller. Les Geants qui ſceurent ſa venuë, ſe mirent en
campagne, & luy donnerent la bataille au lieu ou
Caius Marius vainquit les Cymbres : mais leur force
monſtrueuſe, ny leur grande armée ne peurent empeſcher que ce jeune Prince ne les vainquit, & ne leur
donnaſt la chaſſe, iuſques aux portes de Marſeille, ny
encores qu'il n'entraſt peſle & meſle dans la ville. Le
Geant Cazalan ſe voyant preſsé, fit ferme à la place
proche de ceſte porte : mais Almidor luy ayant abbatu la teſte d'vn coup d'eſpée, le reſte fut bien toſt

taillé en pieces : tandis que l'autre Geant nommé
Acaron abandonna la maison de la ville dont il s'e-
stoit saisi, saulta les murailles & s'enfuit en Sicille,
fatale retraicte des Geants. Lors que le Prince sortit du vaisseau pour prendre terre, les vns crioient
viue Almidor : les autres le saluoient, & plusieurs luy venoient baiser les mains, tandis que
les Dames qui estoient aux fenestres respan-
doient sur luy, & sur ses compagnons vne moisson
de fleurs. Ils s'y raffraichirent quelques iours, &
puis monterent à cheual auec leur train, tirantz
vers Paris, sans treuuer auanture digne de recit, sinon le quatriesme iour ensuyuant qu'aprés auoir
passé la Lysere, ils virent prés de leur chemin soubs
vn chesne vn Cheualier estendu à la renuerse qu'vn
Escuier desarmoit. Ses armes estoient toutes ouuertes des grands coups qu'il auoit receus, & toutes
teinctes de son sang. A ses pieds estoit assise vne
belle Damoiselle, qui arrachoit ses blons cheueux,
& qui pleuroit amerement. Les Cheualiers s'approcherent d'elle, & la prierent de leur dire, qui auoit
ainsi mal traicté ce Cheualier, luy prommettantz
de mettre peine d'en faire la vengeance. La Damoiselle haussant la veuë, & voyant vne si belle compagnie, redoubla ses larmes, & ses souspirs, & puis
profera ces paroles : Ce Cheualier ( dit elle ) que
vous voyez si cruellement blessé, est mon frere. Il
s'appelle Doristel de Thersante, qui a plusieurs
fois tesmoigné son courage & sa valeur en beaucoup de rencontres, & de combatz, & principale-

D iij

ment en cefte bataille fameufe que le grand Henry gaigna fur les riues de Dordonne contre ceux,
qui non contents de l'auoir chaffé de la Court,
defiroient encores de luy ofter auec la vie l'efpoir
d'eftre vn iour affis au throfne de fes Anceftres. Or
comme le bruiƈt des alliances de France auec l'Efpagne fut paruenu en la prouince d'où nous fommes,
& que mon frere eut appris que noftre Reine vouloit faire publier vn Tournoy, il fe refolut d'y aller faire preuue de fa valeur, & de fon adreffe, de
forte que fans autre compagnie que de moy, & de
ceft Efcuyer il fe mit en chemin. Noftre voyage
auoit efté affés heureux iufques à ce iourd'huy, que
voulants paffer vn petit ruiffeau que vous treuuerez à vn quart de lieuë icy prez, vn Cheualier: mais
pluftoft vn Diable eft venu à l'encontre ; & a dit
à mon frere qu'il prit vn autre chemin, ou bien
qu'il fe deliberaft de le combatre: par ce que pour accomplir vne prommeffe qu'il auoit faiƈte à vne Dame, il eftoit forcé d'en deffendre le paffage. Mon frere qui aimeroit mieux perdre mille vies, que d'eftre
blafmé d'auoir faute de courage, a pris fa láce, & tous
deux f'eftants elognez l'vn de l'autre, fe font venus
puis aprés rencontrer fi furieufement, que mon
frere a efté defarçonné. Il f'eft neantmoings releué
legerement, & l'autre venant d'acheuer fa carriere, & le voyant à pied, & l'efpée à la main
a quitté auffi fon cheual, & a mis pareillement
la main à l'efpée, commenceantz le plus cruel combat qui fe puiffe voir. En fin la fortune à efté fi con-

traire à mon frere, que l'autre l'a mis en l'estat
que vous le voyez, & luy auroit encores faict pis
si ie ne l'eusse prié de se contenter de ce qu'il auoit
faict. Voila tout ce que ie vous peux dire de nostre infortune, & par ce que vous me semblés courtois Cheualiers, ie suis obligée à vous conseiller
de prendre vn aütre chemin, aultrement vous ne
sçauriés eschapper de la main de ce Diable, qui a
desia pendu à vn pin, auprés duquel il a faict dresser sa tente, plus de deux cens Escus des Cheualiers
qu'il a surmontez. Ie ne sçay qu'il en aduiendra (dit
le courageux & vaillant Prince Leontide) mais ie
sçay bię que ie ne me destourneray jamais du droict
chemin, ny pour luy, ny pour autre qui viue. Ce disant il donna des esperons à son Cheual, & passa outre bien resolu de rendre desormais libre ce passage,
par la deffaicte de ce Cheualier. Ses compagnons
ayant recommandé à Dieu ceste Damoiselle, le sui-
uirent, en intention d'en faire le semblable. Mais Lysandre les pria qu'il luy fust permis d'espreuuer le
premier ceste auáture. Ce qui luy estant accordé, ils
n'eurent gueres cheminé qu'ils ouyrent le son d'vn
cor, & à l'heure apperçeurent vn grand Cheualier,
monté sur vn puissant coursier caparassonné de velours verd, semé d'estoiles. Il portoit vn Escu d'argent semé de serpents d'or. Lysandre ayant lacé son
heaume, prit vne lance: l'autre en fit de mesme, &
puis baissant tous deux la veuë ils vindrent à se rencontrer à course de cheual de telle furie, que les esclats ayant volé en l'air, ils s'entrehurterent d'escus,

& de heaume de telle roideur, que l'vn d'vn cofté,
& l'autre de l'autre, fe treuuerent foubs leurs de-
ftriers. Mais ils fe releuerent promptement, & mettans la main aux efpées fe chargerent de coups fi pe-
fantz & fi tranchantz, qu'en moings de rien la place
fut toute couuerte des pieces de leurs haubertz, &
& teincte en plufieurs endroictz de leur fang. Toutesfois ils ne monftroient ny l'vn, ny l'autre vn feul
poinct de lafcheté : au contraire leur effort, & leur
courage croiffoit de plus en plus, au grand eftonnement de ceux qui les regardoient. Ils s'efmerueilloient neantmoings chacun de la proüeffe de fon
aduerfaire, de forte que redoublants leurs efforts
ils s'entrechargerent de coups plus cruels, & plus
horribles qu'au parauant, pour le defir que tous
deux auoient de remporter la victoire. Enfin voyãts
qu'ils ne pouuoient rien gaigner l'vn fur l'autre à
coups d'efpée, ils vindrent à s'entrefaifir bras deffus,
& bras deffoubs pour fe mettre à bas. Ce qui leur
fut impoffible, de forte qu'ayant lafché prife, ils fe
treuuerent fi affoiblis, & fi recreus, que force leur
fut de prendre quelque repos, auant que faire vne
nouuelle charge. Et comme Lyfandre eut hauffé
fon armet pour prendre l'air, l'autre le recogneut,
dont de defpit il jetta fon efcu par terre, & fon heaume quant & quant, & courut l'embraffer. Lyfandre
eftonné de cefte careffe, & plus encores marry d'a-
uoir ainfi oultragé fon grand amy Cleophon de
Colchos, le tint vn long temps entre fes bras fans
pouuoir dire vne parole, tant l'excez de joye le
transfortoit.

tranſportoit. Les Princes l'ayants auſſi recognu dela-
çerent leur harnois, & mettants pied à terre coururent vers luy pour l'embraſſer. Apres mille ca-
reſſesils monterent à cheual, & allerent deſcendre
à vn prochain chaſteau, appartenant à vn gentil-
homme amy du valeureux Argante, pour y faire
viſiter les playes des Cheualiers qui eſtoient grandes: mais non pas morteles. Durant le ſeiour qu'ils
y firent, Almidor fit recit à Cleofon de Colchos de
leurs aduantures, & du deſſeing qu'ils auoient fait
de deffendre l'entreé du Palais de la Felicité, à tous
les Cheualiers, qui voudroient s'eſpreuuer contre
eux, le priant tant en ſon nom, qu'en celuy de ſes
compagnons de vouloir eſtre leur Mareſchal de
Camp, lors qu'ils y paroiſtroient auec l'equippage
que la Gloire leur auoit preparé. Cleophon accepta
de bon cœur céſte charge, & aprés que Lyſandre
& luy furent en eſtat de monter à cheual, ils prindrent tous congé de leur hoſte, & arriuerent dans
peu de iours à Paris. Aprés auoir rendu à leurs Maieſtez le reſpect & l'hommage qu'ils leur doiuent,
ils s'acheminerent vers le PALAIS DE LA FELICITE',
à l'entreé duquel ils treuuerent les Chars de Triomphe, que la Gloire leur auoit preparez. Elle ſ'eſtoit
cependant enfermeé dans le Palais, pour leur en
ouurir les portes, le iour qu'ils commenceroient à
paroiſtre ſur les rangs, afin d'en deffendre la ſeconde entreé, à ceux qui auroient le courage de les
aſſaillir.

E

## COMME LES CHEVALIERS
*de la Gloire enuoyent vn Cartel de deffy*
*par toute l'Europe.*

### CHAPITRE VII.

LMIDOR & ſes Compagnons, ayans appris des Sybilles, comme la Gloire les auoit choiſis pour ſes Cheualiers, & que les Deſtins leur reſeruoient la premiere entrée du Palais de la Felicité, dépecherent incontinent douze Nains par toutes les Prouinces de l'Europe, auec vn cartel qui deffioit tous ceux qui auroient le courage d'en eſpreuuer la ſeconde aduanture. Leurs Maieſtez meſme le firent publier à ſon de trompe. Voicy ſa teneur:

# LES CHEVALIERS DE
## LA GLOIRE.

*A tous ceux qui la recherchent.*

YANT appris des Oracles, que L'HER-CVLE FRANÇOIS, aprés ſes trauaux, auoir baſti le Palais de la FELICITE', & que les Deſtins nous en reſeruoient la premiere entree, & à nos lances, l'eſpreuue de

ceux qui meritent la feconde, Nous y fommes venus au bruit des mariages dès plus grands Roys de
l'Vniuers, pour auoir plus de tefmoins de noftre
victoire, & l'eftre nous mefme des Cheualiers dignes de nous imiter. Car fans perdre iamais le tiltre
d'Inuincibles, que nos exploits nous ont acquis,
nous voulons garder ce Palais, & fouftenir contre tous,

QVE LA BEAVTE' QVE NOVS REVERONS
    EST SANS PAREILLE, ET SES ACTIONS
    SANS DEFFAVT.

QVE NOVS SEVLS MERITONS D'EN PV-
    BLIER LA GLOIRE, ET QVE NVL NE DOIT
    ASPIRER A LA NOSTRE.

Toutesfois celle des Affaillans ne fera pas petite,
ayant de tels autheurs de leur deffaite, foit qu'ils
fe prefentent à nous comme ennuyez d'eftre au
monde; où comme ambitieux d'en fortir par nos
mains, puis que l'honneur de nous combattre eft
plus grand, que celuy de vaincre tout le refte enfemble.

NOVS ALMIDOR, LEONTIDE, ALPHEE,
LYSANDRE, ARGANTE, *Souftiendrons ces*
*courfes à la place Royale de l'abregé du monde, le 25. iour*
*du mois, qui porte le nom du Dieu qui nous infpire.*

E ij

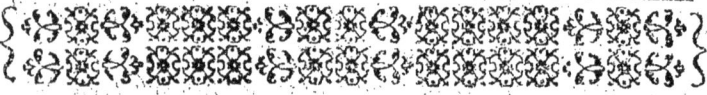

# LES
# ORDONNANCES
## DV CAMP ET DES
### COVRSES.

Es tenans entreront les premiers au Camp, & nul apres eux qui n'y ait charge, qui ne soit assaillant, ou de l'equippage.

II. *Les assaillans y viendront auec masques, liurees, escus, noms, armes de leur maison, & deuises: s'ils veulent entrer.*

III. *Ils se rendront au Camp auant vne heure apres midy, s'ils veulent courir, & feront porter quantité de flambeaux.*

IV. *Ils n'y pourront entrer sans la permißion de Messieurs les Iuges du Camp.*

V. *Ils courront selon l'ordre qu'ils seront entrez, & seulement chacun deux lances.*

VI. *Qui rompt la lance du menton, aux yeux, gaigne vn coup: de là en haut, deux: au petit escu, trois: ailleurs, point.*

VII. *La lance n'est pas rompuë, si l'esclat n'en est separé.*

VIII. *Qui pert la lance, ou l'espée, ou l'habillement de teste, ou la bride, ou l'esperon, ou l'estrieu ; pert la course : & s'il ne rompt, vn coup acquis, ou à acquerir.*

IX. *Qui pert les arçons, ou donne au grand escu, est hors de la lice.*

X. *La valeur des prix est à l'election des assaillans.*

XI. *A la retraicte du Camp tous se retireront selon l'ordre qu'ils y seront entrez. Le reste est remis à Messieurs les Iuges.*

Publié à Paris le 13. iour de Mars. 1612.

A RENOMMEE, qui a tant de langues , & tant de voix annonce bien tost par tout leur entreptise. Sa trompette reueille les ames genereuses & principalement celle du vaillant Prince Aristée , qui brule du desir de faire paroistre à ces Cheualiers, qu'ils ne sont pas seuls qui meritent de publier la Gloire de la BEAVTE' qu'ils ventent en leur Cartel. Nous laisserons chacun sur ses desseings, pour parler premierement de la place Royale , Theatre de ces Magnificences.

# DESCRIPTION DE
## LA PLACE ROYALE, ET DV
### PALAIS DE LA FELICITE'.

### CHAPITRE VIII.

AVPRES de la porte Sainct Anthoine, eſt vn lieu qu'on nommoit
autrefois l'hoſtel des Tourneles,
Nos Rois y faiſoient leur demeure
auant que par vn triſte & funeſte ac-
cident, ſes baſtiments fuſſent abbatus, & reduits à
fleur de terre. Le parc de ceſte belle maiſon eſtoit
fort renommé, tant pour les Lions, les Pantheres,
les Leopards, les Ours & les autres beſtes ſauuages
qu'on y tenoit enfermées, que pour vn beau boccage, ou les Druides faiſoient jadis leur ſejour. Le mal-
heur d'vn Henry fut le ſubject de la ruine de ceſte
maiſon Royale: au lieu que le bon heur d'vn autre
Henry a eſté l'origine de ceſte place, qui eſtoit jadis le meſme parc, dont nous venons de parler.

Ceſte Royale place eſt de forme quarrée, & longue de ſoixante & douze toiſes, qui font de tour

deux cens quatre-vingts & huiƈ toiſes. Elle eſt em-
bellie de trente & ſix pauillons. Il y en a neuf de
chaque coſté. Le Pauillon Royal, qui eſt baſti au
milieu de ceux qui ſont du coſté du Midy, eſt ſou-
ſtenu de trois Arcades. Celle du milieu eſt plus grande que les autres, & fait la porte. Elle à de hauteur
iuſques au deſſus de l'Impoſte treize pieds & depuis
l'Impoſte iuſques au deſſus de l'Arcade cinq pieds &
demy. Sa largeur eſt donze pieds. Les Impoſtes, les
bazes, & les chappiteaux : les corniches, les frizes,
& les architraues : les pilaſtres & autres ornements
ſont d'ordre Dorique. Dans la frize il y a pluſieurs
trophees & autres ornements de relief. Au deſſus
des trois Arcades, & le long du baſtiment regnent
des pilaſtres de meſme ordre. Au deſſus de la corniche on y voit des tables releueés de brique dans
la pierre de taille. Le meſme Pauillon Royal porte
trois croiſeés, vne grande du milieu auec vn fronton brizé. Et aux demy croizeés le fronton eſt
droiƈ. Celles de l'Eſtage du milieu ſont de pareil
ordre, excepté qu'elles n'ont point de fronton. Outre les croiſeés il y a trois lucarnes qui ont pour a-
mortiſſements de doubles fleurs de liz dorcés, &
ſur leur frontiſpice les armes de France, & de Nauarre, auec pluſieurs autres tropheés, enſemble
des lettres H. H. couronneés
　　Il y a vn autre grand & ſuperbe Pauillon, baſti
du coſté du Septentrion, qui regarde en droiƈe
ligne le Royal, & qui luy eſt ſi ſemblable, & ſi égal
en toutes choſes qu'on ny peut remarquer que bien
peu de difference.　　　　　　　　　　　　　· Les

Les autres trente & quatre Pauillons ont huict
toizes de largeur, & onze de haulteur, iufques à
l'enfeftement de la couuerture. Ils font tous pareils
de baftiment, de forme, de grandeur, & de mefure : fi ce n'eft que pour les iffuës, qui font aux
deux extremitez du pan du Septentrion, on a infenfiblement auancé quelque chofe, du cofté de
l'Orient, & de l'Occident. Chacun de fes Pauillons
eft fouftenu de quatre Arcades toutes egales, ayant
chacune huict pieds & demy de large auec leurs
trumeaux, leurs pilaftres, leurs corniches, leurs
aftrogales, leurs clefs, leurs recouppements au pied
de leurs bazes. Les piliers qui fouftiennent la voute
font hauts de douze pieds, iufques à deux poulces
au deffus de la moulure de la baze, & chacun eft large de trois pieds fept pouces, en ordre Thofcane.

Ils ont en outre chacun quatre Eftages. Le premier eft tout de pierre de taille, & a douze pieds &
demy de haut.

Le fecond & le troifiefme portent chacun quatre
croizées, également diftantes. Elles refpondent en
ligne droicte aux Arcades. Au refte les joincts de
leurs pieds font droicts : leurs appuis reffendus, &
leurs fermetures font compofées de trois grandes
clefs de mefme pierre en corps faillants. Le fecond
Eftage eft de mefme hauteut que le premier: mais le
troifiefme eft haut feulement de dix pieds.

Le quatriefme Eftage porte deux os, auec rou-
leaux, douffines, & congés, & deux lucarnes enrichies de frontons, qui ont pour baze de leurs tim-

F

pans vne corniche recouppée par des clefs femblables aux precedentes. Sa hauteur eſt de quatre pieds compris l'entablement.

Les combles de tous ces pauillons ſont à deux crouppes couuertes d'ardoiſe. Leurs cheminées ſont entre-deux. Chaque pauillon a deux amortiſſemens faiɗs en forme de vazes garnis de feuillages & de fruiɗs. Toute la face eſt enrichie de cheiſnes de pierre de taille à joinɗs reffendus en corps ſaillants, & de pluſieurs autres ornements. Ce qui reſte eſt de brique, d'ordre compoſite, ou les reigles de la ſymmetrie ſont parfaiɗtement obſeruées. La pierre ou eſt la brique eſt coronnée d'vn membre qui porte l'appuy. Le corps de la Maſſonnerie continuë iuſques au haut du pauillon. Les croizées ſont fermées de trois claueaux ſans les ſommiez. Et la moulure qui eſt entre ces claueaux regne tout autour des croizées.

C'eſt la deſcription de la Place Royale : paſſons maintenant à celle du Palais de la Felicité

## LE PALAIS DE LA FÉLICITÉ.
## CHAPITRE X.

L E Palais de la Felicité fut baſty dans ceſte belle place Royale au deuant de ce grand, & ſuperbe Pauillon, qui eſt direɗtement oppoſé au Royal, & tourné du coſté du Septentrion. Quatre Tours de forme quarrée s'ele-

uoient aux quatre coings de ce baſtiment & vne autre au milieu, plus haute & plus groſſe que les autres,
au deſſus de laquelle eſtoit encores baſtie vne tour
de forme octogone. Ces Tours auoient des croizées
enrichies de pentes, de mouleures, de feſtons, de
trophées & autres ornements, taillez induſtrieuſement.

Sur leur amortiſſement eſtoient des Creneaux &
des baluſtres d'or, auec des Pyramides de Porphyre.

Le portail eſtoit large de neuf pieds, & haut de
dix-huict. Au deſſus eſtoient eſcrites ces parolles:

HILARITATI PVBLICÆ.

Il y auoit à coſté deux pilaſtres ornés de leurs chappiteaux, frizes, & corniches d'ordre Dorique, & au
milieu vne grande Nef, & deux impoſtes: & quatre
Niches entre les pilaſtres. La gloire eſtoit viuement
taillée à coſté droict dans l'vne de ces Niches. C'e-
ſtoit vne belle Dame richement veſtuë, qui portoit
vne Coronne d'or ſur la teſte, & vne trompette à la
main droicte. A l'autre elle auoit vne branche de palme. Ses aiſles eſtoient d'or. Au deſſoubs eſtoient
graués ces vers Latins,

*Tu ſolas moues animos, menteſque peruris*
*Gloria.*

Au deſſoubs eſtoit la Victoire repreſentée en la
meſme ſorte qu'elle eſt deſcrite par Helidodore.
Vne Vierge veſtuë de toile d'or, tenant à la main
vne pomme de grenade, & de la gauche vn heaume. Afin d'apprendre que pour acquerir la victoire il faut neceſſairement employer deux choſes: la

Concorde & la Force. L'vne pour treuuer le chemin caché, & l'aultre pour l'ouurir d'vn cœur maf-
le, & genereux. La Force eft figurée par le heaume,
qui refifte aux coups qui veulent offenfer le chef,
& diffipper les fages refolutions enfermeés dans la
pomme de grenade, refferreé en l'vnion de fes
grains : demefme que toutes les penfeés, & les refolutions de plufieurs entendements font renfer-
meés par les hommes de valeur en vne feule opinion. Au bas de cefte Statuë eftoient ces mots.

NON FATO, SED FACTO.

A main gauche, & en ligne droicte de la Gloire,
eftoit la Concorde modeftement veftuë. Elle auoit
à vne main vn faiffeau de verges eftroictement
liées, & tel que les licteurs Romains portoient
deuant les Confuls, & à l'autre vne branche d'oliue,
& fur la tefte vne guirlande de feuilles, & de fruicts
de grenadier: & au deffoubs ces paroles:

IANVM CONCORDIA CLVSIT.

La Valeur eftoit deffoubs reprefenteé en Mars, armé de toutes pieces, & tenant à la main doicte
vne picque & de l'autre vn Efcu, ou eftoient peinctes les batailles des Dieux & des Geants. On lifoit
au bas ces mots:

TIBI SERVIET VLTIMA THVLE.

Au deffus du portail eftoit vn Cupidon d'yuoire
affis fur vn throfne de criftal. Il tenoit vn dard à la
main trauerfant quatre cœurs: à l'entour defquels
on auoit graué en lettres d'or ces mots:

AMORE MVTVO.

Hymenée eftoit à l'vn de fes coftez tenant vn chap-

peau de meurthe à vne main, & à l'autre vn flambeau : auec ces parolles:

PVLCHRA FACIAM VOS PROLE PARENTES.
La Felicité à l'autre: Elle auoit à la main droicte vn
Caducée, & à la gauche vne cruche, pleine de fleurs,
& de fruicts. Le Caducée represente la paix, & la
prudence: & la cruche pleine fleurs, & des fruicts l'a-
legresse qu'on a de recueillir les fruicts de ses trauaux.
Plus bas estoient ces mots:

REDEVNT SATVRNIA REGNA.
Il y auoit quatre autre grosses Niches aux quatre faces de la Tour du milieu, & au dedans quatre statuës
industrieusement taillées. C'estoient les vertus Car-
dinales. A la face tournée vers le Midy l'on voyoit
la Prudence. Vne Dame ayant deux visages, & vn
heaume doré à la teste, couronné de meurier. Elle
tenoit à la main droicte vn dard entortillé d'vn Remore, & à la gauche vn miroir. Le heaume doré nous
apprend, que l'entendement d'vn homme sage &
prudent doit estre armé de sage conseil, pour se deffendre de ce qui luy peut nuire, & qu'au reste il est
tout resplandissant par les beaux, & les dignes ouurages qu'il produict tous les iours. La coronne de meurier enuironnant le heaume monstre, que l'homme
prudent & sage ne doit iamais faire les choses auant
saison, mais plustost imiter auec iugement le meurier qui ne bourgeonne, ny ne fleurit jamais, auant
que la rigueur de l'Hyuer ne soit du tout passée. Le
Remore entortillé au dard signifie l'arrest qu'il faut
joindre à la promptitude, afin de ne faire point les

chofes ny trop lentement, ny trop legerement. Le
miroir nous enfeigne à regarder nos deffauts, & à les
corriger auant que ceux d'autruy. Au bas de cefte ftatuë eftoient ces parolles:

PARAT PRVDENTIA LAVRVM.

A l'autre face tournée vers le Septentrion eftoit
la Force, armée en Bellonne, tenant d'vne main vne
lance, & de l'autre vn Efcu, ou eftoit peinct le chef
de Medufe, & au deffoubs eftoient ces mots:

IMPERIVM SINE FINE DABO.

La Iuftice eftoit du cofté d'Orient, & telle qu'on
a de couftume de la depeindre : les yeux bandez:
l'efpée à la main droicte, & la balance à la gauche:
auec ces parolles:

TERRAS ASTRÆA REVISIT.

La Temperance eftoit deuers l'Occident. Vne
belle Dame ayant des cheueux blonds & deliez,
qui luy defcendoient jufques aux talons. Sa robbe
eftoit de velours rouge, chamarrée de paffement
d'or. Elle tenoit de la main droicte des tenailles auec
vn fer tout rouge, & de la gauche vne aiguiere de
criftal pleine d'eau, dont elle moderoit l'ardeur de
ce fer, au deffoubs eftoient ces mots:

INDOMITAS VIRES CONSILIO DOMVIT.

Au plus haut de la Tour faicte en Octogene, affife fur la groffe Tour du milieu eftoit l'Eternité,
ayant le vifage d'vne Dame venerable, & des cheueux dorez qui luy tomboient fur les Efpaules. Et au
lieu que de la ceincture en bas, le corps s'eftend en
cuiffes, & en jambes, elle s'allongeoit en deux gráds

cercles, l'vn du cofté droict, & l'autre du gauche, qui luy paffoient par deffus la tefte, & s'y vniffoient. Elle auoit à chaque main vn globe. Sa robbe eftoit d'azur femé d'eftoiles. Le pourtraict de Louys eftoit à l'vn de fes coftez, & celuy de Philippes à l'autre, & plus bas ce vers.

*His ego nec metas rerum, nec tempora pono.*

Au deffoubs l'on voyoit les armoiries de France, tombants du Ciel, & ces paroles.

DIVINA FABRICATA MANV.

Il y auoit a chacune des aultres Tours d'aultres Niches, ou l'on auoit taillé ces Statuës.

L'Alegreffe & la Felicité fy tendoient la main. Au deffoubs de l'Alegreffe eftoient ces mots.

VRBIS HILARITAS.

Au deffoubs de la Felicité:

ORBIS FELICITAS.

La Tranquilité pareillement auec vne face riante, & tenant de fes deux mains vn nid, ou eftoit couché vn Alcion, tandis qu'vn pareil oifeau voloit fur la tefte de cefte ftatuë. A cofté eftoient ces mots:

VNDIQVE TVTA.

La Preuoyance y eftoit auffi taillée. C'eftoit vne Dame, qui auoit deux teftes, & qui tenoit à la main droicte vne clef, & à l'aultre vn gouuernail. A cofté on lifoit ces paroles:

ARTE PLVS QVAM MARTE.

En fin on y voyoit quatre petits Amours, qui fe

tenants par la main faisoient vn cercle en volant.
Au milieu du rond l'on auoit escrit en lettres d'or
ces mots :

NVNCIA PACIS.

Sur l'amortissement des Tours estoient des Creneaux, & des Pyramides de Porphyre au dessus,
auec de grandes banderoles de taffetas blanc &
rouge, representants les liureés de France & d'Espagne.

Sur la pointe de la plus haulte de ces Pyramides
esclatoit la banderole Royale qui par sa pure blan-
cheur represente la candeur des lis. Encores qu'elle fut si grande que les bouts en touchassent le bas
du Donjon, elle flottoit incessamment en l'air, &
sembloit que le vent, qui se jouast d'elle prit plaisir, à l'eleuer au Ciel.

Au dessus des Corniches entre les Tours estoient
des balustres dorez.

La Court du Palais qui estoit du costé de Septentrion, auoit vingt toises de long, & quinze de large.
C'est la que la Gloire, auoit basty de sa propre
main les chars de Triomphe pour ses Cheualiers.
Là mesme ils retirerent leur equippage le jour
qu'ils parurent au Camp, pour y attendre ceux qui
desiroient espreuuer l'Auanture, ainsi que nous
verrons cy apres.

Aux quatre coings de ceste Court estoient quatre autres Tours enrichies de plusieurs deuises:

Il y en

Il y en auoit vne pour la Reine. C'eſtoit vn Soleil luiſant en ſon Midy, auec ces paroles:

HOC CENSORE.

L'autre pour le Roy eſtoit vne Colomne de feu dans vne obſcure nuée auec ces mots:

EXORTVM IN TENEBRIS LVMEN.

Il y en auoit deux autres. L'vne repreſentoit les deux Genies, de France & d'Eſpagne, qui s'embraſ-ſoient: au deſſoubs on liſoit ces paroles:

SIC FINEM POSVERE MALIS.

L'autre eſtoit vn Coq, & vn Lion, & à coſté ces mots:

FELICITAS EX CONCORDIA.

Voila tout ce qui ſe peut dire au vray, tant de la place Royale, que du Palais de la Felicité : parlons main-tenant de la diſpoſition du Camp.

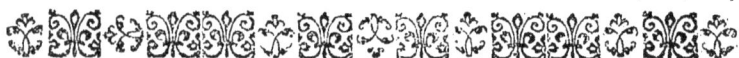

# DISPOSITION
## DV CAMP.

E Camp eſtoit clos de fortes barrieres, Il auoit cinquante & ſix toiſes de large, & autant de long, compris le Palais de la Felicité. La lice eſtoit longue de qua-rante. Elle eſtoit proche de ſix toiſes des barrieres tournées deuers l'Occident, & par meſme moyen éloignée de cinquante, de celles qui eſtoient du co-

fté d'Orient. L'Efchaffaut de leurs Majeftez eftoit
deuers le couchant, entre les barrieres & la lice, &
proche des prix des courfes, & au milieu de deux autres, dont l'vn auoit efté deftiné pour Meffieurs les
Ambaffadeurs, & l'autre pour Meffieurs les Iuges du
Camp. Celuy de la Reine Marguerite eftoit deuers
le Midy, & au bout de la lice. Tout à l'enuiron de la
place, & iufques aux premieres croifées des Pauillons, il y auoit d'autres Efchaffaux, ou pluftoft des
Theatres à fix degrez, femblables à ceux de Veron-
ne, ou bien de l'Amphiteatre de Nymes. Deux cens
mille perfonnes s'y pouuoient loger commod-
ment. Auffi n'y en auoit-il gueres moins les jours de
ces Magnificences, ainfi que nous verrons cy apres.
Pour ofter toute confufion, qui eut peu interuenir,
leurs Majeftez, & Noffeigneurs de fon Confeil firent ces Ordonnances.

## ARTICLES
# TOVCHANT L'ORDRE
## QVI SERA TENV AV CAMP LE
### Iovr des Covrses presentez
au Conſeil Priué, auec la reſponce
ſuiuant l'Arreſt du Conſeil.

TANDIS que le cinquieſme d'Auril, jour ou l'on auoit remis l'entrée des Cheua-liers de la Gloire, s'approche, Mon-ſieur d'Eſcures, deſtiné pour receuoir & pour donner place aux Aſſaillants, lors qu'ils vien-droient pour entrer par la porte du Pauillon Royal, dreſſe des articles & les preſente au Roy & à Noſſei-gneurs de ſon Conſeil, afin d'en receuoir l'ordre, & oſter tout different & confuſion, qui arriue le plus ſouuent en telles actions. Nous les auons icy inſe-rez auec la reſponce, à coſté de la demande.

| ARTICLE I. | Reſponce. |
|---|---|
| OV veut eſtre Mon-ſeigneur le Conc-ſtable. | *Mondict Sieur le Co-neſtable prendra place ou il luy plairra.* |

**II.**

Si Meſſieurs les Iuges , ou parties d'eux feront à cheual.

*Meſdits Sieurs les Juges feront à leur Eſchaffaut & non à cheual.*

**III.**

Quel ordre tiédront les tenans pour leur entree dans le Camp: & s'ils doiuent enuoyer leur Mareſchal de Camp, vers le Roy, la Reine , mondict Seigneur le Coneſtable , & meſdicts Sieurs les Iuges: & à qui ſe doit-il adreſſer premierement.

*R.*

*Ledict Sieur Mareſchal de Camp s'adreſſera à Mondict Sieur le Conneſtable , pour prendre l'ordre de luy.*

**IIII.**

Si ledit Mareſchal de Camp doit mettre pied à terre, pour parler à leurs Majeſtés , & s'il leur portera le Cartel deſdits Tenants.

*R.*

*Mettra pied à terre pour preſenter ledit Cartel.*

**V.**

A quelle main tourneront leſdits Tenans entrans dans le Camp , & ce qu'ils doiuent faire deuant leurs Majeſtez,

*R.*

*Prendront le chemin de la main droicte ſortants de leur Chaſteau.*

**VI.**

Ou ſera leur place apres auoir fait le tour du Camp,

*R*

*Se logeront , & prendront leur place à coſté de leur Cha-*

& fi elle doit eftre môftrée auant qu'ils entrent dans ledit Camp, & par qui.

### VII.
Si toutes les entrees fe doiuent faire auant que courir.

### VIII.
Quel Ordre on tiendra pour feparer les Trouppes des Affaillás, pour les deux journees qu'ils doiuét courir, s'il fera par billets tirez au chappeau, ou autremét.

### IX.
Ce que doiuent faire lefdits Affaillants arriuans à la premiere barriere, & qui les receura, à leur dicte arriuée.

### X.
Si leurdict Marefchal dè Camp doibt entrer auant eux, pour porter leurs Cartels, & recognoiftre leur place.

### XI
A quelle main tourneront lefdicts Affaillants entrans dans ledit Camp.

fteau, *& à la main droicte d'iceluy.*

R.

*Toutes les entrées fe feront auant que courir.*

R.

*On tirera les billets au Chappeau dans lefquels feront les noms defdicts Affaillants, & dans l'autre lefdicts billets cottez, premiere journée: feconde iournée.*

R.

*Le Sieur Defcures les ira receuoir, & monftrer leur place.*

R.

*Quand les Trouppes feront entrées dans le Camp, ledict Marefchal de Camp s'auancera pour aller prendre l'ordre de Mondict Sieur le Conneftable.*

R.

*Ils tourneront à la main droicte, & la premiere Trouppe aura fa place le plus pres du Chafteau des Tenants, & les autres en fuitte.*

G iij

### XII.

Quelle place prendront-ils dans le Camp: s'il y demeureront: qui les conduira, & menera en leurdicte place, & en quel ordre ils doiuent demeurer, ou en hoc, ou en file, & ou seront leurs Machines.

**R.**

*Lesdictes Trouppes seront mises en hoc, & leurs Machines, où il sera aduisé le plus à propos.*

### XIII.

Si tous les courants de la Quintaine ou Lice, doiuét demeurer à la teste de leur trouppe, attendans leur ordre de courir.

**R.**

*Ils demeureront à la Teste de leur trouppe.*

### XIV.

S'ils y demeureront, & qui les ira aduertir, lors qu'ils seront en leurdict ordre de courir.

**R.**

*Ledict Sieur Descures les ira aduertir.*

### XV.

Si apres auoir couru leur course ils doiuent retourner à la teste de leurdicte Trouppe, ou s'ils se peuuent pourmener & aller par le Camp.

**R.**

*Retourneront à la Teste de leur Trouppe.*

### XVI.

Ou seront leursdits Mareschaux de Camp, & Parrains

**R.**

*Lesdicts Mareschaux de Cãp & Parrains seront aux deux costez de la Quintaine, auec*

pendant leurſdites courſes. Et qui ſera ordonné pour veoir les coups donnez à la Quintaine.

### XVII.

Si leſdicts coups ſeront tenus ſuiuant le Cartel des Tenans.

### XVIII.

Ou ſera mis le Tableau des pris.

### XIX.

Comme doiuent leſdicts Tenants, & Aſſaillans conuenir du pris de leur courſe.

### XX.

Leur ordre pour ſe retirer apres auoir tous couru.

### XXI.

Si ceux qui auront couru le premier iour, ſe doiuent rendre au Camp le lendemain : leur place, & rendez vous.

*celuy que Mondict Sieur le Coneſtable ordonnera pour voir leſdicts coups, & en cas de diſpute, Mondict Sieur le Coneſtable, & meſdicts Sieurs les Iuges en ordonnerõt.*

*R.*

*Seront tenus ſuiuant ledit Cartel, excepté que celuy qui faudra à rompre ſon bois ne pourra perdre que ſon coup.*

*R.*

*Le Tableau des pris ſera mis à l'Eſchaffaut de Meſſieurs les Iuges.*

*R.*

*Les Aſſaillants en paſſant deuant ledict Tableau toucheront le pris qu'ils voudront courre.*

*R.*

*Se retireront comme ils ſont entrez.*

*R.*

*Se rendront le lendemain au Camp en la place qui leur ſera monſtrée par le Sieur Deſcures.*

### XXII.

S'ils marcheront enfemble par la ville, par quel ordre, & fi on les fera tous tirer au chappeau.

**R.**

*Marcheront felon l'ordre qu'ils feront entreℤ au Camp, & comme ils auront couru.*

### XXIII.

Si Monfeigneur le Ptince de Conty ne doit pas eftre exempt de tirer au dit chappeau.

**R.**

*Mondict Sieur le Prince eft exempt de tirer, attendu fa qualité.*

### XXIV.

En ce cas, s'il n'arriue affez toft au Camp fi les premiers venus doiuent entrer auant luy.

**R.**

*Les premiers venus entreront dans le Camp, & courront les premiers felon l'ordre de leur entrée.*

### XXV.

Si on tirera le Canon le premier: l'heure de le faire tirer & combien de fois.

**R.**

*Mondict Sieur le Coneftable n'eft pas d'aduis qu'on tire le Canon, qu'apres que toutes les Courfes feront faictes.*

### XXVI.

Quand on fera jouër les feux d'artifice, fi ce ne fera auant ou apres que ledict Canon aura tiré.

**R.**

*Les feux d'artifice joüeront auant que ledict Canon tire.*

### XXVII.

L'ordre de marcher de toutes les Trouppes tant pour les machines, cheuaux en main: pages, Trompettes,

**R.**

*L'ordre eft remis aufdictes Trouppes, & Marefchaux de Camp, pour en vfer, com-*
Marefchaux

Mareſchaux de Camp. Parrains, Eſcuyers, qu'Eſtaffiers.

### XXVIII.

Qui gardera les Barrieres du Camp.

### XXIX.

S'il y aura cinq cens Moſquets, & cinq cens piquiers du Regiment des gardes du Roy, qui garderót trois aduenuës. Pour la quatrieſme s'il ſera treuué bon y mettre des Suiſſes, & faire faire la barriere dans le milieu de la ruë, qui vient de la ruë Sainct Anthoine au portail.

### XXX.

Ou ſe mettront les Gardes du Corps du Roy, les Suiſſes, & Archers de l'Hoſtel.

*me ils aduiſeront pour le mieux.*

### R.

*Les Archers du Corps.*

### R

*Sera mis la moitié de la Compagnie du Coronel Gallati à ladicte aduenuë, & le Regiment des Gardes, ſelon l'ordre eſtably par Monſieur d'Eſpernon, porté par ceſt article.*

### R.

*Le reſte des Gardes du Corps & Suiſſes ſeront prés de l'Eſchaffaut du Roy, & de la Reine, entre le Camp, & les maiſons de la place.*

H.

# L'ORDRE DV CAMP

## RENGÉ PAR MONSIEVR LE BA-
### RON DE VITRY, CAPITAINE
des gardes du Corps du Roy.

A PEINE le iour, qui deuoit donner commencement à ces Magnificences, commenceoit à paroiftre, lors que Monfieur le Baron de Vitry arriue à la Place Royale, fuiuy de deux cens des Gardes du Corps du Roy. Ce braue Gentil-homme fucceffeur de la charge, auffi bien que de la valeur de feu fon Pere, auoit receu le iour precedent commandement exprés de leurs Majeftez de mettre ordre, & de pouruoir à ce qui concernoit les ceremonies, en tel cas requifes & neceffaires.

La premiere chofe qu'il fir donques, c'eft qu'il alla droict au logis de Monfieur Defcures, deftiné pour leurs Majeftez, & en ayant pris poffeffion, fe faifit de toutes les clefs, tant du deuant, & du derriere, que de tous les appartements neceffaires pour le Roy, & puis il pofa des Gardes du Corps, à l'vne & à l'autre de ces portes.

Ce faict, il vifita tout le logis, & particuliere-ment, ce qui eftoit deffoubs la chambre du Roy, &

la fale, ou fa Majefté pouuoit aller, ou venir. Ce n'eft pas qu'on fe deffiaft du Maiftre du Logis. La fidelité qu'il a toufiours inuiolablement gardée au feu Roy eft vne preuue affez fuffifante, pour le mettre hors de tout foubçon : mais il faloit que le Sieur de Vitry vfaft de cefte procedure, pour le deuoir de fa charge.

Ledict Sieur Baron, monta puis apres en haut à la chambre, & à la falle deftinée pour le Roy, ou il pofa des Gardes du Corps, auec commandement exprés de n'y laiffer entrer aucun, finon ceux qui eftoient nommez dans le memoire qu'il en auoit, figné de la Reine.

De la il entra en l'Efchaffaut du Roy, ou il mit vn Exempt à la porte, apres auoir faict le mefme commandement : & puis il fit vifiter l'Efchaffaut, par vn Expert en charpenterie, pour voir s'il n'y auoit rien, dont il peut arriuer faulte, & fi l'on n'auoit point mis quelque feu d'artifice, ou poudre à canon, & creufé les Efchaffauts de leurs Majeftés pour les faire foubsleuer.

Il defcendit incontinent aprés jufques à la porte de la galerie qui alloit à l'Efchaffaut de la Reine, ou il pofa les Gardes du Corps du Roy, du cofté de fon Efchaffaut. Les Gardes du Corps de la Reine eftoiët de l'autre cofté.

C'eft ordre mis dans le logis du Roy, & à fon Efchaffault, aboutiffant au mefme logis, & à l'vne des croizées d'iceluy, dans lequel Efchaffaut l'on entroit par vne porte qu'on auoit faicte expres de l'vne des

H ij

feneſtres de ceſte croiſée, & à plain pied du meſme
Eſchaffaut : il pourueut à ce qui eſtoit neceſſaire
pour l'ordre de la place, & mit des Gardes du Corps
du Roy, à l'entrée des barrieres du Camp, qu'il
gardoit ſeul, ſans qu'autre quelconques y peut entrer à cheual, que ceux qui eſtoient des Tenants, ou
des Aſſaillans, & les Lieutenans, Enſeignes, &
Exempts des Gardes du Corps du Roy, afin d'y receuoir ſes commandements.

Et parce qu'il y auoit pluſieurs entrees au Camp,
le meſme Sieur de Vitry les reduiſit à trois, & fit fermer les autres. L'vne eſtoit du coſté du Midy, & regardoit la porte du Pauillon Royal, par ou deuoient
entrer toutes les parties des Aſſaillans. L'autre eſtoit
oppoſée directemét, & du coſté de l'autre grand Pauillon. Et la troiſieſme il l'a fit faire vis à vis de l'Eſchaffault de ſa Majeſté, afin de receuoir ſes com-
mandemens, & les executer plus aiſement, en cas de
neceſſité, pour querelles, & autres accidents.

Apres il mit à l'entrée de ceſte premiere Barriere, par ou deuoient entrer les Aſſaillantz, le Sieur
de Fouqueroles, Enſeigne des gardes du corps
du Roy, & luy bailla deux Exempts, & cent des
gardes du corps, auec la clef de la meſme Barriere, luy enioignant de n'y laiſſer entrer qui que ce fut,
ſoit à pied, ou à cheual, non pas meſme des parties, que le Roy ne fut arriué.

Ce faict, il va de ce pas à l'autre Barriere oppoſée, & y met deux Exempts, & cinquante des
gardes du corps du Roy, & puis il rouient à l'en-

trée de la Barriere de l'eschaffault du Roy, ou il pofa trente des gardes du corps du Roy, & vn Exempt
pour y commander.

A pres il faict faire deux grandes Barrieres. L'vne
qui feparoit la garde de l'Eschaffault de la Reine
d'auec celle du Roy. L'autre qui prenoit vis à vis de
la porte du logis du Roy, joignant jufques à la muraille de ce logis, par deffoubs la galerie, afin que ces
barrieres eftant gardées par les Gardes du Corps du
Roy, nul ne peut par en bas approcher de fon Efchaffaut, qui eftoit tout bordé de mefmes Gardes
par en bas, de fa longueur. Quant à la face de cefte
Barriere, elle eftoit auffi couuerte des Gardes du
Corps du Roy, pour tenir toute cefte place vuide
deuant fon Efchaffault, & empefcher que nul n'en
approchaft.

Il donna puis apres place aux Suiffes parmy les
Gardes du Corps du Roy, deuant fon Efchaffault à
bas. Comme pareillement auffi il bailla place aux Archers du grand Preuoft de l'Hoftel, depuis le dehors
de la porte de la galerie, pour entrer chez Monfieur
Defcures jufques à l'Efchaffaut de la Reine Marguerite du long des Barrieres, joignant au Regiment
des Gardes par dehors lefdictes Barrieres.

Ces chofes ayans ainfi efté difpofées, il mit des
Gardes du corps du Roy, à quatre Efchaffaus deftinez pour les Ambaffadeurs, & pourueut d'aillieurs,
à tout ce qui eftoit de tout le refte de la Ceremonie,
comme ayant la charge generalement de tout le
Camp.

H iij

En fin apres auoir mis l'ordre tel que nous venons de le deſcrire, il s'é retourne au logis du Roy, afin d'y pouruoir aux autres choſes neceſſaires. Cependant voila que les gardes du Regiment arriuent, par la porte du Pauillon Royal, & marchent en ordre juſ-ques à la Barriere. Ce Regiment eſtoit commandé par le Sieur de Saincte Colombe Lieutenant Coro-nel de ce Regiment. C'eſtoit enuiron ſur les huiċt heures du matin qu'il voulut entrer dans le Camp, par la barriere que gardoit le Sieur de Fouqueroles, Enſeigne des Gardes du corps du Roy : mais lediċt Sieur de Fouqueroles luy en refuſa l'entrée, & pro-teſta qu'il ne l'a permettroit nullement, qu'il n'en eut receu le commandement de ſon Capitaine.

Le Sergent Majour Preſent à ce refus, part à meſ-me temps, & va treuuer Monſieur le Baron de Vi-try, pour luy faire entendre ce different, & luy re-monſtrer, qu'ils deuoient auoir place dans le Camp. Lediċt Sieur ayant appris ceſte diſpute, vient à la Barriere, & expoſe au Regiment des Gar-des, qu'il auoit commandement contraire à ce que le meſme Regiment alleguoit, & en peu de mots luy monſtre la diſtinċtion de leur ordre. Comme pluſieurs inſtances, & pluſieurs reffus interuien-nent, d'vn & d'autre coſté, Monſieur de la Valet-te Coronel de l'Infanterie Françoiſe, en l'abſen-ce de Monſeigneur le Duc d'Eſpernon ſon pere, arriue. Il voulut maintenir l'ordre qu'il diſoit luy auoir eſté donné, & le ſieur de Vitry, luy mon-ſtroit vn autre ordre tout contraire. En ſin trai-

gnants tous deux, par cefte trop longue conteſta-
tion, d'empefcher le feruice de ſa Majeſté, ils ſe refolurent d'aller enfemble vers mondiĉt Seigneur
le Duc d'Eſpernon ſon pere, qui eſtoit à vn logis
de la ruë Sainĉt Anthoine, afin de le faire juge de
ce different.

Le ſieur Baron de Vitry, luy ayant faiĉt entendre le commandement qu'il auoit receu, & l'inte-
reſt ou cela de ſa charge, mondiĉt Seigneur le
Duc d'Eſpernon commanda auſſi toſt au Sergent
Majour, en preſence de Monſieur de la Valette,
que le Regiment des gardes, prit place hors des
Barrieres, ainſi qu'il eſtoit ordonné.

QVE l'on ne vante plus la pompe des Rommains:
Jamais l'œuil du Soleil ne vit tant de miracles:
Auſſi c'eſt pour deux Rois, à qui tous les Oracles
Ont promis dés long temps l'Empire des humains.

### D. S. P. N.

# L'ENTREE
# DES CHEVALIERS
## DE LA GLOIRE.

### CHAPITRE XI.

RANCE Mere des armes & des lettres, il eſt temps que la ioye luiſe ſur ton front, & que ta teſte ſoit couronnée de guirlandes. L'heure que tu auois ſi long temps attenduë eſt arriuée. La Felicité t'ouure auiourd'huy ſon Palais. Il ſemble que tout ton Peuple vienne pour aſſiſter à ceſte ouuerture. La Place Royale en eſt deſia pleine. Les feneſtres & & les Theatres en ſont tous remplis. Les couuertures des pauillons en ſont occuppées. Les Archers des gardes du corps : les Suiſſes, & les Archers du grand Preuoſt de l'Hoſtel ſont diſpoſés de la ſorte que nous l'auons deſ-ja dit. Cinq cens Moſquetaires, & cinq cens picquiers du Regiment des gardes ſuiuant le commandement qu'ils ont receu du Duc

I

d'Efpernon, gardent trois auenuës du camp. Les
Barrieres font toutes bordées de piques & de mof-
quets. L'Alegreffe publique y vole d'vn cofté &
d'autre. L'ordre fe treuue parmy vn amas de tant de
natioಣs , & le filence qui fait ordinairement fa de
meure dans les lieux deferts & inhabitez, y eft arriué
pour auoir le plaifir de cefte fefte. Et de peur que le
bruict & la confufion n'y donnent de l'empefchement , il y retient attachees toutes les langues , &
toutes les voix de la multitude. Leurs Majeftez font
à leur Efchaffaut auec Madame : Madame Chre-
ftienne, Madame la Princeffe de Conty, Monfieur
l'Ambaffadeur d'Efpagne, & auec plufieurs Princes
& Princeffes, Ducs , & Ducheffes , & autres Officiers de la Coronne.   A l'Efchaffaut de leur main
droicte font les pris des courfes. A celuy de leur gauche, Monfieur le Coneftable, affifté de Monfieur
De Bouillon : de M. de Briffac : de M. de Bois-Dau-
phin, de M. De Lefdiguires, Marefchaux de France, & Iuges du Camp. Au bout de la lice eft celuy de
la Reine Marguerite, que toute la France cherit,
tant pour la memoire d'vn nombre infiny des bons
Rois, dont elle eft yffuë, que pour les rares vertus,
& louables qualitez dont elle eft accomplie.

Mais tandis q'vn chacun a les yeux tournez vers
le fubiect qui luy eft le plus agreable , les Oracles
qui fe font enfermez auec la Gloire dans le P A L A I S
D E L A  F E L I C I T E' font refonner vne Mufique
de Hautbois la plus douce & la plus harmonieufe,
qui fe puille imaginer. Elle eft fuiuie de plufieurs

voix pareilles à celles des Anges. Et à peine ceste
Musique cesse qu'on voit ouurir le grand portail du
Palais de la Felicité, & en sortir le vaillant Cleofon
de Colchos, Mareschal de Camp des Tenants. Il
estoit monté sur vn grand cheual d'Espagne, enharnaché de velours noir, tout couuert de broderie
d'or, son habit estoit de mesme couleur, & pareille
broderie. Les boutons de son pourpoinct estoient
de gros Diamants. Il portoit en escharpe vne riche
chesne de pierreries, & le grand bouquet de plumes de Heron à son chappeau, & tenoit vn baston
de Camp à la main. Vn Escuyer & huict Estaffiers
vestus de velours de mesme couleur, couuert de
passement d'or, le suiuoient.

Quand il fut deuant l'Eschaffaut de Monsieur le
Conestable & de Messieurs les Mareschaux de France Iuges du Camp, il leur presenta le Cartel des Tenants. Monsieur le Conestable ayant appris par la
lecture de ce Cartel, ce qui estoit de son intention, le
renuoya vers leur Majestez. Lors Cleophon s'estant
approché de l'Eschaffaut du Roy, & de la Reine,
mit pied à terre, & apres vne grande reuerence leur
exposa, comme la Gloire ayant faict élection des
Tenâts pour defendre l'entrée du PALAIS DE LA
FELICITE': ils les supplioient d'en vouloir auoüer
le titre, & leur permettre d'entrer sur la lice, pour y
combattre ceux qui auroient le courage de s'y pre-
senter. Leurs Majestez luy accorderent sa demande,
& luy apres les auoir remerciés remonta à cheual, &
s'en retourna vers le Palais de la Felicité, ponr en ad-

I ij

uertir les Tenans. Aussi tost qu'il y fut entré le Regiment des gardes fit vne salue de mousquetades, & au
mesme instant l'on ouyt vn grand bruict de trompettes à la porte du PALAIS DE LA FELICITE',
d'où les Cheualiers sortirent en c'est equippage.

## DE L'ORDRE QVE TINDRENT
*les Cheualiers de la Gloire entrans dans le Camp,
& de la description de leur triomphe.*

### CHAP. XII.

LDERAN de Frize, Aide de Mareschal de Camp entra le premier. Il estoit
vestu d'vn habit de satin incarnat, couuert de clincant d'argent. Son cheual
estoit enharnaché de satin de mesme couleur chamarré de clincant d'or.

Deux Archers vestus à la Moresque le suiuoient.
Chacun portoit vn arc & des Flesches, & vn collier
d'or au col. C'estoient deux des gardes du Chasteau
de l'Isle Triste, à qui Almidor auoit donné la vie. Le
reste fut taillé en pieces, ainsi que nous auons desia
dit.

Trente trompettes venoient aprés, vestus de lame
d'argent incarnate & blanche: liurée des Cheualiers
de la Gloire. Leurs chappeaux estoient incarnats, &
blancs, & leurs plumes de mesme. Leurs chouaux

estoient caparassonnez de satin incarnat chamarré
de galon d'argent. Les banderoles de leurs trompettes estoient de satin incarnat & blanc. Ils sonnoient
tous à la fois, lors qu'ils parurent sur le Camp.

Aprés venoient cinq Herautz portantz des cot-
tes d'armes de velours incarnat, chamarré de clincant d'or, & d'argent, Ils auoient chacun la Massuë
d'argent, & estoient montez sur des cheuaux caparassonnez de mesme que ceux des Trompettes.

Vn Chariot d'armes marchoit aprés, tiré par six
Lions, que le Prince de Meroé donna à Leontide,
le jour qu'il gaigna les armes de la toison d'or, aprés
auoir conquis la forteresse du pas deffendu. La Terreur en estoit le Cocher, accoustrée en la sorte que
les Anciens la depeignent, à sçauoir en homme vestu
d'vne robbe de couleur changeante. Sa teste estoit
semblable à celle d'vn Lion. Il tenoit à la main droicte vn fleau, & de l'autre les resnes du Chariot.

Au plus haut l'on voyoit la Fureur ayant les yeux
bandés, & vn visage horrible & espouuantable. Elle
estoit assise sur vn grand monceau de toutes sortes
d'armes, comme boucliers, espées poignards, lances, espieux. Ses mains estoient liées derriere le dos
auec de fortes cheisnes. Elle rugissoit comme vn
Lion, & s'efforçoit de les rompre. Virgile l'appelle
ministre de la guerre en ces vers,

*Iamque faces & saxa volant furor arma ministrat*

Le dedans du Chariot estoit chargé des armes
des cinq Cheualiers, & de grosses & fortes lances
pour rompre en lice. Les Tenants croyoient des es-

preuuer à la lance, & à l'espée contre tous ceux qui
auroient le courage de les assaillir : mais leurs Majeftez ne leur en voulurent pas donner la permission,
de peur qu'on ne fit d'vne ioye & d'vne resiouissance
publique, vn funeste & sanglant spectacle. Ces armes estoient accompagnées de pannaches, de lances
& de banderoles, d'escharpes, & de bas de saye, d'incarnat, & de blanc. Vingt Estaffiers vestus de mesme
que les Trompettes estoient aux flancs du Chariot:
dix de chaque costé.

Ils estoient suiuis de vingt ioueurs de cornemu-
fes, & de flageolets. C'estoient les Dieux des forests,
& des montaignes, qui estoient venus pour rendre
graces à la Deesse de cest Empire, de la paix qu'elle
donnoit à son peuple, par l'ouuerture du Palais de la
Felicité.

Aprés venoient trente pieces de grands cheuaux,
caparassonnez de lame d'argent incarnate & blanche, & portants de grands pannaches sur leur teste
de pareilles couleurs. Chaque Cheual estoit mené
auec des cordons d'argent & de soye, ou pendoient
des houppes, & des boutons, incarnat & blanc, par
deux Estaffiers vestus comme les precedents.

Baladan, Dragonis, Macarée, Cartadaque, &
Listorac, les cinq freres Geans, que les Cheualiers
de la Gloire vainquirent, en l'Isle Triste, marchoient aprés. Ils estoient armes de fortes brigan-
dines, & portoient chacun vne grosse massuë de fer,
excepté Baladan, qui auoit son grand cimmeterre
au costé, & Listorac ses armes à escailles de serpent.

Amphion les fuiuoit monté fur le Dauphin qui le fauua de la fureur des Mariniers, & qui le rendit fain & fauue fur le riuage. Il auoit vne coronne de laurier fur fa tefte, & joüoit de fa Lyre.

Vn Rocher attiré du doux fon de ceft inftrument venoit aprés. On y voyoit quinze grottes, & à la bouche de chacune vn hautbois. Au fommet du rocher, paroiffoit vn grand arbre à cinq branches. A chaque branche pendoit vn Efcu. A la branche du milieu eftoit celuy d'Almidor, ou eftoient depeinctes les armes de fa maifon. Aux deux autres de la main droicte ceux de Leontide, & de Lyfandre, enfemble les armes de leur maifon. Comme de mefme aux deux autres les Efcus d'Alphee, & d'Argante, auec auffi les armes de leur maifon.

# ARMES DES MAISONS
## DES CHEVALIERS DE LA
### . GLOIRE.

*LES armes d'Almidor font de Guife. Il porte party, & couppé de huict pieces. Au premier facé d'argent & de gueules de fix pieces : armes de la maifon de Hongrie. Au fecond d'azur femé de fleurs de liz à vn lambel de gueules de trois pieces : armes de la maifon de Sicile. Au tiers d'argent à vne croix potencée d'or, accompagnée de quatre petites croizettes de mefme, qui font les armes de Ierufalem. Au quart & dernier party d'en haut, d'or, à quatre paux de gueules : armes d'Arragon. Au premier du bas d'azur femé de fleurs de liz d'or, à vne bordure de gueules, qui font les armes de la maiſon d'Anjou. Au ſecond d'azur à vn Lion rampant d'or, armé & lampaſſé de gueules coronné de meſme: armes de Gueldres. Au tiers, d'or, à vn Lion rampant de ſable, armé, lampaſſé, & coronné de gueules : ce ſont les armes de Flandres. Au quart & dernier d'azur, à deux bars adoſſez d'or, à ſix croix fichées d'or : armes de Bar. Sur le tout en cœur vn Eſcu d'or, à vne bande de gueules chargé des trois Alerions d'argent : qui ſont les armes de la maiſon de Lorraine. Et ſur le tout du grand Eſcu vn lambel de gueules de trois pieces, qui fait la difference du ſecond de la maiſon de Lorraine.*

## ARMES DE LA MAISON DE LEONTIDE.

**L**ES *armes de Leontide, ſont de Neuers. Il porte eſcartelé. Au premier d'argẽt à vne croix pattée de gueules à quatre aiglettes de ſable. Sur le tout du quartier vn Eſcu eſcartelé. Au premier de ſable à vn Lion rampant d'argent. Au ſecond facé d'or, & de ſable, qui ſont les armes de la maiſon de Mantouë. Au ſecond quartier du haut, d'azur, à trois fleurs de liz d'or, à vne bordure de gueules, chargée de huict bezans d'argent : armes d'Alençon. Au premier quartier du bas, d'azur, à trois fleurs de liz d'or, à la bordure componée d'argent, & de gueules : ce ſont les armes de la maiſon de Neuers. Au dernier quartier d'en bas, de gueules, à l'eſcarboucle ouuerte d'or, armes de Cleues : chargée d'vn Eſcu d'or, en vne facé echiquetée d'argent & de gueules : qui ſont les armes de la Mark. Sur le tout vn Eſcu en cœur eſcartelé. Au premier quartier d'azur à trois fleurs de liz d'or : armes de France. Au ſecond & au tiers de gueules, la demy bordure engrelée d'argent : qui ſont les armes de la maiſon d'Albret.*

ARMES

# ARMES DE LA MAISON
## d'ALPHEE.

LES *armes d'Alphée, font du Prince de Ioinuile, puifné de Guife. Il porte efcartelé des deux maifons, de Guife & de Neuers.*

# ARMES DE LA MAISON DE
## LYSANDRE.

LES *armes de Lyfandre, font de Baffompierre. Il porte de gueules à trois cheurons d'argent.*

# ARMES DE LA MAISON D'ARGANTE.

LES *armes d'Argante font les armes de la Chafteneraye, qui font de Viuonne. Il porte d'hermines au chef de gueules.*

Trente Eftaffiers veftus de mefme que les prece-dents accompagnoient ce chariot.

Ils eftoient fuiuis de trente Pages, veftus de ve-lours incarnat couuert de clincant d'argent, & mon-tez fur des cheuaux d'Efpagne caparaffonnez de fa-tin incarnat chamarré de paffement d'argent. Cha-cun portoit vne lance, auec la banderole incarnate & blanche, femée de plufieurs deuifes des Cheua-liers. Deux Efcuyers venoient aprés eux, veftus de mefmes liurees, & montez fur des cheuaux caparaf-fonnez de mefme.

Aprés marchoient huict grands courfiers blancs, qui auoient de grandes aifles blanches. Ils tiroient le Chariot de Triomphe de la Gloire. C'eftoit vn

K

grand Char à l'antique enrichy de plusieurs trophées d'armes, d'or, & d'argent, au milieu duquel
on auoit posé vne pyramide d'argent, qui s'eleuoit
jusques à vne grande Sphere toute semée d'estoiles.
Au milieu de la Pyramide on auoit escrit en lettres
d'or, ce vers:

*Gloria stelliferi condit se margine cœli.*

Les Tenants, vouloient donner à entendre, que
leur valeur auoit acquis tant de reputation, que leur
gloire estoit montée jusques au Ciel. La Gloire s'appuyoit du bras gauche sur ceste Pyramide. Elle y
estoit telle qu'on la voit depeincte en la Medaille
d'Adrian. Les cheueux blons, & espars, & portant
sur sa teste vne coronne de pierreries.

La Victoire estoit à sa main droicte, & la Renommée à sa gauche. La Victoire auoit à la main
droicte vne guirlande de laurier, & à la gauche vne
branche de palme. Soubs ses pieds estoit vn Aigle,
qui portoit à son bec, vne fueille de laurier. Elle
auoit vne robbe de satin blanc, & vn mantelet jaune. La Renommée estoit couuerte d'vn voile rouge
fort delié, ceinct à trauers, retroussé à my jambe.
Elle auoit deux grandes aisles blanches, toutes se-
mées d'yeux, & de langues, & à sa main droicte vne
trompette. Au dessoubs de la Gloire estoient les dix
Sybilles: la Persique: la Libyque: la Delphique: la
Cumée: l'Erythree: la Samienne: la Cumane: celle
de l'Helespont, celle de Phrygie, & la Tyburtine.
Lors que ce Chariot fut prés de l'Eschaffaut de leurs
Majestez il s'arresta, & alors la Gloire chanta ces
vers.

# LA GLOIRE

IE suis la GLOIRE aux aisles d'or,
De la vertu le seul thresor,
Dont le lustre afflige l'Enuie:
Mon sort à nul autre pareil,
Me rend plus chere que la vie,
Et plus belle que le Soleil.

Les grands cœurs, parmy les hazards,
Pour auoir vn de mes regards,
Ne sont iamais las de me suyure;
Enfin me laissant acquerir.
Ie fais eternellement viure
Ceux qui pour moy veulent mourir.

Ie suy les trauaux indonteZ,
Et fay marcher à mes costeZ
Des Honneurs les Pompes supremes
Sur tout i'accompaigne en tous lieux.
Ceux qui portent les diadémes,
Et des hommes i'en fais des Dieux.

Mais ou tendent tous mes propos:
Grand Roy sejour de mon repos,
Et vous, dont mon ame est esprise,
O Reyne qui tout surpasseZ,
M'ayant de si long temps acquise
Me cognoisseZ vous pas asseZ?

K ij

*Je vous amene cinq Guerriers*
*Qu'vn ardent amour de Lauriers*　　　　　(∴)
*Tient en eternel exercice:*
*Vainqueurs de toute aduersité,*
*En l'honneur de vostre seruice,*
*Ils chercherent leur* FELICITE'.

DE COMBAVT.

Les Sybilles chanterent incontinent l'vne aprés l'autre les dix stances de ces vers, que le sieur de Malherbe l'vn des Oracles de France leur auoit appris; à l'honneur du Roy, & de la Reine, & de ces alliances.

# LES SYBILLES

## POVR LA REYNE.

QVE *'Bellonne & Mars se detachent,*
*Et de leurs cauernes arrachent*
*Tous les vents des seditions:*
*La France est hors de leur furie*
*Tant qu'ell' aura pour Alcyons*
*L'heur & la vertu de* MARIE.

## POVR ELLE MESME.

CEsse, Pò, d'abuſer le monde:
Il eſt temps d'oſter à ton onde:
Sa fabuleuſe Royauté:
L'Arne ſans en faire autres preuues
Ayant produit ceſte Beauté,
S'eſt acquis l'Empire des fleuues.

## POVR LES MARIAGES.

*LA France à l'Eſpagne s'allie,*
*Leur diſcorde eſt enſeuelie*
*Et tous leurs orages finis:*
*Armes du reſte de la terre*
*Contre ces deux peuples vnis*
*Qu'eſtes vous que paille & que verre?*

## POVR LE MESME SVIET.

ARRIERE ces plainctes communes,
Que les plus durables fortunes
Paſſent du iour au lendemain:
Les neus de ces grands hymenées
Sont-ils pas dela propre main
De ceux qui font les deſtinées.

(∵)

## POVR LE MESME SVIET.

*TAISEz vous funeſtes langages,*
*Qui iamais ne faictes preſages,*
*Ou quelque malheur ne ſoit joinct:*

K iij

*La difcorde icy n'eft meflee :*
*Et Thetis n'y fouspire point*
*Pour auoir épouzé Pelee.*

## POVR LE ROY.

ROY que tout bon heur accompagne,
Voi partir du cofté d'Efpagne
Vn Soleil qui te vient chercher :
O vrayment diuine auanture,
Que ton refpeƈt face marcher
Les Aftres contre leur nature.

## POVR LVY MESME,

OQue l'heur de tes deftinees
Pouffera tes ieunes annees
*A de magnanimes foucis !*
*Et combien te verront efpandre*
*De fang des peuples circoncis*
*Les flots qui noyerent Leandre.*

## POVR LVY MESME.

SOit que le Danube t'arrefte,
Soit que l'Euphrate à fa conquefte,
Te face tourner ton defir,
Treuueras-tu quelque puiffance
A qui tu ne faces choifir
Ou la mort ou l'obeyffance.

## POVR LA REYNE.

COVRAGE *Reyne sans pareille*,
L'*Esprit sacré qui te conseille*
*Est ferme en ce qu'il a promis :*
*Acheue, & que rien ne t'arreste :*
*Le Ciel tient pour ses ennemis,*
*Les ennemis de ceste feste.*

## POVR ELLE MESME.

SOVBS ta bonté s'en va renaistre
Le siecle où Saturne fut maistre :
Themis les vices destruira,
L'honneur ouurira son escole,
Et dans Seine & Marne luira,
Mesme sablon que dans Pactole.

Lors que toutes les Sybiles eurent chanté ces beaux
vers, celle de Cumes s'adressa à la Reyne, & au nom
de toute la France chanta encores ceux-cy :

## A LA REYNE.

DONC *apres vn si long sejour,*
FLEVRS DE LIS, *voicy le retour*
*De vos auantures prosperes ;*
*Et vous allez estre à nos yeux*
*Fraisches comme aux yeux de nos peres,*
*Lors que vous tombastes des Cieux.*

*A ce coup s'en vont les Deſtins,*
  *Entre les Ieux & les feſtins*
  *Nous faire couler nos années ,*
  *Et commencer vne ſaiſon,*
  *Où nulles funeſtes iournées*
  *Ne verront iamais l'orizon,*

*Ce n'eſt plus comme auparauant,*
  *Que ſi l'Aurore en ſe leuant,*
  *Dauanture nous voyoit rire:*
  *On ſe pouuoit bien aſſeurer,*
  *Tant la fortun e auoit d'Empire ,*
  *Que le ſoir nous verroit pleurer.*

*De toutes parts ſont eſclaircis*
  *Les nuages de nos ſoucis:*
  *La ſeureté chaſſe les craintes:*
  *Et la Diſcorde ſans flambeau,*
  *Laiſſe mettre aueques nos plaintes*
  *Tous nos ſoupçons dans le tombeau.*

*O qu'il nous euſt couſté de morts!*
  *O que la France euſt faict d'efforts*
  *Auant que d'auoir par les armes*
  *Tant de Prouinces, qu'en vn iour,*
  *Belle Reyne, auecques vos charmes,*
  *Vous vous aquerez par amour.*

*Qui pouuoit*

Qui pouuoit sinon vos bontez
 Faire à des peuples indontez
 Laisser leurs haines obstinées,
 Pour iurer solennellement
 En la main de deux Hymenées
 D'estre amis eternellement?

Fleur de beautez & de vertus,
 Apres nos malheurs abbatus
 D'vne si parfaicte victoire
 Quel marbre à la posterité,
 Fera paroistre vostre gloire
 Au lustre qu'elle a merité?

Non, non, malgré les enuieux,
 La raison veut qu'entre les Dieux
 Vostre image soit adorée:
 Et qu'aydant comme eux aux mortels
 Lors que vous serez implorée,
 Comm'eux vous ayez des autels.

Nos fastes sont pleins de lauriers.
 De toute sorte de guerriers:
 Mais hors de toute flatterie,
 Furent-ils iamais embellis
 Du miracle qu'a faict Marie
 Pour le salut des fleurs de lis?

Reprife de toutes les Sybilles.

*A ce coup la France eft guerie :*
*Peuples fatalement fauuez*　　　　　(∴)
*Payez les vœux que vous deuez*
*A la fageffe de* MARIE.

Trente Efclaues de diuerfes nations, & veftus chacun à la mode de fon païs, enuironnoient ce char de Triomphe.

Aprés eux venoient cinq Pages veftus de toile d'argent incarnate, couuerte de clincant d'argent. Ils eftoient montez fur de grands Courfiers, caparaffonnez de mefme eftoffe que leurs habits. Ils portoient les Efcus où eftoient les Deuifes des Cheualiers.

## DEVISES DES CHEVALIERS
### de la Gloire.

Le corps de la deuife d'Almidor, eftoient des Alerions qui voloient vers le Ciel. L'ame :
NEC FVLGVRA TERRENT.

Leontide auoit pour deuife le Montgibel, qui vomit feux & flammes, auec ces mots :
FVLMINATO, E FVLMINANTE.

La deuife d'Alphée eſtoient des foudres qui ſe faiſoient jour par la nuë, auec ces paroles:

MAS DAÑO QVE RVYDO.

Le corps de la deuiſe de Lyſandre eſtoit vne fuzee. L'ame conſiſtoit en ces paroles:

DA L'ARDORE L'ARDIRE.

Argante auoit pour la ſienne vn timbre d'horloge, auec ces mots,

DE MIS COLPES MI SONIDO.

Aprés les Pages marchoient cinq grands cheuaux, auec de grands caparaſſons de ſatin incarnat, tout couuert de broderie, d'or, & d'argent. Ils auoient ſur leurs chanfrains de grands pannaches de la liurée.

Chacun de ces cheuaux eſtoit mené par deux Eſtaffiers habillez comme les precedents, auec de grands cordons d'or & de ſoye, & des franges d'argent ſeruant de reſnes.

Ils eſtoient ſuiuis de cinq Eſcuyers veſtus de ſatin incarnat, chamarré de clincant d'argent. Leurs Cheuaux eſtoient caparaſſonnez de meſme eſtoffe que leurs habits, & chacun tenoit à la main droite vne lance argentée, & à la gauche l'eſpee de ſon Maiſtre

Cleophon de Colchos Mareſchal de Camp, venoit aprés accouſtré, & ſuiuy de l'equippage que nous auons d'eſcrit au commencement de

cefte entree. Quand il fut prés de leurs Majeftez,
il prefenta à la Reine, au nom d'Almidor, les
vers fuiuants, que le Sieur d'Infrainuile, l'vn des
plus rares & plus judicieux efprits de ce temps a
compofez.

## STANCES.

Gloire de noftre fiecle, ame de ceft Empire,
Bien que deffous vos loix vn grand peuple refpire,
Et que de tout le monde, il foit l'eftonnement:
Vous auez tant d'attraiêts ioinêts à tant de fageffe
Que le titre de Reine eft le moindre ornement,
De tous ceux dont le Ciel vous faiêt tant de largeffe.

L'eftat dont l'Vniuers admire la bonace
Des fafcheux Aquilons ne craint plus la menace:
Vos yeux ( par qui l'amour plus fort que le refpeêt,
Faiêt deffus tant de cœurs de fecrettes conqueftes )
Sont des Aftres iumeaux de qui le feul afpeêt
Des tumultes François appaife les tempeftes.

Pourquoy ce long repos retient-il mon efpée?
Que ne permet le Ciel qu'elle foit occuppée
Pour d'vn peuple mutin l'audace foudroyer?
Ou que vers l'Orient fuiuant ceux de ma race
Ma fatale valeur ne veut-il employer,
Pour arborer vos lis aux campagnes de Thrace?

*Mais ses fermes decrets different ces miracles :*
*Et les Turcs informeʒ par la voix des Oracles,*
*Q'vn Monarque de France y doit planter sa foy :*
*Ne pensent voir faillir celle de leur Prophete,*
*Qu'apres le nombre d'ans qui manquent à mon Roy,*
*Pour s'en aller luy mesme en faire la deffaicte.*

*C'est là que mon Destin a reservé mes armes :*
*Lors Memphis me voyant sera pleine de larmes,*
*Et le Nil s'enflera du sang de ses guerriers :*
*Puis vous ayant conquis mainte Prouince estrange,*
*Tout chargé de butin, & couuert de lauriers,*
*I'iray faire ma tombe aux riuages du Gange.*

Les CHEVALIERS DE LA GLOIRE, parurent incontinent aprés Cleophon, en cest ordre. Almidor marchoit le premier : Lysandre le suiuoit. Argante venoit aprés : & puis Alphée : & puis le Prince Leontide.

Ils portoient des coiffures faictes en coronne, de riches esmeraudes taillées en fueilles de laurier, auec des plumes incarnates & blanches. Leur habit estoit de satin incarnat, tout couuert de broderie d'or, & d'argent. Leur bas de soye estoit aussi incarnat, & leurs bottines de mesme, enrichies de broderie d'or. Leurs cheuaux auoient pareillement des plumes incarnates & blanches. Ils estoient caparassonnez de mesme satin tout couuert de broderie d'or & d'argent. La disposition de ces Cheualiers rauissoit les yeux de tout le monde. Quand ils parurent dans le

L iij

Camp, ils mirent leurs cheuaux au pas : puis au trot
aprés au galop : & puis encores ils leur firent faire
des courbettes , & des grouppades , & enfin des
capriolles : tantoſt en auant , & tantoſt en arriere,
par le coſté , & ſur vne meſme place , acheuant la
croix.

Mais ſi jamais cheual merita le nom de cheual volant, celuy d'Almidor ſe peut à bon droiƈt attribuer
ce tiltre. C'eſtoit vn cheual zain, de qui le poil eſtoit
noir comme du geet. Sa grandeur ſurpaſſoit celle
des autres. Son oreille eſtoit poinƈtuë. Son front
n'auoit rien que l'os. Ses yeux eſtoient gros, prõpts &
releuez. Sa bouche eſtoit grande , & eſcumeuſe. Ses
naſeaux ouuerts & ronflants jettoient vne perpetuelle fumée. Ses bras eſtoient ſecs, & nerueux. Il
auoit la poiƈtrine ouuerte , & vne grande & large
crouppe : les flancs bien vnis : & au deſſus vne eſchi-
ne double, & bien renforcée. L'eſpee Rommaine
eſtoit parfaiƈtement bien marquée à ſon col , qu'il
portoit voulté , & pareil à vn arc à demy tendu. Par
deſſus on auoit eſpandu ſon poil long , & creſpé,
ſemblable à celuy de ſa queuë, qui touchoit à terre,
ſi ferme & ſi eſpeſſe qu'elle enfonçoit tout ſon gros
tronc dans la graiſſe des feſſes. Au reſte ce beau cheual auoit la corne liſſée, fort haute, bien creuſe, toute ronde, & retirant de la couleur de ſa robbe. Ses
pâturons eſtoient courts. Ils n'eſtoient pas tout à fait
droiƈts, ny auſſi lunez : mais entre ces deux formes.
Almidor ſortant du PALAIS DE LA FELICITE'
ſaulta legerement deſſus , & aprés l'auoir mis au pas,

puis au trot, & aprés qu'il l'euſt fait aller au galop, à
courbettes, à grouppades: & qu'il luy euſt fait faire
mille caprioles, il le mit ſur les voltes, & demy voltes, auec tant de grace que le prix luy en eſt iuſtement deub. Auſſi ſon cheual en eſtoit ſi glorieux,
qu'à chaque capriole, ſes élancements reſſembloiét
des coups d'aiſle, de ſorte qu'il portoit la teſte de ſon
Maiſtre dans les Eſchaffauts les plus éleués, tandis
qu'en eſtendant ſes jambes derriere, ils ſe ſouſte-
noir long temps en l'air, & rendoit aucunement
croyable, ce que l'antiquité fabuleuſe raconte du
cheual de Perſée.

A coſté des Tenants marchoient trente Eſtaffiers veſtus comme les precedents.

Leonice, & Timandre, de qui la valeur eſt ſigna-
lée par tout le monde, parrains des CHEVALIERS
DE LA GLOIRE venoient aprés. Leonice marchoit à la main droicte d'Argante, & Timandre à
la gauche. Ils eſtoient richement veſtus, & bien
montez.

Six Eſtaffiers habillez de velours incarnat,
couuert de clincant d'argent, eſtoient auprés
d'eux.

Cinq Eſcuyers accouſtrez de meſme que les
autres marchoient aprés. Chacun portoit vne lance de Guerre.

Dix laquais veſtus de la liuree les ſuiuoient.

Aprés qu'Almidor & ſes compagnons eurent
faict leur entrée en la meſme ſorte que nous venons de la deſcrire, leurs Machines & vne grande

partie de leur Equippage ſe rangea du coſté du couchant, auprés du PALAIS DE LA FELI-CITE': l'autre partie s'y retira: pendant qu'ils ſe lo-gerent ſoubs vne grande & riche tente qui eſtoit au commencement de la lice , pour y attendre ceux qui voudroient eſpreuuer l'auanture. Ils ne faiſoient que d'y entrer, lors que les moſquetaĩ-res du Regiment des Gardes , & ceux des Suiſſes ayans faict vne aultre ſalue , l'on ouyt vn grand bruict de trompettes à la porte du Pauillon Royal. C'eſt le vaillant Prince Ariſtee , qui en deman-de l'entree, ainſi que nous verrons maintenant.

# L'ENTREE
# DES CHEVALIERS
## DV SOLEIL.

*COMME LE PRINCE ARISTÉE,*
*aprés auoir jousté contre vn Cheualier incogneu, est*
*deffié par vn Nain de la part des Cheualiers*
*de la Gloire.*

## CHAPITRE XIII.

ARISTEE, fils de l'Astre qui donne le jour au Monde, & de la fille du Dieu de Penée, aprés auoir laissé des marques eternelles de sa valeur par tous les lieux, ou son Pere respand ses rayons, & particulierement en France, où son cousin le grand Hercule, le choisit pour son Thezée, lors qu'il employoit ses armes à la deffaicte de l'Hydre, iouissoit de la gloire que ses trauaux luy auoient acquise. Sa grádeur & son meri-te luy faisoient posseder la Nymphe que Diane che-

M.

rit le plus, d'entre toutes celles qui portent son arc, &
sa trousse. Cest heureux Cheualier, à qui seul les Destins reseruerent ceste felicité qui n'appartiét qu'aux
Dieux, s'occupoit quelquefois à courre le Cerf en
la forest du pin sacré, proche de sa belle maison des
Nappées. Quelquefois aussi il faisoit tendre vn riche
pauillon à la fontaine des Roziers, qui est à l'issuë
du bois, voisin du mont des Palmes, où il prenoit
plaisir d'espreuuer sa lance contre les Cheualiers errants que la fortune y amenoit à toutes heures, de
diuerses contrees de la terre. Vn jour comme il y
passoit le temps en la compagnie de sa chere Espouse, treze Cheualiers montez sur de grands cheuaux,
caparassonnez de satin bleu semé de flammes, & armés de toutes pieces, arriuent. L'vn d'eux qui marchoit à la teste des autres, & qui portoit vn Escu, ou
la Fortune estoit peincte, s'approche, & s'en va toucher de la poincte de sa lance, celuy d'Aristee, qui
estoit pendu, à vne petite Pyramide au deuant du
pauillon. Le Prince qui auoit desja lacé son armet,
sauta legeremét à cheual, prit son Escu, & empoigna
vne forte lance. Et cóme il estoit prest de s'eslogner,
pour prendre sa carriere, il s'arresta pour ouyr ces
paroles que le Cheualier estrange luy dit : Braue
Prince, vn desir d'aquerir de la gloire, plustost q'v-
ne enuie de vous offencer, ma conduict icy, pour
espreuuer vostre valeur, de qui la renommée vole
par tout le monde. Quoy qu'il arriue de ce combat,
l'issuë ne m'en peut estre que fort aduantageuse. Si
j'y demeure vaincu, je me consoleray par la deffai-

ôte d'vn nombre infiny d'autres, dont la reputation
est plus grande que la mienne. Et si la fortune m'y
fauorise, j'aquerray plus de gloire d'auoir resisté à
vos armes, que si j'auois surmonté les plus vaillants
Cheualiers de l'Orient. Permettez moy donc de
jouster contre vous, à telle condition que nous ne
soyons point obligez de mettre la main à l'espee,
que l'vn de nous, ou tous deux ensemble, ne soyons
portez à terre. Cheualier (respond Aristee) la mo-
destie de vostre deffy m'a donné autant d'enuie de
vous cognoistre que de vous combattre. Ie ne doute point que vous ne soyés doüé de grande proüesse,
puisque ces courtoisies sont ordinairement accompagnees de valeur, & de courage. Toutefois voyós
par effect à qui la Fortune monstrera plus de faueur.
Ce disant ils s'elognerent l'vn de l'autre & ayans
couché leur bois, ils se prindrent de si droict
fil que leurs lances volerent en esclats, mais ils
passerent outre sans se faire autre mal. Ayans repris nouuelles armes, ils en firent autant jusques à
la sixiesme fois, qu'ils coururent l'vn contre l'autre
de telle impetuosité que faussants leurs Escus, &
leurs harnois, ils se rencontrerent de corps, & de
teste si rudement, que leurs cheuaux ne pouuants
supporter vne telle rencontre allerent par terre, tous
froissez de ceste cheute, & leurs Maistres dessoubs.
Aristée se releua promptement, & mettant la main
à l'espee alla treuuer son aduersaire, qui s'estant aussi
releué, au lieu de se preparer pour le combat de l'espee, delaça son heaume, & courut pour l'em-

braſſer. Ariſtee le recogneut incontinent : car c'eſtoit le vaillant Prince Oliuante de Loro, viue image de Cleandre, & le frere de ſon Eſpouſe, qui aprés auoir arboré la Croix par toutes les coſtes de Barbarie, reuenoit de Malte tout couuert de palmes, & de lauriers. Ses Compagnons mirent auſſi pied à terre, & vindrent faire la reuerence au Prince Ariſtée. Ils alloient en France, au bruict du Cartel des Cheualiers de la Gloire, afin de teſmoigner leur valeur & leur courage, au Tournoy que la Reine des François auoit fait publier. Oliuante les auoit rencôtrez en l'iſle de Sardaigne, & tous treize eſtoient venus de compagnie, juſques à la fontaine des Roziers. Enfin c'eſtoient Cleontin, Timandre, Fidamor, Tancrede, Adraſte, Herandre, Aquilante, Lindamor, Lucidamor, Birmartes, Zaide, & le gracieux Melidor, Cheualiers de qui le renom eſtoit ſemé par toutes les Prouinces de l'Orient. Ariſtée qui les cherit, & qui priſe leur extreme valeur, leur fit mille careſſes, & puis les mena tous à ſon riche pauillon, ou la belle Princeſſe Phylis les reçeut fort humainement : mais particulierement ſon frere, qu'elle n'auoit veu de long temps. Aprés qu'ils furent deſarmez, & qu'attendants le ſoupper, ils prenoient le fraiz ſoubs vne ramée, aux bors de ceſte belle fontaine, ou le Prophete Merlin laiſſa tant de marques de ſon bel Eſprit, vn Nain difforme, & contrefaict, paſſe. Il eſtoit habillé en courrier, & ſembloit à voir ſa diligence, qu'il eſtoit preſſé de quelque grande affaire. Neantmoins voyant

vne fi belle compagnie , il s'arrefta , & alors Ari-
ftéeluy demanda d'où il venoit, & où il alloit. *Sei-*
*gneur* ( refpond le Nain ) *les Cheualiers de la Gloi-*
*re m'enuoyent pour deffier tous ceux qui auront le cou-*
*rage d'efpreuuer l'Auanture du Palais de la Felicité. Si*
*vous auez defir d'auoir vne cognoiffance plus particuliere de*
*leur deffeing, la lecture de ce Cartel vous l'apprendra.* Ce difant il luy baille le Cartel des Tenants, qu'Ariftee lit
en prefence de fon Efpoufe, d'Oliuante de Loro, &
de fes compagnons. Aprés qu'il en a faict la lecture,
le Nain le reprend, & fans autre ceremonie, picque
fon cheual: car il defire d'arriuer le pluftoft qu'il luy
fera poffible au port de Calais, & paffer en la grande
Bretagne, pour y deffier le Prince de Galles. Et de
faict il y porta le Cartel des Cheualiers de la Gloire,
au grand plaifir de ce jeune Prince, qui pour honnorer les nobces des Monarques de France, & d'Efpagne, & pour ofter aux Tenants le tiltre qu'ils s'at-
tribuoient, fe mit incontinent fur mer, auec le plus
beau , & le plus riche epuippage qu'on ait jamais
veu. Mais l'execrable Dragontine marrie de l'honneur qv'n fi grand Prince s'apreftoit de rendre à la
Coronne qu'elle a touf-jours euë en haine, troubla
par fes enchantements l'air & la mer de telle forte,
que cefte flotte courut fortune, l'efpace de quinze
jours, & fut portée en l'Ifle des hautes Aduantures,
ainfi que vous pourrez voir en la fuitte de ce Romant. Cependant nous reprendrons le difcours
d'Ariftee, pour qui nous auons dreffé particulierement cefte partie.

COMME LE SOLEIL ORPHÉE, ET
*les Muses arriuent au Palais des Nappées, & des*
*preparatifs qu'Aristée faict pour aller combat-*
*tre les Cheualiers de la Gloire.*

## CHAPITRE XIIII.

ANDIS que le Nain se diligente d'a-
cheuer son voyage, le Prince Aristee, &
la Princesse son Espouse se mettent à table, auec leur frere, & ses compagnons.
Sur la fin du repas, comme ils discouroient de l'entreprise des Tenants, & qu'Aristee se mocquoit des
brauades de ces Cheualiers qui se promettoient des
lauriers auant que de combattre, & qu'il faisoit resolution de dresser vn equippage pour aller en France, paroistre sur la lice, & chastier leur temerité, vn
Cheualier arriue, qui l'aduertit que le Soleil son Pere, accompagné d'Orphee, & de toute sa maison
celeste vient de descendre à la Court du Palais des
Nappees, & que les Muses sont auec luy, desireuses
de faire la reuerence à la Princesse Phylis, comme à
celle qui leur sert d'appuy, & qui repousse les assauts
que l'Ignorance leur liure tous les jours.

Au recit de ces nouueles, ils coururent soudain
vers le Palais, pour aller receuoir Apollon, qu'ils treuuerét des-ja dans leur chambre, auec sa compagnie.

Si toft qu'Ariftee vit fon Pere, il fe mit à genoux, &
luy voulut baifer la main : mais Appollon en l'em-
braffant le releua. Il en fit autant à la belle Phylis,
qui les Muzes n'eftoient jamais laffees de remercier, detant de faueurs qu'elles en reçoiuent tous les
jours.

Aprés mille careffes reciproques, le Soleil leur
expofa, qu'ayant preueu dés long temps les alliances de la France auec l'Efpagne, & l'entreprife
des Cheualiers, qui s'attribuent vn nom, qui ne
peut juftement appartenir, qu'à luy & à fes enfans,
il eftoit expreffément defcendu du Ciel, pour commander à Ariftee de prendre fes armes, & d'aller
rabattre cefte infolence. Que pour ce fubieƈt il
luy auoit preparé vn equippage, ou luy mefme
vouloit paroiftre auecques toute fa famille celefte
tant pour honorer ce triomphe, que pour predire
au Monarque de France ce qui luy doit fucceder
en la conquefte q'vn jour il fera de tout le monde. Qu'il fe difpofaft doncques d'employer fa
valeur, & fon adreffe en vne aƈtion fi celebre, &
fi remarquable, où il auroit pour tefmoins de fes
exploiƈts, les deux Aftres qui efclairent le Ciel &
la Terre.

Ariftée remercia fon Pere du foing qu'il auoit
de fa reputation, & au mefme inftant pria Cleontin, Timandre, Fidamor, Tancrede, Adrafte, Herandre, Aquilante, Lyndamor, Lucidamor, Bir-
matte, Zaïde, & Melidor de fe tenir prefts, afin
de l'accompagner en fon entreprife, lors que le iour

sera venu, pour paroiſtre au Camp, ſoubs le nom
des Cheualiers du Soleil. Cependant ſon frere le genereux Prince Oliuante de Loro, s'offre auſſi de l'accompagner, & de conduire la moitié de la trouppe.

COMME LE VALEVREVX
*Andronice va demander le Camp pour les*
*Cheualiers du Soleil.*

CHAPITRE XV.

A fleur des plus vaillants Cheualiers de
l'Orient ſe preparoit pour aller eſpreuuer
l'Auanture du Palais de la Felicité, lors
qu'Ariſtée, monta à cheual & en la compagnie de Sauarin ſon Eſcuyer, alla treuuer Andronice. Ce renommé Cheualier ſe tenoit pour lors en
vne ſienne maiſon de plaiſance, proche d'Heliopo-
lis; ou il ſe repoſoit à l'ombre des palmes, & des lauriers, que ſa valeur y auoit plantez. Si toſt qu'ils
ſe virent, ils s'embraſſerent eſtroictement, comme
ceux qui ſoubs le nom de Cheualiers errants, auoiét
mis fin à pluſieurs hautes, & fameuſes aduantures.
Les careſſes & les embraſſements finis, Ariſtee deſ-
couurit à Andronice l'entrepriſe qu'il auoit faicte
d'aller en France, & luy apprit comme le Soleil ſon
Pere luy auoit preparé vn equippage digne du rang
qu'il

qu'il tient pour paroiſtre ſur la lice, le priant de le
vouloir aſſiſter en vne action ſi honorable, & de
prendre la charge de Mareſchal de Camp, lors qu'il
entreroit au lieu, ou il deſiroit eſpreuuer ſa proueſſe
& ſon courage, contre les vſurpateurs du nom de la
Gloire. Andronice qui ayme ce Prince à l'egal de
luy meſme, accepte ceſte charge, & tous deux s'a-
cheminerent au meſme inſtant vers le Palais des
Nappées ou Oliuante de Loro, & ſes compagnons
les attendoient auec le Soleil, Orphée, & tout leur
attirail, & pareillement auec les Muſes, qui pour l'a-
mour de la Princeſſe Phylis, s'eſtoient auſſi diſpoſées
d'honorer le trióphe d'Ariſtée. Les voicy tous deuant
la porte du Pauillon Royal, qui par le ſon de leurs
Trompettes aduertiſſent les Tenants de leur venuë,
pendant que leur Mareſchal entre au Camp en ceſt
equippage. Il eſtoit veſtu d'vn habit de toile d'argent, tout couuert de paſſement moitié argent, &
moitié ſoye noire. Il auoit à ſon chappeau vne riche
enſeigne de pierreries. Les boutós de ſon pourpoint
eſtoient de gros diamants, & il tenoit vn baſton d'or
à la main. Son cheual eſtoit enharnaché de meſme
eſtoffe & pareil enrichiſſement que ſon habit. Huict
Eſtaffiers veſtus de velours rouge, tout couuert de
paſſement d'argent le ſuiuoient. Lors qu'il eut paſſé
deuant le Palais de la Felicité, & qu'il fut paruenu à
la Tente des Tenants, il leur fit voir la Reſponſe qu'-
Ariſtée faiſoit à leur Cartel, ſuiuant qu'elle eſt icy
inſerée.

N

# ARISTE'E AVX CHEVALIERS DE LA GLOIRE.

HEVALIERS, vous estes François : ie ne puis auoir que bonne opinion de vostre courage. Pour ce qui est de moy, l'Europe n'a point de lieux qui ne me cognoissent, & particulierement l'espace d'entre les Alpes & les Pyrenées a esté le theatre de mes actions. Ma reputation n'est point l'ouurage d'vne iournée. I'ay esté vingt ans à l'aquerir aupres d'vn Roy qui a espandu la sienne par tout le monde. Si i'ay profité en si bonne escole, le mauuais succez de vostre hardiesse le vous apprendra. La Beauté pour qui vous auez faict vostre deffi est à mon aduis, ceste merueille incomparable, dont la gloire a autant de temples qu'il y a d'ames genereuses en ce Royaume. Si c'est d'elle que vous parlez, nous sommes d'accord de ses perfections. Nostre dispute sera pour vous faire resentir que vous les auez trop peu loüées; & vous oster la presomption qu'il n'appartienne qu'à vous de les publier. Preparez-vous à la honte. Je dirois à la mort, si le combat dont il est question, se decidoit par cest euenement.

DE MALHERBE.

Et lors que les Cheualiers l'eurent leuë, il leur fit voir encores ceste cy, qu'Oliuante de Loro, & ses Compagnons leur enuoyoient.

# LES CHEVALIERS DV
## SOLEIL AVX CHEVALIERS
### DE LA GLOIRE.

L eſt vray, braues Cheuallierſ, que nous ne
ſçaurions nier que toute la terre ne ſoit remplie des loüanges de voſtre valeur, & quand
nous voudrions feindre de les ignorer, nous
courrions fortune d'eſtre dementis par la Renommee qui nous
en a compté les miracles : Car c'eſt d'elle que nous ſçauons
que vos exploits ont obligé la GLOIRE de vous rechercher pour eſtre ſes Cheuallierſ, & que les Oracles ne vous
ont rien promis de ſi grand que voſtre lance ne s'en deuſt promettre encores d'auantage. Mais tant s'en faut que ces merueilles ayent peu eſtonner des courages faiɛts comme les noſtres,
qu'au contraire nous pouuons dire, qu'il n'y auoit rien de ſi
capable de nous faire tenter vne grande auanture qu'vne ſi
grande reputation. Car auec qui pouuions nous acquerir
plus de Gloire qu'auecque ceux qui l'ont meritée, & qui en
iouyſſent par de ſi fameuſes conqueſtes ? Et c'eſt auecques ce
deſſein que nous ſommes icy venus, non pas pour entreprendre de vous chaſſer du Palais de la FELICITE', ou nous
ſçauons bien que les Dieux vous ont aſſigné la recompenſe de
vos viɛtoires. Mais pour vous teſmoigner par l'eſpreuue de
nos lances & de noſtre courage, que nous meritons, que la porte nous en ſoit ouuerte, & que nous ayons l'honneur de la defendre auec les plus glorieux Princes de tout le monde.

DE LINGENDES.

N ij

Quand les Cheualiers de la Gloire eurent leu ces
deux Refponfes, il marcha vers l'efchaffault des Iuges, & s'adreffant a Monfieur le Coneftable, il luy
demanda permiffion de prendre le Camp pour les
CHEVALIERS DV SOLEIL. Monfieur le Coneftable le r'enuoya vers leurs Majeftés, de mefme qu'il auoit faict auparauant, le Marefchal des
Tenants. Lors Andronice s'approchant de l'Efchaffault du Roy & de la Reyne, mit pied à terre, &
apres vne grande reuerence, leur expofa la venuë
des Cheualiers du Soleil, qui eftoient prefts d'entrer fur la lice, pour efpreuuer leurs lances contre
les Cheualiers de la Gloire, pourueu que leurs Majeftez leur en vouluffent donner la permiffion. Le
Roy, & la Reyne luy accorderent fa demande,
& luy en les remerciant leur prefenta la Refponfe
d'Ariftée, & celle de fes côpagnons, au Cartel des
Tenants. Aprés il les donna à Mefdames, & aux Iuges du Camp. Puis allant vers l'Efchaffault de la Reyne Marguerite, il en fit autant. En fin il reprit le chemin de la porte du Pauillon Royal ou les Cheualiers
du Soleil l'attendoient. Le fieur Defcures fit incontinent ouurir les barrieres, & au mefme inftant l'on
vit entrer cefte partie en ceft ordre.

# ORDRE DES CHEVALIERS DV
*Soleil entrant dans le Camp.*

## CHAPITRE XVI.

D O R I Z E L de Lydie entra premierement, bien veſtu, & bien monté. Il eſtoit
ſuiuy de quatorze Trompettes veſtus de
l'ame d'argent, incarnate & bleuë, toute
ſemée de Soleils, de rozes, & de palmes d'or. Leurs
coiffures eſtoient de meſme eſtoffe, & pareil enrichiſſement. Ils auoient des plumes incarnates, iaunes & bleues. Les banderoles de leurs Trompettes
eſtoient auſſi couuertes de Soleils, de rozes, & de palmes en broderie d'or: & leurs cheuaux eſtoient caparaſſonnez de pareille eſtoffe que leur habit.

Quatre Elephans venoient aprés : portans chacun vne tour, au plus haut deſquelles on voyoit vne
infinité de lances, auec des banderoles incarnates &
bleuës, couuerte de Soleils, de rozes, & de palmes,
en broderie d'or. Chacun de ces Elephans eſtoit mené par des Eſtaffiers veſtus d'incarnat, de jaune, &
de bleu : liurée des Cheualiers.

Ils eſtoient ſuiuis de vingts grands cheuaux, caparaſſonnez de lame d'argent, incarnate & bleuë, enrichie de ſoleils, de roſes, & de palmes, en broderie

N iij

d'or: chaque cheual eſtoit mené par deux Garaman-
tes auec deux grands cordons d'or & de ſoye de la liuree des Cheualiers. Ces Gamarantes eſtoient veſtus
des couleurs de la liuree, & portoiét des colliers d'or.

Orphée fils du Soleil, & frere du vaillant Prince
Ariſtée venoit incontinent aprés. Il auoit vne coronne de laurier à la teſte, & portoit en eſcharpe vne lyre
d'yuoire, dont il jouoit melodieuſement.

Vne petite foreſt de lauriers eſtoit attirée du doux
ſon de ceſt inſtrument: & parmy ces arbres on y remarquoit Daphné à demy chágée en laurier. Quand
Orphée fut prés de l'Eſchaffaut de leurs Majeſtez, il
chanta ces vers:

## ORPHEE

# QVI ATTIRE LES
## ARBRES PAR SA VOIX.

## STANCES.

FVGITIVE *Daphné, dy moy que vouloit dire*
*La faute que tu fis* ,
*De fuyr Appollon pour ſuyure vn iour ſa lyre*
*Dans les mains de ſon fils?*

*D'où vient que ton eſpritte rendoit inflexible*
*Aux charmes de ſa voix?*

Et n'ayant plus de ſens, que tu ſois plus ſenſible
 Aux accords de mes doigts?

Maintenant qu'vne eſcorce endurcit ta poiƈtrine,
 Facile à mes appas
Tu me ſuis à la trace, & meſme ta racine
 Ne t'en empeſche pas ?

Les Deſtins enuieux ont fait tous ces miracles,
 Prenans plaiſir de voir,
Qu'Apppollon n'euſt appris de ſes propres oracles
 L'erreur de ſon eſpoir.

Voyla qu'il te cultiue, & ſans que tu l'accueilles
 Fauorable à ſes vœux,
Il ayme mieux orner ſà teſte de tes fueilles,
 Que non pas de ſes feux.

Abandonnant ſon char à ſes Heures mobiles,
 Pour charmer ſon ennuy
Il te vient viſiter, & les Muſes gentiles,
 Y viennent auec luy.

Aux rays d'vn ſi beau iour qui n'ayant rien de ſombre
 Eſclaire l'vniuers,
Diroit on qu'en ces lieux le Soleil fut a l'ombre
 Des rameaux touſiours verds?

Reyne dont les vertus ont calmé de la guerre
 Les vents ſedicieux :

*Et que tant de beautez font eftre fur la terre,*
    *Ce qu'il eft dans les Cieux.*

*Les Lauriers vous font deus autant comme à luy mefme:*
    *Il vous les vient offrir*
*Tels que fans jaloufie vn royal Diademe*
    *Les pourra bien fouffrir.*

*Pour vous auffi, Grand Roy, dont la riche couronne*
    *Eft moindre que le cœur;*
*Preuoyant l'aduenir, Appollon vous ordonne*
    *Celle de grand vainqueur.*

*Car vous deuez vn iour faire tant de conqueftes*
    *Et vous, & vos guerriers,*
*Que les riues d'Eurote à couronner vos teftes*
    *Auront peu de Lauriers.*

COMBAVT.

Quand Orphee eut acheué de chanter ces vers,
Apollon s'addreffant à la France, chanta incontinent ces autres que luy mefme auoit compofés.

# APOLLON.

RANCE *les delices des yeux,*
*Terre que ie prefere aux Cieux,*
*Croy ce qu'Apollon te va dire:*
*Deuant le midy de fes iours*
*Ton Roy verra dans fon Empire*
*Commencer & finir mon Cours.*

*Mes*

*Mes mains d'vn art laborieux,*
*Pour ſes triomphes glorieux,*
*Luy tiennent des coronnes preſtes :*
*Mais ie manqueray de lauriers,*
*S'il faut qu'à toutes ſes conqueſtes*
*I'en mette au front de ſes guerriers.*

*Si loing du celeſte ſeiour,*
*Ie viens pour voir comme l'Amour*
*Triomphe auiourd'huy de la haine,*
*Le Ciel en doit-il murmurer,*
*Le regard des yeux de ta Reine*
*Suffit-il pas pour l'eſclairer?*　　D'INFRAINVILE.

Les Muſes qui venoient apres Apollon redi-
ſoient les trois derniers vers de ces belles ſtances.

Ceſte Machine eſtoit ſuiuie de quatorze Pages
montez ſur de grands cheuaux, couuers de palmes,
de Soleils, & de rozes en broderie d'or. Leurs habits
eſtoient de ſatin de la liurée, enrichis de pareille broderie. Ils portoient chacun à la main droicte vne
lance dorée : ou eſtoient les noms & les deuiſes des
Cheualiers.

## NOMS ET DEVISES DES
### Cheualiers du Soleil.

Ariſtée, auoit pour le corps de ſa deuiſe vn grand
Soleil : l'ame conſiſtoit en ces mots.

ET CŒLO, ET SOLO.

La deuiſe d'Oliuante de Loro, eſtoit vn Soleil en
ſon Zodiaque auec ces parolles :

LO SIGVE MI GLORIA.

Celle de Cleontin eſtoit vn Soleil, jettant ſes rayons
ſur l'herbe qu'on appelle *Ros ſolis*, laquelle diſtile
touſiours en eau, lors qu'elle eſt priuée de la clairté
du ſoleil : au deſſoubs eſtoient ces parolles :

O RAYOS, O LAGRIMAS.

La deuiſe de Fidamor eſtoit vn Aigle qui voloit
vers vn ſoleil luiſant auec ces mots :

Y NO MAS.

Timandre auoit pour deuiſe vn Soleil en ſon Midy, & ces parolles :

MAS LEVANTADO.

Tancrede auoit pour la ſienne vn Soleil, & au
deſſoubs vn quadran. L'ame eſtoit en ces mots :

SI ME MIRAS, ME MIRAN.

Celle d'Adraſte eſtoit vn Soleil ſur des brouillards
auec ces parolles :

ELEVAT, QVOS DEPRIMIT.

La deuiſe d'Erandre eſtoit vn Soleil entre deux
ſoucis, auec ces mots :

SI MIRADO, QVERIDO.

Les corps de la deuiſe d'Aquilante, vn Aigle qui en
volant regardoit vn Soleil. L'ame,

MIRATVR, ET AVDET.

La deuiſe de Lindamor eſtoit vn grand Soleil qui
reſpandoit ſes rayons par tout le monde auec ces
mots :

QVALES MIS HECHOS.


Celle de Lucidamor vn Soleil, auec ces parolles :

SPLENDET, ET ARDET.

Birmartes auoit pour la fienne vn Soleil , & ces mots:

SOLO PARA MIRARME,

Le corps de la deuife de l'heureux Zaide eftoit vn Soleil qui diffipoit les nuages : L'ame :

NO PARAN.

La deuife de Melidor eftoit vn Soleil qui efpandoit fes rayons fur des fleurs qu'on voit en des riuages , lefquelles baiffent le chef lors que le Soleil fe couche, auec ces parolles :

SI NO MIRO , MVERO.

Deux autres Aides de Marefchal de Camp marchoient apres. Leurs habits eftoient de fatin incarnat , & bleu, tout couuert de paffement d'or. Leurs chappeaux , & leurs plumes eftoient de mefme couleur : & leur cheuaux eftoient enharnachés de mefme eftoffe en broderie d'or.

Le Chariot du Soleil paroiffoit apres. C'eftoit vn grand char à l'antique. Il auoit trois enroulements. Celuy la du deuant & du milieu eftoient tous femblables. Ils eftoient remplis de fleurs, d'arbres, & d'animaux que les Anciens confacroient au Soleil. Mais entre autres arbres , on y voyoit vn laurier, & à vne de fes branches pédu l'Arc & les fleches dont Apollõ mit à mort le ferpent qui nafquit du limõ de la terre : & à cofté fa lyre, & la peau du malheureux, qui par fon impudence, vit fortir de fon dos vn grand fleuue. L'Aurore eftoit affife au premier de ces enroulements. Son vifage eftoit accompagné de beaulté & de ieuneffe. Elle auoit vne robbe de couleur de faf-

O ij

fran, & au dos dès aiſles incarnattes. Elle prenoit de
la main droiƈte des fleurs dans vn vaze qu'elle tenoit
de la main gauche, pour les ſemer par l'orizon. A l'entour d'elle eſtoient les ſaiſons, le temps, & les douze
heures du jour. Les ſaiſons eſtoient de jeunes filles,
ayans de blonds cheueux eſpars, & portans des guirlandes de rozes, & de diuerſes fleurs. Le Temps qui
auoit vne longue robbe de ſatin changeant tenoit
de la main gauche vn ſerpent entortillé, & de la droiƈte vn grand cercle. Les Heures eſtoient auſſi de belles jeunes filles, veſtuës d'vne robbe de ſatin incarnat
ſemé d'eſtoiles. Les manches eſtoient de ſatin bleu.
Chacune auoit vn horloge à la main gauche, & à
la main droiƈte vn bouquet de la fleur qui ſe tourne
touſiours du coſté du ſoleil. Vne femme y paroiſſoit
encores aſſiſe dans vne obſcure nuée, auec vn long
mâteau noir ſemé d'eſtoiles. Ses pieds & ſa teſte rendoient vne clairté blanche, qui faiſoit au bords de
ceſt enroulement comme vn cercle, ou l'on voyoit
deux jeunes hommes, l'vn du coſté du Leuant, l'autre du couchant. C'eſtoient les Crepuſcules du matin
& du ſoir. Le premier eſtoit veſtu d'vne robbe de ſatin clair brun. Il auoit des aiſles blanches. Les cer-
ceaux eſtoient iaunes. Il hauſſoit la main droiƈte, &
portoit vn vaze en la gauche, dont il reſpandoit la
rozée. La robbe de l'autre eſtoit d'vn ſatin gris brun.
Il auoit à la main droiƈte vn bouquet de pauots, &
de mandragores, & à l'autre vne Chauueſouris.

    Le dernier enroulement, qui ſeruoit d'amortiſſe-
ment eſtoit templi de trophées, de feſtons & d'au-

tres ornements qui exprimoient viuement les faits glorieux d'Apollon, ceux de son fils Aristée, & ceux encores du genereux Prince Oliuante de Loro. Les vertus & les beautés de la belle Princesse Phylis y estoient aussi naïuement depeintes par des Eloges que les Muses luy donnent tous les iours, pour la recompenser de tant de support qu'elles en reçoiuent. Le dehors estoit enrichi des histoires de Phaëton, d'Hyacinthe, de Python, de Niobe, & autres. Les rouës de ce Chariot estoient d'or, & l'essieu d'argent. Phaëton en estoit le cocher. C'estoit vn ieune hóme vestu de toile d'or, semée de flammes, bordées de noir. Ce Char estoit tiré par huict cheuaux caparaffonnés de satin incarnat, couuert de roses, & de Soleils en broderie d'or.

Les Heures chantoient si melodieusement, qu'on eut dit que les Anges s'y estoient assemblés, pour y faire entendre la douce harmonie du Ciel. Elles cherchoient le Soleil, & voyants dans les yeux de la Reine luire tant de clarté & de splendeur, elles creurét que le Soleil s'y estoit retiré, de sorte qu'elles le luy demanderent par ces vers qu'elles se mirent à chanter.

O iij

# LES HEVRES QVI
## CHERCHENT LE SOLEIL.

## A LA REINE.

*E iuſte excez de l'allegreſſe,*
*Qui rend nos eſprits ſi contens,*
*Ne peut ſouffrir, ô grand Princeſſe,*
*Que nous vous celions plus long temps,*
*Que c'eſt à voſtre ſeul abord*
*Que nos vœux ont treuué leur port.*

*Car vos beaux yeux, ô chaſte Reine,*
*Se tournans de noſtre coſtè*
*Nous oſtent de la plus grand peine*
*Où nous ayons iamais eſté :*
*Nous monſtrans où s'eſtoit caché*
*Ce que nous auons tant cherché*

*Nous cherchions le flambeau du monde,*
*Qui s'eſtoit deſrobé de nous:*
*Mais nous le cherchions deſſous l'onde*
*Et par tout fors qu'aupres de vous:*
*Ne pouuans pas nous figurer*
*Qu'il s'y deuſt iamais retirer.*

*Nous auions bien en la penſée*
*Que puis qu'il auoit faict ce tour.*

Il ſentoit ſon ame bleſſée
De quelque nouueau traiƈt d'Amour:
Mais nous n'euſſions iamais penſé
Qu'il ſe fuſt ſi bien adreſſé

Auſſi voyans quelle eſt la cauſe
Qui l'a faiƈt deſcendre des Cieux,
Nous n'en ſçaurions dire autre choſe
Sinon qu'il ne fit iamais mieux:
Et que s'il euſt faiƈt autrement,
Il n'euſt pas faiƈt ſi ſagement.

Car depuis le temps qu'il eſclaire
Et que ſans ceſſe trauaillant
Il conduit ſon char ordinaire,
Il ne fut iamais ſi brillant,
N'y paré de tant de rayons
Qu'en ces yeux où nous le voyons.

Et ce n'eſt pas ſans apparence
Qu'on peuſt croire que la clairté
Qu'il y treuue en telle abondance,
A faiƈt qu'il s'y ſoit arreſté,
Pour reparer ſon vieil flambeau
Dans vn feu ſi clair & ſi beau.

Auſſi bien c'eſt choſe certaine
Qu'arriuant ce iour bien-heureux
Qui doit voir le Tage & la Seine
Vnis d'vn lien amoureux.
Il falloit en depit de luy
Qu'il fiſt ce qu'il faiƈt auiourd'huy.

*Si bien qu'il est assez croyable*
*Qu'il ne faict icy son sejour*
*Que pour se rendre plus capable*
*De preparer vn si beau jour,*
*Et remplir la terre & les Cieux*
*Des rais qu'il prendra dans vos yeux.*

*Souffrez donc pendant qu'il appreste*
*Auec vn si iuste soucy*
*Le iour d'vne si belle feste*
*Qu'il ne bouge encores d'icy,*
*Et qu'il se fournisse si bien*
*Qu'il ne manque iamais de rien.*

DE LINGENDES.

Trente Eſtaffiers eſclaues accompagnoient ce
chariot. Ils eſtoient veſtus de ſatin incarnat & bleu,
ſemé de ſoleils, de rozes, & de palmes d'or, & auoient
chacun des coliers, & des chaiſnes d'or.

Ils eſtoient ſuiuis de quatre Eſcuyers d'Ariſtée.
Le premier portoit l'eſpee de ſon Maiſtre. Chacun
des autres vne lance pour rompre en lice. Ils eſtoient
veſtus de ſatin incarnat en broderie d'or. Leurs cheuaux eſtoient caparaſſonnez de meſme eſtoffe, & de
pareil enrichiſſemenr.

Le vaillant Andronice Mareſchal de Camp, parut apres. Il eſtoit ſuiuy de ſon Eſcuyer, de ſes Pages
& de ſes Eſtaffiers, de meſme que nous l'auons d'eſcrit au commencement de ceſte entrée. Quand'il fut
prés de l'Eſchaffauts de leurs Majeſtez, il preſenta au
Roy, pour le Prince Ariſtée ces beaux vers compoſez par vn des meilleurs & plus rares eſprits de ce
ſiecle. A R I S T E E

# ARISTEE FILS DV
## SOLEIL.

## AV ROY.

RINCE nay d'vn foudre de guerre,
Par tout le monde redouté,
Et de la plus grande Beauté
Que iamais adora la Terre :
LOVYS, l'Aſtre de l'Vniuers
A qui tant de ſceptres diuers
Sont promis par la Deſtinée
Que tu vas deuenir puiſſant!
Et que l'heur de ton Hymenée
Prepare de mal au Croiſſant

Qu'il me tarde que ſur la teſte
Je ne te vois porter l'armet,
Et que l'aage ne te permet
D'en aller faire ia conqueſte!
L'eſpoir que i'ay par ta vertu
De voir ſon Empire abbatu
Aux premiers ans de ta ieuneſſe,
Ne me faiɈ il pas iuſtement
Blaſmer le Temps dont la pareſſe
Meslongne ce contentement?

P

*Ce sera là que de ma lance*
*Renuersant les audacieux,*
*I'auray c'est honneur que tes yeux*
*Seront tesmoins de ma vaillance:*
*Quand le Bosphore en ses deux bords*
*Sera plein de sang & de morts*
*Par ma valeur victorieuse,*
*Si le Ciel me met au tombeau;*
*Qu'elle autre mort plus glorieuse*
*M'en sçauroit donner vn plus beau?*

　　　　　　　　　De Colombi.

Il presenta encores à la Reine ces autres non
moins excellents que les premiers.

## A LA REINE.

EINE, *des Reines la premiere*
*Ie viens de la part du Soleil,*
*Deuant tout ce grand appareil*
*Rendre hommage à vostre lumiere:*
*Ces grands bruits par tout esclatans*
*Que la France a tous combattans*
*Est vn champ d'honneur & de gloire,*
*M'ont fait haster pour receuoir*
*Les couronnes d'vne victoire*
*Qu'autre que moy ne peut auoir.*


*De quelle sorte d'exercices*
*N'emporteray-ie les lauriers*
*Au deshonneur de ces guerriers*

*Si ie combas ſoubs vos auſpices ?*
*Ie ne redoute qu'vn malheur ;*
*C'eſt que le bruit de ma valeur*
*Ne refroidiſſe leur audace ;*
*Et qu'ils ne laiſſent leurs écus*
*Et la deffenſe de la place*
*Par la crainte d'eſtre vaincus.*

L'on vit paroiſtre incontinent aprés le Prince Ariſtée, ſuiui des autres Cheualiers du Soleil. Il marchoit ſeul, accompagné de ceſte trouppe guerriere.
Le genereux Prince Oliuante de Loro, n'auoit peu
l'aſſiſter ce iour là, cóme il fit les deux autres ſuiuans.
Vne aduanture funeſte l'en auoit deſtourné. Ariſtée
& les autres Cheualiers du Soleil qui le ſuiuoient,
eſtoient veſtus de ſatin incarnat, tout couuert de Soleils, de rozes, & de palmes en broderie d'or. Leurs
coiffures eſtoient de meſme eſtoffe, & de pareil enrichiſſement, ſemées de perles & d'eſcarboucles.
Leurs plumes incarnattes & bleuës, accompagnées
d'aigrettes, ou pendoient de riches diamants. Leurs
bottines eſtoient en broderie d'or. Leurs cheuaux
eſtoient caparaſſonnez de meſme eſtoffe, & de pareil enrichiſſement que leurs habits.

Eurylas, & Filiſel, Cheualiers cognus & renommez par tout l'Orient, parrains du Prince Ariſtée,
marchoient à ſes coſtez. Huict Eſtaffiers veſtus comme les precedents eſtoient autour de luy.

Trente autres Eſtaffiers veſtus de meſme liurée,
accompagnoient les autres Cheualiers du Soleil :

douze de chaque coſté, & ſix derriere.

    Quatorze Eſcuyers marchoient aprés. Le premier qui marchoit ſeul à la teſte des autres portoit vne lance & vn Eſcu, ou les armes de la maiſon d'Ariſtée eſtoient peinctes. Les autres Eſcuyers portoient auſſi vne lance, & les Eſcus de leurs maiſtres, ou l'on voyoit pareillement les armes de leurs maiſons.

# ARMES DES MAISONS
## DES CHEVALIERS DV
### SOLEIL.

LES *Armes d'Ariſtée ſont du Prince de Conty. Il porte eſquartelé : Au premier & tiers d'azur à trois fleurs de Liz d'or, à vn baſton de gueules, qui ſont les Armes de la maiſon de Bourbon. Au ſecond, & quart d'aZur à trois fleurs de Lys d'or, à vne bordure de gueules, chargée de huict beſans d'argent : Armes de la maiſon d'Alençon.*

## ARMES DE LA MAISON
### D'OLIVANTE.

LES *Armes d'Oliuante de Loro, ſont du Cheualier de Guiſe. Il porte de la maiſon de Guiſe tout plein chargé d'vn chef de gueules á vne Croix d'argent, qui ſont les Armes des Cheualiers de Sainct Jean de Hieruſalem.*

## ARMES DE LA MAISON DE
### CLEONTIN.

LES *Armes de Cleontin, ſont du Conte de Sainct Agnan. Il porte eſquartelé. Au premier & tiers facé d'argent, & de ſynople : ſur le facé d'argent des merlettes de ſable. Au ſe-*

cond facé d'argent, *&)* de gueules, chargé fur le tout d'vn
Lyon de fable rampant. *Au* quart de gueules chargé de deux
clefs, croifées d'argent. *Sur* le tout en cœur vn Efcu d'azur,
chargè de fix befans d'argent, à vne bordure d'or, qui font
les *Armes* de *Quinquempoix.*

# ARMES DE LA MAISON DE
## FIDAMOR.

L ES *Armes de Fidamor,* font du *Vidafme de Chartres.*
Il porte efquartelé. *Au* premier d'argent à vn fautoir en-
grelé de gueules. *Au* fecond d'or à vn chef de gueules. *Sur*
le tout du mefme quartier, vn Lyon rampant de gueules, couronné, lampaffé, *&* armé d'or. *Sur* l'eftomach du Lyon vne
fleur de Lys d'or. *Au* tiers d'or femé de fleurs de Lys d'azur.
*Au* quart parti. *Au* premier parti d'or, à vne Croix nillee de
gueules. *Au* fecond du mefme quartier cottiffé d'or, *& d'a-*
zur, à vne bordure de gueules. *Sur* le tout en cœur facé
d'argent, *&* de fable, à vne bordure engrelee de gueules,
qui font les *Armes de la maifon de Beauuais la Nocle.*

# ARMES DE LA MAISON DE
## TIMANDRE.

L ES *Armes de Timandre,* font du *Baron de Tuffay.*
Il porte d'azur à dix billettes d'argent. *Quatre* en chef.
trois en cœur, *&* trois en poincte.

# ARMES DE LA MAISON DE
## TANCREDE.

L ES *Armes de Tancrede,* font du *Conte de Croizy.* Il
porte de gueules à deux faces d'or : armes de la maifon
de *Harcourt.*

## ARMES DE LA MAISON
### D'ERANDRE.

LES Armes d'Erandre, sont du Baron de la Ferté. Il porte d'argent à trois faces de sable.

## ARMES DE LA MAISON DE
### LINDAMOR.

LES Armes de Lindamor, sont du Baron de Sainct André. Il porte d'azur á vne tour quarrée sur vn roc d'argent maßonné de sable, & accompagné de deux estoilles d'or : vne estoille de chasque costé : qui sont les armes de la maison de Vins.

## ARMES DE LA MAISON DE
### LVCIDAMOR.

LES Armes de Lucidamor, sont du Baron de Fontaines Chalandray.

## ARMES DE LA MAISON DE
### BIRMARTES.

LES Armes de Birmates, sont de Marillac. Il porte d'argent diapré & semé de merlettes de sable.

# ARMES DE LA MAISON DE
## D'ADRASTE.

*LES Armes d'Adraste, font du Baron du Pefcher. Il porte parti d'or & d'aZur, à vne Croix nillée de gueules.*

# ARMES DE LA MAISON DE
## ZAIDE.

*LES Armes de Zaide, font du Marquis de Rouillac. Il porte d'or à trois barres de gueules.*

# ARMES DE LA MAISON DE
## MELIDOR.

*LES Armes de Melidor, font de la Bourdefiere. Il porte efquartelé. Au premier, & dernier d'argent à vne main naturelle, à vne manche de gueules, tenant trois coffes de yeffes de fynople. Au fecond, & quart tiercé en pal de fynople, d'argent, & de gueules.*

Lors que cefte belle partie faifoit le tour du Camp, tout le monde l'oüoit le bel Efprit de la rare, & genereufe Princeffe, qui en auoit donné l'inuention. Cependant le Sieur Defcures monftra la place qui luy eftoit deftinée, au vaillant Andronice. Elle fut logée en hoc fuiuant l'Arreft du Confeil, à cofté gauche du PALAIS DE LA FELICITÉ. Le chef eftoit à la tefte auec les autres Cheualiers du Soleil. Son Marefchal, & fes parrains à fes coftez. Les Machines eftoient au milieu. Les cheuaux derriere. Les Pages & les Eftaffiers eftoient à cofté des Ma-

chines. Les Efcuyers au deuant, & les Trompettes
deuant les Efcuyers. Toutes les autres parties des
Affaillants, qui vindrent apres, obferuerent le mefme ordre, & fe rengerent apres elle, comme vous
verrez maintenant, fi vous auez la patience de voir
l'Entrée des Cheualiers du Liz, qui par le fon de leurs
Trompettes aduertiffent les Cheualiers de la Gloire
de fe preparer à la joufte.

# L'ENTREE
# DES CHEVALIERS
## DV LIS.

*DV CRVEL ET DANGEREVX*
*combat qu'eurent Clarizelle fortuné, & Alberin*
*le Courtois & comme ils furent separez.*

### CHAP. XVIII.

Pres qu'Alberin le Courtois euſt pris congé du Prince des Iſles loingtaines, ou vne Damoiſelle l'auoit mené de la Court de France, pour y combattre le Cheualier qui accuſoit iniuſtement la Princeſſe ſa fille, d'auoir fauſſé la foy qu'elle deuoit à ſon mary, il ſe mit ſur vn bon Nauire, & arriua à Romme au temps que les nouuelles de la mort du grand Alcandre couroient par tout le monde. La douleur qu'il en receut fut ſi grande, qn'vne faſ-

q

cheufe maladie l'eut faifi de forte qu'il fut con-
traint de feiourner en Italie plus de temps qu'il
n'euft pas faict, fi fon indifpofition ne l'euft em-
pefché de monter à cheual. En fin le defir de reuoir fa patrie, & les beaux yeux de fa Maiftreffe
l'ayant remis en eftat de porter les armes, il fit tant
qu'apres auoir acheué maintes eftranges auantures il paffa les Alpes, par le Mont Cenix, & arriua
pres d'vne grande Foreft plantee de fapins, fi hauts
qu'ils voifinent les nuës. La chaleur du iour le con-
uiant d'y entrer, il y trouua vne belle fontaine, &
fur le bord vn Cheualier armé de toutes pieces,
qui ne faifoit que defcendre de Cheual, & de l'attacher à vn arbre prochain. Vne Damoifelle ar-
riuoit à mefme inftant, qui pleuroit & arrachoit
fes blonds cheueux, & difoit mille iniures au Cheualier. Alberin voyant cefte aduanture s'approche de cefte Damoifelle, & luy demande la caufe
d'vn fi grand dueil. Helas, feigneur (ce dit elle) s'il
y a en vous autant de courtoifie que d'apparence
de valeur, ie vous prie de me venger de ce trom-
peur Cheualier, qui apres m'auoir promis vn don,
refufe de l'accomplir, Alberin voyant que cefte
Damoifelle eut raifon de fe plaindre de ce Cheualier, s'addreffe à luy & luy tient ce difcours. Cheualier, vous fçauez que lors que nous receuons
l'ordre de Cheualerie, le plus grand ferment que
nous faifons eft de fecourir les Dames, & de les affifter en leurs neceffitez. Ie vous prie de vouloir

fatisfaire à la promeſſe que vous auez faite à ceſte
Damoiſelle, ou bien deliberez-vous de me combattre, ſi vous ne voulez faire par amour ce que ie
vous contraindray à faire par force. Ie vous iure
(reſpond l'autre) que ie voudrois qu'il me fuſt auſſi
aiſé d'accomplir ſon importunité comme il me
ſera facile de venir à bout du combat que ie feray
auec vous, ſi vous auez le courage de m'attendre.
Or ſus doncques (dit Alberin) voyons ſi vos effects reſpondront à vos paroles. Ce diſant il prend
vne forte lance que ſon Eſcuyer portoit, & s'eſloi-
gne d'vne bonne carriere, tandis que l'autre deta-
che ſon cheual, & ſaute legerement deſſus & préd
auſſi ſa lance, qu'il auoit fichée la pointe contre
terre aux bords de ceſte fontaine, & puis couchant
ſon bois, ils ſe rencontrent à courſe de cheual de
telle roideur, que fauſſants leurs eſcus, les eſclats
de leurs bois volent en l'air ſans que les Cheualiers
ſe remuent auſſi peu que deux fortes tours. Ayants
parachcué leur carriere, ils retournent l'eſpee à la
main, commencent vn dangereux combat, ſans
qu'on puiſſe remarquer de l'auantage en l'vn plus
qu'en l'autre. Le Cheualier incogneu, faſché de
voir qu'vn ſeul Cheualier luy dónoit tát de peine,
deſchargea vn ſi horrible reuers qu'Alberin para de ſon Eſcu, dont vn quartier fut emporté: mais
il en receut bien toſt le change, car il fut atteint ſi
rudement ſur la crete de ſon armet, que s'il n'euſt
eſté enchanté il eſtoit en grand danger de ſa vie.

Comme ils pourſuiuoient leur combat, & que
deſia ayants dépecé leurs hauberts, le ſang couloit
de pluſieurs endroicts de leurs corps, vn Cheualier arriue, qui recognoiſſant Alberin le Courtois,
à l'eſtoile d'or qu'il portoit peinte dans ſon Eſcu,
& s'eſtonnant de voir vn ſi furieux combat, s'arreſte & en demande la cauſe à ceſte Damoiſelle.
C'eſt moy (dit elle) & non autre qui ſuis le ſubiect
de ceſte melee, où ie reçois le plus grand contentement qui me puiſſe arriuer, puis que ie ſeray bien
toſt vengee de ce Cheualier, qu'on nomme Clarizel le fortuné, qui apres m'auoir promis de coucher
auecques moy, a refuſé de tenir ſa promeſſe. Ha!
fauſſe louue (dit ce Cheualier) il n'en ira pas comme vous penſez. Le monde feroit vne trop grande perte s'il eſtoit priué de deux ſi bons Cheualiers. Acheuant ce diſcours il met la main à l'eſpee,
& puis deſcharge vn tel reuers ſur ceſte Damoiſelle qu'il luy fait voler la teſte par terre. Apres ceſte
execution il pique ſon cheual, & s'approchât des
combattans, leur crie à haute voix : Cheualiers, il
eſt temps de mettre fin à voſtre querele, puis qu'il
n'eſt pas raiſonnable que deux ſi grâds amis, comme ſont Clarizel le fortuné, & Alberin le Courtois, s'efforcent de s'oſter la vie. A ces paroles, les
deux Cheualiers s'arreſtent & hauſſent leur armet, & s'eſtans recogneus s'embraſſent eſtroite-
ment. Alberin preſente ſon eſpee à Clarizel, &
le ſupplie de la prendre, comme vainqueur de ce

combat. Mais Clarizel en fait refus & luy offre la
sienne. Apres mille refus qui interuiennēt d'vn &
d'autre costé, ils furent menez par le Cheualier
qui les auoit separés, en vn prochain chasteau pour
y faire visiter leurs playes. Attendant leur guerison, il leur arriua ce que vous entendrez au chapitre suiuant.

## COMME ROZOLEON LE

*valeureux apres auoir mis a fin l'aduenture des mer-*
*ueilles du Iardin de Dragontine, treuue Clarizel, &*
*Alberin, & de l'entreprise qu'ils font d'aller au Tour-*
*noy de France.*

### CHAP. XIX.

T ANDIS que ces deux vaillans
Cheualiers attendent la guerison
de leurs playes, Rozoleon s'a-
chemine au Iardin de Dragontine pour en espreuuer les merueilles. Ce Prince est l'vn des plus
beaux, & plus valeureux de la terre. Phronice luy
apprit en sa ieunesse plus tendre les mestiers d'A-
pollon, & Belloglaise les exercices de Mars. Il a si
bien proffité en l'vne & en l'autre escole, qu'il a
surmonté le desir d'Alcandre. Callistee la plus

belle Nymphe que les riues de Seine ayent iamais
veuë fut sa mere. Alcandre l'auoit aduerty en son-
ge d'entrer auec Clarizel le fortuné & Alberin le
courtois, au Tournoy que la Reine des fleurs de
Lys auoit fait publier, de sorte qu'accompagné de
Valdante le fidele, de Belloglaise le hardy, & de
Riueglose le dangereux, il cherchoit ces Cheualiers par toute l'Europe. Vn iour comme ils furent
paruenus au pied des Alpes, ils ouyrent vn cry
comme d'vne personne extremément affligee. Ils
piquent leurs cheuaux vers cest endroict, & arriuerent à l'entree d'vn boccage, si espaix qu'estant
impossible d'y passer à cheual, ils mirét pied à terre. Apres auoir passé en grande difficulté l'espaif-
feur de ce bois, ils arriuerent au clos d'vn beau
iardin, qui auoit pour porte vn grand arc où plusieurs histoires estoient representees. On y pouuoit librement entrer, mais on n'en pouuoit pas
sortir facilement. Tous ceux qui sans le congé de
la Magicienne Dragontine y entroient, demeu-
roient sous ceste volonté enchantez, & immobiles, au grand estonnement de Rozeleon, qui vit
ses compagnons changez en statuës si tost qu'ils y
eurent mis le pied. Pour luy il auoit esté trempé
par les Fees le iour qu'il nasquit dans la fontaine
où Morgue enchanta le Prophete Merlin, de forte que nul enchanteur ne luy pouuoit nuire. Il passa doncques outre, pour voir la fin de ceste aduanture, & arriua au pied d'vn petit rocher, où estoit

vne cauerne fermee d'vne grande porte de fer, & de deux gros verroux. A l'entree eſtoit couché vn Geant ſi difforme, & ſi contrefait, que ſon regard eſtoit capable d'eſtonner le plus courageux Cheualier du monde. Le Prince le voyant ainſi endormy le pouſſe auec le gros bout de ſa lance. Le Geát ſe reſueillant en ſurſaut, parla à luy en ceſte ſorte: Qui eſt ce mal'heureux qui a oſé interrôpre mon ſommeil. Mets les armes bas ( chetiue creature ) afin que ie te meine au lieu deſtiné pour les preſumptuex comme tu és. Geant ( reſpond le Prince ) ſi i'ignorois la temerité de tes ſemblables qui ont accouſtumé de receuoir ainſi gratieuſement les Cheualiers errants, i'aurois plus de crainte de tes paroles, que de la force de ton bras: mais i'ay appris à ne redouter point ces menaces. Tous bons Cheualiers ſe font paroiſtre par les effeɛts, pluſtoſt que par les paroles. Laiſſe moy doncques entrer leans par amour, autrement ie ſeray contrainɛt d'y entrer par force. Le Geant mugiſſant de colere comme vn thoreau, ſe leue à l'inſtant ſans rien reſpondre, & ayát pris ſa hache, ſe rue d'vne grande furie ſur le Cheualier, & luy deſcharge de toute ſa force vn coup, que le Prince ſouſtint de ſon Eſcu, ou la hache entra bien auant. Mais luy ſe reculant deux ou trois pas coucha ſa lance, & atteignit le geant dans la poiɛtrine ſi rudement, qu'il le perça de part en part. Le monſtre fit alors vn ſi grand cry qu'on l'entendit deux lieuës à l'entour,

& vomit auec fon fang fa mal'heureufe ame. Rozoleon s'approchant au mefme inftant de luy fe
faifit des clefs qui eftoiët péduës à fa ceinture, ouurit la grande porte de fer, & entra dans cefte cauerne, qui menoit dans vne gráde court, où eftoiët
les gardes du Chafteau en nombre de vingt, qui fe
ruerent furieufement fur luy : mais il les chaftia de
telle forte qu'en moins d'vn quart d'heure il en
mit en pieces les plus mauuais garçons, & en fuite
les autres, qui fe mirent à crier : Au fecours, feigneur, au fecours. Cependant qu'il les pourfuiuoit
vn autre grand Geant defarmé parut aux galeries
de cefte court, qui luy demanda pourquoy il eftoit
l'a venu fi priuément.  Tu ne le fçauras que trop
toft, ( refpond Rozoleon) monftre moy feulement par où il faut monter vers toy, & ie te rele-
ueray de la peine que tu pourrois prendre, fi tu
defcendois vers moy. Entre par ce guichet de fer
(dit le Geant) & tu rencontreras peut eftre ce que
tu és venu chercher ceans, qui eft la fin mal'heureufe de tes iours.  Le Cheualier vient à ceft huis
de fer, & l'ouurit. Mais à l'inftant vne befte la plus
horrible & la plus efpouuantable qu'on puiffe
imaginer, fe lança fur luy.  Ce monftre eftoit auffi
haut qu'vn Taureau. Sa tefte eftoit comme celle
d'vn Tygre, & portoit en gueule deux deffenfes
groffes comme la trompe d'vn Elephant. fes pieds
eftoiët pareils à ceux d'vn Griffon, & fa peau eftoit
touchetee comme celle d'vne Pâthere. Rozoleon

cogneut

cogneut à l'inſtant que le Geant luy auoit tendu
ce piege. Mais qu'eſt-il beſoing que ie vous deſ-
criue les particularitez de ce combat, puis que
nous l'auons inſeré en vn autre lieu, & que noſtre
principal deſſeing eſt de parler de l'entree qu'il fit
à la place Royale. En fin ayant mis à mort ceſte
cruelle beſte, auec le Geant qui vint au ſecours, &
deffaiá les enchantements de Dragontine, il reprit ſon chemin & treuua Clarizel le fortuné, &
Alberin le courtois, ainſi que nous verrons maintenant.

---

## COMME LE PRINCE ROZOLEON
*treuue Clarizel le fortuné, & Alberin le courtois &*
*de leurs preparatifs pour entrer au Camp de*
*la place Royale.*

### CHAP. XX.

Larizel & Alberin eſtoient deſia
gueris de leurs playes, & ſe diſpo-
ſoient à monter à cheual, lorsque
le vaillát Arimedon arriua vn ſoir
au Chaſteau où ils furent ſi bien
traiáez. Si toſt qu'ils ſe virent ils
s'embraſſerent, & apres pluſieurs & diuers propos,
Arimedon leur fit recit de ſes aduentures, & com-

r

me il alloit efpreuuer celle des eftranges merueilles, qui n'eftoit qu'à deux iournées du lieu où ils
eftoient. Les deux Cheualiers qui ne font iamais
laffez des exercices de Mars, s'offrirent de l'accompagner: de forte qu'à la pointe du iour, ils prindrent congé de leur hofte, & s'eftants mis en chemin, ils virent venir vne belle Damoifelle, qui pi-
quoit tant qu'elle pouuoit fon pallefroy. Alberin
à qui la courtoifie eft naturelle, s'approcha d'elle,
& luy demanda où elle alloit auec tant de hafte,
& fi elle n'auoit pas befoing de leur affiftâce. Cheualier (dit cefte Damoifelle) ie m'en vais aduertir
vn de mes parens qui fe tient trois ou quatre lieuës
loin d'icy, en vn fien Chafteau, que le Prince Rozoleon, qui a vaincu les Geans & le Monftre qui
gardoient la fortereffe des Eftranges Merueilles,
& deffaiĉt les enchantements de Dragontine, y
vient coucher auiourd'huy. Si vous eftes curieux
de voir vn des plus beaux & des plus valeureux
Cheualiers du monde, vous le rencontrerez bien
toft fur ce grand chemin que vous fuiuez. Ce difant elle pique fon pallefroy, & laiffe Alberin, qui
recite à fes compagnons ce que la Damoifelle luy
venoit d'apprendre. Tandis qu'ils difcouroient
de cefte aduanture, & que Clarizel eftoit bien faf-
ché de ce que la fortune n'auoit pas permis qu'il
l'efpreuuaft le premier, ils virent venir vn Cheualier, fuiuy de deux Efcuyers. L'vn portoit fa lance, & fon efcu, & l'autre fon armet. Les trois Che-

ualiers le recogneurent auſſi toſt pour Rozoleon,
& ayants delacé leur heaume ils coururent l'embraſſer. Le Prince ioyeux de ceſte heureuſe rencontre, les embraſſa auſſi mille fois, & tous quatre s'acheminerent au chaſteau où ceſte Damoiſelle qui alloit deuant, les receut auec toutes ſortes
de bon traictement. Apres le ſoupper Rozoleon
tira à part Clarizel le fortuné, & Alberin le courtois, & leur tint ce langage:

Cheres parts de mon ame, qui n'auez iamais
rencontré de hazard aſſez difficile pour arreſter
voſtre courage, noſtre Reine à faict publier vn
Tournoy pour celebrer le Mariage de ſon fils &
de l'Infante des Eſpagnes. Toute la fleur des
plus vaillans Cheualiers ſe prepare d'y faire paroiſtre ſa vrleur & ſon addreſſe. La poſterité
nous blaſmeroit par trop, ſi nous qui ſommes
François demeurions ſans rien faire, pendant que
des eſtrangers emporteroient l'honneur qui nous
appartient iuſtement. Le grand Alcandre, qui
occupe maintenant au Ciel la place de Mars auroit occaſion de nous deſaduoüer, & de ne verſer
plus dans noſtre ame l'influance de la valeur. Ce
matin ſur le point que les tenebres commencent
à plier leur robbe noire, & que l'orizon a ie ne ſçay
quelle ſombre lumiere, qui tient de la nuict autant que du iour, ce grand Monarque m'eſt apparu en ſonge. Le reſpect & la Maieſté l'enuironnoient. Vne ſplendeur telle que la lumiere du

Soleil luy feruoit d'accouftrement. Rozoleon (me
difoit-il) eft cecy le fruiƈt de la peine que i'ay prife à te faire inftruire en tout ce qui peut rendre vn
mortel accomply? Ignores tu celuy qui t'a donné
naiffance, & combien il faut que tu fouffres, fi tu
defires imiter fes exemples? Ne fçais tu pas que la
Gloire eft la mere des annees, & que ton renom vi-
ura d'autant plus parmy les hommes, que tu y auras acquis de reputation? A quoy tient-il donc
que tu ne te difpofes à te rendre digne du lieu de
ton extraƈtion? Va, mon cher fils, & prens pour
compagnons de ton entreprife Clarizel le fortuné, & Alberin le courtois. I'ayme Clarizel, parce
que ie cognois en luy les viues femences de la valeur du grand Duc, qui l'a faiƈt naiftre. Ie fçay qu'il
doit efgaler fes faiƈts, & feruir mon cher Louys
aux conqueftes qu'vn iour il fera de tout le monde. I'ayme encores Alberin, tant pour la franchi-
fe de fon courage, que pour la fidelité de fon pere.
Que Valdante le fidelle, que Belloglaife le hardy,
& Riueglofe le dangereux foient auffi de la partie.
Et tous fix fous le nom des Cheualiers du Lis, allez faire voir aux yeux de toute la France qu'vn
grand Dieu vous anime, & que c'eft à vous qui
eftes deftinez pour ouurir le Palais de la Felicité, &
pour en deffendre l'étree aux vfurpateurs du nom
de la Gloire.

Il acheuoit fon difcours, lors que ces magnanimes courages font refolution d'aller en Fran-

ce, & qu'ils prient le vaillant Arimedon de les
conduire en qualité de Marefchal de Camp. Ils
font tant par leurs iournees qu'ils arriuent à Paris,
quelques iours auāt que la feste s'y celebraft. Comme ils preparent leur equipage, la Reine les honore des couleurs que fa Maiefté cherit le plus : de
l'incarnat, du blanc, & du noir. Heureux Cheualiers que vous verrez entrer maintenant couuerts
de ces faueurs, qui n'appartiennent qu'aux Dieux.

## COMME LE VAILLANT
### *Arimedon demande le Camp pour les*
### *Cheualiers du Lis.*

### CHAP. XXI.

E peuple eftoit encores tout raui
de la pompeufe entrée des Cheualiers du Soleil, quand vn grand
bruit de Trompettes ayant faict
ouurir les barrieres du Camp, on
vit entrer Arimedon Marefchal
des Cheualiers du Lis. Il portoit vn colet de fen-
teur en riche broderie noire. Son pourpoinct
eftoit de toile d'or. Ses hauts de chauffes noires, &
de pareille broderie à bandes, & doublees de toile d'or. Les boutons de fon colet eftoient de gros
diamants. Il auoit vn bracelet de pierreries. Son

chappeau brilloit de pierreries, & estoit paré d'vn
bouquet de plumes de heró noir. Il estoit môté sur
vn cheual d'Espagne enharnaché de velours noir,
couuert de mesme broderie. Deux Pages marchoient deuát luy ayants des hoquetós de velours
tanné, chamarré de passemét d'or: Ils estoiét montez sur des coursiers enharnachez de mesme couleur, estoffe & pareil enrichissemét. Il estoit suiuy
d'vn Escuyer qui auoit vn colet de senteur, & vn
pourpoinct de satin blanc chamarré de passement
d'or. Ses chausses estoiét de velours táné couuertes
de passement d'or, & le harnois de son cheual
estoit de pareille estoffe, & de pareil enrichissement que celuy de son habit.

Quand ce Mareschal fut paruenu à l'eschaffaut
des Iuges, & qu'il les eut saluez, il mit pied à terre, & s'approchát de l'eschaffaut de leurs Maiestez,
apres vne grande reuerance leur demáda le Camp
pour les Chevaliers dv Lis. Sa requeste luy
estant accordee il alla treuuer les Tenants, & leur
fit voir ces vers seruans de Cartel:

---

## LES CHEVALIERSDV LIZ
### A CEVX QVI VSVRPENT LE
#### NOM DE LA GLOIRE.

P*Alladins glorieux, venus sur nostre Terre*
*Affamez de Lauriers, & nourris à la guerre:*

*Vous qui deſſus les les bords de vos fleuues dorez,*
*Des peuples d'Orient vous voyez adorez:*
*Princes, qui par valeur maintenez voſtre Empire,*
*Et regnez ſur les mers où le iour ſe retire,*
*Victimes du Soleil : vous à qui les glaçons*
*Au fort de vos Eſtez tiennent lieu de moiſſons,*
*Qui ſans choix de ſeiour, d'hommes ou de riuage*
*Voulez que vos maiſons ſuiuent voſtre courage:*
*Voicy le iour heureux qui nous doit eſpreuuer,*
*Que les Deſtins encor nous vouloient reſeruer.*
*Nous ne ſommes partis de l'Affrique bruſlante,*
*Ny des lieux eſloignez que baigne l'Erimanthe,*
*Nous ſommes nez François par tout victorieux,*
*Accouſtumé d'eſance aux actes glorieux.*
*L'Eufrate nous redoute, & les riues humides*
*Du Nil, ont veu nos Lys deſſus leurs Piramides:*
*Mais bien plus que iamais noſtre Nom va croiſſant*
*Sous le cours fortuné d'vn aſtre tout puiſſant.*
*Vne REYNE icy bas de ſon MARS ſeparee*
*Eſt de tout l'Vniuers maintenant adoree.*
*L'heur qui ſuit ſa vertu, ioincte à la Royauté,*
*La faict Reine des cours ſoumis à ſa beauté.*
*Elle enchaine la Paix errante & vagabonde,*
*Par deux ſceptres ioignants, par deux ſceptres du monde*
*Si bien que ſur des bruits par la terrre eſpandus,*
*Que tant de Cheualiers s'eſtoient icy rendus,*
*Pour en faire la ioye, & ſe faire pareſtre*
*Voulant mourir ou viure eſtimez de leur Maiſtre*
*Animez des vertus de ceſte Deité,*

Nous cherchons le chemin de l'immortalité :
Heureux quand nous treuuons vn courage rebelle :
Car la gloire fleſtrit qui ne la renouuelle :
Souuent noſtre valeur nous la faiſt meſnager,
Craignant de n'auoir plus de Lauriers à changer,
Et maintenant la peur qui ſeule nous arreſte,
Eſt de faire manquer les ſubiects de conqueſte :
Car qui ſçauroit qu'apres vn Monde tout donté,
Il s'en treuuaſt vn autre en vn autre coſté.
Ces combats ne pourroient piquer noſtre courage :
Plus le peril eſt grand il nous plaiſt dauantage.
C'eſt au fort des hazards que nous ſommes vainqueurs,
Et que l'obiect diuin qui regne ſur nos cœurs,
Rend à nos bras armez l'impoſſible ordinaire :
Aux François ce n'eſt qu'vn de parler & de faire.
Comme de ſon vent ſeul le foudre peut tuer,
Ce bruit de noſtre Nom peut tout effectuer,
Et combattant en gros ceſte troupe arrogante
Vn de nous euſt ſuffy pour en vaincre cinquante :
Mais puis que ſeul à ſeul ces cœurs ſi hazardeux
Viennent chercher icy des Palmes dignes d'eux,
Où des oracles Saincts le Temple nous appelle,
Et nous promet apres vne Paix eternelle :
Nous iugerons de ceux que l'on doit retenir
Pour ſeruir ce grand ROY qui doit à l'aduenir
De triumphes nouueaux ſignaler ſa memoire,
Et remplir à la fin les ſiecles de ſa Gloire,
Souſtenans que le but d'vn eſprit genereux
N'eſt pas de s'aſſeruir ſous vn ioug amoureux.

*Que c'eſt*

*Que c'est par la vertu qu'à la gloire on s'auance,*
*Et qu'il faut pour son Prince employer sa vaillance,*
*Et non pour ces beautez, Idoles de la Cour,*
*Qui desrobent nostre âge, & passent en vn iour.*

ROSOLEON, le Valeureux.

CLARIZEL, le Fortuné.

ALBERIN, le Courtois.

BELLOGLAIZE, le Hardy.

VALDANTE, le Fidelle.

RIVEGLOSE, le Dangereux.

Apres que les Cheualiers de la Gloire eurent fait la lecture de ces vers, Arimedon s'en retourne vers l'eschaffaut de le leurs Maiestez, & leur offre les mesmes vers, & ayant pris congé d'elles, va re-treuuer les Cheualiers du Lis, qui l'attendoient à la porte du Pauillon Royal, pour entrer en cest equipage.

DE L'ORDRE DES CHEVALIERS
*du Lys entrants au Camp de la place Royale.*

CHAP. XXII.

ALceste, Aide de Mareschal de Camp vestu d'vn colet de senteur, couuert de passemét de Milan, entra le premier. Ses chausses estoient de velours tanné, couuertes de passement d'or. Il

f

portoit fur fon chappeau vne enfeigne de pierreries auec vn grand pannache, & aigrettes. Son cheual eftoit enharnaché de velours noir, couuert de
mefme clincant.

Il eftoit fuiuy de quatorze trompettes, veftus
de fayes de toile d'argent incarnattes, femees de
lys fleuris en broderie d'argēt : leurs bottes eftoiēt
noires, & leurs efperons argentez. Chacune de
leurs trompettes auoit des panonceaux, femez de
fleurs de lys d'argent.

Apres venoient vingt & quatre pieces de grands
Cheuaux, portants de grands pannaches, incarnats, blancs, & bleus, accompagnez d'aigrettes,
couuerts de grands caparaffons diftinguez par laiz
de trois couleurs, incarnat, blanc, & noir, tous femez de fleurs de Liz d'argent. Ils eftoiēt menez
en main par vingt & quatre eftaffiers. Ils auoient
chacun vn chappeau de velour noir auec des plumes des trois couleurs, incarnat, blāc, & noir. Leur
pourpoinct eftoit de toile d'argent blanc : leurs
chauffes de velours à bādes des trois couleurs doublees de toile d'argēt : leur bas incarnat : leur Efpee
argentee : & leurs pendants de trois couleurs.

Vingt & quatre Pages les fuiuoient, ayants des
toques de velours noir, auec plumes des trois couleurs. Chacun portoit la fraize. Ils eftoient veftus
de hoquetons à bas de faye, à bandes faites à ondes
auec du paffement d'argent, incarnat, & noir fur
les couftures des bandes. Leurs bottes eftoiēt noi-

res, & leurs efperons argentez. Chacun portoit
vne lance auec la banderole, incarnate, blanche, &
noire. Leurs cheuaux eftoiét en partie Barbes, en
partie d'Efpagne, & d'Italie, & en partie du haras
du Roy. Leurs caparaffons eftoient diftinguez
par laiz de trois couleurs, & femez de fleurs de Liz
d'argent. Leurs pannaches eftoient de mefme que
les precedents.

La machine vint apres. C'eftoit vn grand Piedeftal d'or, porté fous quatre roües azurees, couuert par les coftez de grands trophees d'armes dorez, & argentez. Il y auoit au deffus du Piedeftal
deux grandes Couronnes de fleurs de Lyz d'or,
fouftenuës par fix colomnes dorees, de la hauteur
d'vne toife, portants depuis le haut, iufques en bas
toutes fortes de trophees d'armes, entaffees les
vnes fur les autres, comme efpees, laces, tambours,
& autres. L'on voyoit au deffous de ces deux grandes Couronnes, vne infinité d'autres petites couronnes. Au pied des Colomnes le Piedeftal eftoit
enrichy fur les bords de quantité de falades, couuertes de bouquets de fleurs. A la proüe, & pouppe du Piedeftal il y auoit quatre degrez, d'or &
d'azur : & fur ces degrez huiĉt petits garçons, les
plus beaux, & les plus blons qu'on auoit fceu treuuer: veftus en Amours, & chacun portant l'Arc, &
& la Trouffe. Ils fouloient aux pieds des armes. A
leur cofté eftoient des lances brifees, argentees &
dorees. Chafque lance auoit des Panôceaux blács,

& des trophees. Cefte machine eftoit tiree par
huict cheuaux Bais couuerts de gráds caparaffons,
incarnats, blancs & noirs, auec des cápanes de femblables couleurs. Les cheuaux eftoient attelez en
Pyramide. Quatre marchoiét premieremét : puis
trois : puis vn. Cefte Machine reprefétoit les deux
grandes Couronnes de France, & d'Efpagne, qui
ayants efté vnies par l'alliance de leurs Princes, tenoient foubs leur fuiection toutes les autres Couronnes du monde. Et comme l'Amour qui eftoit
autheur de cefte Vnion, regnoit maintenant, fou-
lant aux pieds les trophees de la guerre, qui auoit
fi long temps des-vny ces deux puiffants Royaumes.

La Mufique venoit apres, comopfee de quinze
haultbois & cornets à bouquin, & quatre tambours, veftus d'vne fuprauefte incarnat & argent,
auec des chappeaux couuerts de bouquets verds.
Six Efcuyers la fuiuoiét. Leurs chappeaux eftoiét
de velours noir pliffé, paré de grandes plumes des
trois couleurs. Le cordon eftoit incarnat en broderie d'argent, & de perles. Chacun auoit la grande freze à paffement. Leurs Iuppes eftoient de velours noir, à manches chamarrees de paffement
d'argent & incarnat : & decoupees à grandes balaf-
fres de fatin incarnat deffous. Leur pourpoinct
eftoit de toile d'argent. Leurs chauffes de velours
noir, couuertes de paffement d'argent, & incarnat.
Leurs efpees eftoient argentees, & les pendants de

velours noir, en broderie d'argent. Leurs bottes
blanches, & leurs esperons argentez. Ils portoiét
chacun vne lance de guerre, peinte des trois couleurs, incarnat, blanc & noir, auec la banniere des
Cheualiers, qui estoit de satin blanc, & noir, semé de fleur de Lys sans nombre. Leurs cheuaux
estoient caparassonnez de velours des trois couleurs, distinguez par laiz, & semez de fleurs de Lys
d'argent, de mesme que les autres : ayants de grãds
pannaches de trois couleurs, auec de grandes aigrettes.

L'on vit apres ces Escuyers, paroistre les CHEVA-
LIERS DV LIZ fauorisez des couleurs que la Reine cherit le plus, qui sont *incarnat, blanc & noir.*
Ils portoient des toques de toile d'argent incarnate, toutes couuertes de plumes blanches, auec de
grãdes aigrettes au milieu. Les cordõs estoiét des
pierreries de prix inestimable, où l'õ auoit attaché
de riches enseignes de diamãts. Leur accoustremét
estoit vn bas de saye. Le corps de toile d'argent, en
broderie d'argét, auec vn haussecol à deux estages,
partie incarnat, & partie noir. Les hauts des manches auoiét trois estages, d'incarnat, de blanc, & de
noir. Il y auoit trois basques, des trois mesmes couleurs. Ils portoiét encores des mantes de toile d'argent. Leurs escharpes estoiét fort riches, & differé-
tes : & leurs bottes blanches, toutes couuertes de
broderie d'argent. Ils estoient mõtez sur de beaux
cheuaux d'Espagne caparassonnez des trois cou-

f iii

leurs, incarnat, blanc & noir, tout en broderie
d'argent, où pendoient de grandes campanes de
mefmes couleurs, & de pareille broderie. La tefte
& la crouppe de leurs cheuaux eftoient couuerts
de grands pannaches blancs, accompagnez de fi-
nes aigrettes.

Puis venoient fix Efcuyers, veftus comme les
premiers, & montez fur grands cheuaux caparaffonnez de mefme, & bien adroiéts, pour feruir au
ballet : ces Efcuyers portoient des Efcus où eftoiét
peintes les Deuifes des Cheualiers.

## DEVISES DES CHEVALIERS
### DV LIZ.

L A Deuife de Rozoleon le Valeureux eftoit vn
Aiglon qui deuoroit des ferpents, auec ces
mots;

IAM IOVE DIGNVS.

Le corps de la deuife de Clarizel le Fortuné, eftoit
vn Ciel qui verfoit fa rozee fur vn Liz, & cefte humeur tomboit apres fur vn Laurier. L'ame confiftoit en ces mots:

HOC CIRCVM FAVSTA VIGEBIT.

La Deuife d'Alberin le Courtois eftoit vn cœur
piqué par vne mouche à miel : & ces paroles:

ANIMAM IN VVLNERE PONIT.

Celle de Valdante le Fidele eſtoit deux couronnes entrelaſſees: l'vne de Lauriers, & l'autre de
myrthe: auec ces mots:

AMORE E GVERRA.

La Deuiſe de Belloglaize le Hardy eſtoit vn
Laurier qui portoit des grains d'or. Il eſtoit planté
ſur vn Rocher: Le Soleil y iettoit ſes rayons,& vne
douce pluye l'arroſoit: auec ces mots:

NIHIL TERRENA IVVANT.

Celle de Riueglofe le Dangereux eſtoit deux
cheſnes plantés à vn riuage éleué: auec ces paroles:

RVMPIT IN QVOS ERVMPIT.

L'equipage de ceſte partie entrant dans la place
Royale par la porte du pauillon Royal,alla droiċt
au Palais de la Felicité. Puis tournant à main doi-
ċte, fit le tour du Camp, paſſât ſous les eſchaffauts
de leurs Maieſtez. Cependant les CHEVALIERS
DV LIZ s'arreſterét quelque temps en forme triangulaire au milieu de la place, attendants que la
Muſique ſe fuſt régee pres de l'Eſchaffaut de leurs
Maieſtez. Et lors que la Muſique s'é alla pour marcher, les Cheualiers s'auancerent grauement au
petit pas, en obſeruant touſiours la meſme figure
triangulaire, enuiron vingt pas, & s'arreſterent
lors qu'ils ouyrent vne cadance perduë,qui ſe ſon-
noit à la fin de chaſque air. La Muſique ſonnant

depuis vn air plus gay, les Cheualiers s'auancerent
en la mesme figure, faisants aller leurs cheuaux à
mez-air, auec tant d'esgalité, & de proportion, que
tous s'esleuoient, & baissoient à mesme temps. La
mesme cadance perduë, sonnant à la fin de cest air,
les fit tous arrester comme immobiles. Depuis sur
le changement d'air, ils s'auancerent au petit pas,
& le Cheualier qui estoit à la main droicte du premier rang, tournant à la main droicte fit vn grand
rond, & fut suiuy par les autres Cheualiers, tournants tousiours au petit pas, iusques à tant que chacun eust pris sa place. Les six escuyers, qui les suiuoient tournerent aussi à mesme temps à l'entour
du rond que faisoient les Cheualiers, & prirent
leurs places, chacun derriere son Cheualier. Ainsi
les Cheualiers, & les Escuyers ayants pris leur place, en deux cercles, dont l'vn enfermoit l'autre, la
Cadance perduë les aduertit, qu'ils se tinssent prés
pour dancer: de sorte que la Musique sonnant l'air
des Courbettes, fit auancer chasque Cheualier sur
la main gauche, faisant tout le tour du rond à
mez-air, & se remettant en sa place, par vne demy-
volte à main droicte. A la fin de ceste figure sonna
la Cadance perduë, & puis sur vn chágement d'air
beaucoup plus gay, leurs Escuyers firent la mesme
figure, faisant aller leurs cheuaux terre, à terre.
Voila la premiere figure.

*Seconde figure.*

La Musique recommenceant l'air des Courbettes fit

tes fit auancer quatre pas en auant, chafque Cheualier, qui tournans à la main droiĉte, reuindrent
en leur place, faifants vne volte à la main gauche.
Les Efcuyers auec l'air de terre à terre firent des
demy-voltes à main droiĉte & à main gauche.

### *Troifiefme figure.*

Chafque Cheualier alloit à mez-air à la place
de fon compagnon & reuenoit à la fienne, tournant à la main gauche, & faifant des courbettes
ferme à ferme. Les Efcuyers en firent de mefme
terre à terre.

### *Quatriefme figure.*

Les Cheualiers firent chacun des voltes à main
droiĉte, & s'arrefterent en leur place, faifants de
courbettes ferme à ferme. Les Efcuyers apres la
Cadance perduë, qui eftoit fuppofee au changement de chafque air, firent vne volte chacun à
l'entour de fon Cheualier, & reuindrent en leur
place y faifants vne volte à la main droiĉte.

### *Cinquiefme figure.*

Trois Cheualiers allerent à courbettes vers le
milieu du rond, & firent vne volte à la main droiĉte, & puis retournerent en leurs places, où ils firent vne volte à la main gauche. Cependant les
trois autres Cheualiers alloient de cofté à courbet-
te iufques à la place les vns des autres, & retour-
noient en la leur, faifants quelques courbettes ferme à ferme.

t

Pendant que les Escuyers faisoient le manege de
la cinquiesme figure, les Cheualiers qui auoient
toussiours tenu leurs places en vne figure ronde, se
rangerent en accostāt leurs cheuaux en deux rangs
vis à vis l'vn de l'autre. Et lors que la Musique son-
noit l'air des courbettes, les Cheualiers allerent en
auant à la place l'vn de l'autre, & puis tournants à
la main droicte retournerent sur la mesme piste,
iusques à la moitié du droict, & là se prenants par
la main les vns des autres, firent vne volte à la main
droicte. Apres les Cheualiers qui estoiét aux deux
extremitez, allerent en auant & se rencontrants
tournerent à la main gauche l'vn sur l'autre, & reuindrent à leurs places, où ils firét vne volte à main
gauche, & des courbettes ferme à ferme. Les Cheualiers des extremitez du rang opposé firent la
mesme figure, & les deux Cheualiers du milieu
allerent à mesme temps à la place l'vn de l'autre, &
tournerent à main droicte, & allant sur la mesme
piste, & se rencontrāts firét deux voltes sur la main
droicte, & retournants se treuuerét en leur place.

Apres que cest admirable balet eut esté prisé
de tous esgalement, les Cheualiers auec l'Equipage qui alloit deuant, marcherent pour se renger apres la partie des Cheualiers du Soleil.

Six autres Escuyers les suiuoient portans des Escus, où les armes de leurs maisons estoiét peintes,

# ARMES DES MAISONS DES
## CHEVALIERS DV LIZ.

Les armes de *Rozoleon le valeureux* sont du Duc de *Vendosme*. Il porte escartelé. Au premier & au tiers d'azur, à trois fleurs de liz d'or à vn baston en barre de gueules. A l'autre, au second escart d'azur à trois fleurs de liz d'or, à vn baston de gueules, chargé de trois Lions rampants d'argent: anciennes armes de *Vandosme*.

Les armes de *Clarisel le fortuné* sont de la *Valette*. Il porte couppé & party. Au couppé d'enhaut de gueules à vne croix potencée d'argent. Au premier du party d'embas d'argent à vn noyer de synople. Au second de gueules à vne demye croix, bourdonnee d'or. Sur le tout vn Escu en cœur d'azur, chargé d'vne campanele d'argent: qui sont les armes de la maison de *Bellegarde*.

Les armes d'*Alberin le Courtois* sont de *Zamet*. Il porte party. Au premier d'azur à vne fleur de Liz d'or. Au bas d'argent à vn Lyon rampant.

Les armes du Baron du Pont-Chasteau, qui auoit pris le nom de Valdante le fidele: Celles de M. de Pluuinel qui s'appelloit Belloglaise le hardy: & celles encores de M. de Beniamin, qui se nommoit Riueglose le dangereux furent desrobees par la Magicienne Dragotine. Zirfee Reine d'Agenes a promis de les recouurer, & de me les bailler: Ie les publieray si tost qu'elles tomberont entre mes mains.

Quand ceste belle partie fust rengee au lieu où le sieur d'Escures luy monstra, Arimedon Maresf-

chal de Camp, accouſtré & ſuiuy de meſme que
nous l'auons deſcrit cy deſſus s'achemina vers l'eſchaffaut de leurs Maieſtez, & mettant pied à terre, il ouurit vn coffret que Rozoleon gaigna dans
le Chaſteau des Eſtranges merueilles, le iour qu'il
vainquit les Monſtres, & deffit les enchantements
de la Magicienne. Il en tira trois riches preſents.
Le premier eſtoit vn Athlas, tout d'or maſſif, qui
ſouſtenoit le mõde. On y voyoit en lettres d'or ces
paroles:

SVCCEDES ONERI.

Il preſenta celuy-là au Roy, qui ſuccede à la charge, & à la vaillance du grand Henry.

L'autre preſent qu'il donna à la Reine eſtoit de
deux grandes Couronnes, au deſſous deſquelles on
voyoit neuf autres moindres, attachees enſemble
auec des liz rouges. On auoit graué ces paroles aux
deux premieres:

A TODAS IVNTAN ESTAS.

Celuy qu'il donna à la Maiſtreſſe du Prince des
Eſpagnes eſtoit vn Caducee, enuirõné de brãches
d'oliuier, chargé de fueilles & de fruicts. Au deſſus
l'on voyoit vne couronne Imperiale & ces mots.

CONCORDIA RERVM.

Ayant faict ces preſents, il prit congé de leurs
Maieſtez, & retourna vers les Cheualiers du Liz,
qui bruſlent du deſir deſpreuuer leurs lances contre les Cheualiers de la Gloire, pendant que le ſon
des Trompettes des Amadis demande l'entree du
Camp.

# L'ENTREE
## DES AMADIS.

*COMME AMADIS DE GAVLE*
*& Amadis de Grece sont portez par les charmes de*
*la Reine d'Argenes, & d'Vrgande la Desconuë*
*dans la Tour de l'Vniuers au Camp de la*
*place Royale.*

### CHAP. XXIII.

LE s genereux Princes de Gaule aprés auoir vaincu tout le monde, fleschissoient à la fin sous les insensibles efforts du temps. Vne longue suitte d'annees auoit miné ceste vigueur heroïque, qui auoit dompté tant de Geants, & tant de Monstres. Desia la mort inhumaine, qui n'espargne non plus les Achilles que les Thersites, faisoit desseing sur

†

la vie de ceux , qui par leurs combats luy auoient
immolé tant de victimes , quand Zirphee Reine
d'Argenes,& Vrgande la Deconuë, qui par la force de leurs enchantemens faifoient retrograder les
Aftres  & les faifons, confiderants que l'âge de ces
Princes approchoit de l'Occident fe refolurent de
la reftablir en fon Midy. Elles firent recherche de
tous les remedes, qui pouuoient feruir pour reparer les deffauts de la vieilleffe. Et pour venir plus
facilement à bout de leur entreprife elles s'arrefte-
rét aupres de la fontaine des Amours d'Anaftarax,
en vn lieu où paroiffoient encores les ruïnes d'vn
baftiment que le peuple de ce pays croyoit eftre
les mafures de la tour de Babel. Apres que la Reine eut d'vn grand cercle enuironné tout le lieu
auec vne branche de houx, & marmotté certaines
paroles,& qu'Vrgáde l'eut parfumé auec du myr-
rhe,& de l'encés,elles commáderent aux Demons
fur qui leurs charmes ont vn pouuoir abfolu, de
leur baftir vne Tour, pour y enfermer les Amadis,
auec ceux qu'elles defiroient raieunir.

S'il y eut iamais de belles prifons, cefte-cy le fut,
comme vn ouurage, qui n'eftoit point fait de la
main des hommes. Les Elements y regnoient d'v-
ne fi égale temperature que le Printemps y eftoit
eternel. Les ieux, & les plaifirs qu'on y auoit attachez, auec des chaifnes de rozes,& de fleurs, y faifoient couler les fiecles comme les annees. L'Em-
pereur Amadis de Grece lifant vn iour dans les

Profeties de Zirphee que l'hiftoire des auantures
de luy & de fon ayeul Amadis deuoit eftre obfcur-
cie par les fameufes conqueftes d'vn Heros, qui
defcendroit de leur race, en demande le nom à Vrgande. Elle luy apprend que cefte Prophetie entendoit parler d'vn Lovys, qui doit vn iour reduire tout le monde en vne feule Monarchie, & luy
dit que fes Efprits luy auoient reuelé, que ce Monarque, par l'aduis de la Reine fa Mere, la plus fage Princeffe que le Ciel ait iamais produicte, ef-
poufoit l'Infante des Efpagnes, que toutes les Graces ont foigneufement formees, afin qu'auec vne
gloire reciproque il poffedaft la plus accomplie de
toutes les Beautez du monde, comme elle poffe-
dera le plus vaillant de tous ceux qui porterent iamais le tiltre de Monarque. Elle luy conta puis
aprés comme toutes les ames genereufes eftoient
conuiees d'aller à ce mariage pour efpreuuer leur
addreffe côtre les Cheualiers dont elle leur fit voir
le Cartel. Il n'auoit pas acheué de le lire que ce genereux Cheualier à l'ardente efpee fut faify d'vn fi
violent defir d'employer fes armes en vne occafion fi remarquable, qu'apres auoir communiqué
fon deffein à fon ayeul Amadis, il côtraignit Vrgande de leur accorder l'iffuë de cefte delicieufe
captiuité, & de leur promettre de les conduire en
France, quand il en feroit temps.

Lors que les Princes de leur maifon furent aduer-
tis de leur entreprife, ils s'offrirent tous de les af-

† ii

fifter, pour auoir part à la peine, & à l'honneur
qu'ils receuroient. Mais ils ne voulurét point d'autre cópagnie que celle du valeureux Galaor (qu'ils
prierent d'eftre leur Marefchal de Camp) de peur
qu'eftant defcouuerts par le bruict d'vn plus grand
equipage, ils ne perdiffent le plaifir de combattre
les Cheualiers de la Gloire, qui n'auroient pas la
hardieffe de les attendre, s'ils auoient la cognoiffance de leur valeur.

V.rgande faifoit vne fois deffeing de les faire
promptemét porter dans vn chariot volant: mais
d'vn cofté les Princes enchantez defireux de voir
le Monarque dont elle leur predifoit tant de merueilles: & d'autre par Oriane, Niquee, Briolanie,
auec les autres Princeffes defireufes de voir cefte
digne Reine dont tout l'Vniuers vante la prudence & la beauté, l'importunerent de telle forte, que
pour complaire à tous, elle fe refolut de faire porter la Tour, ainfi qu'elle eftoit le iour de cefte fefte,
au lieu ou elle fe deuoit celebrer. Les Demons qui
auoient efté occupés à la baftir, furent encores
employez à la tranfporter. Le traict decoché de
la main d'vn puiffant Archer, ne vole pas plus
vifte qu'elle couroit par la vuide region de l'air.
Les Bergers & les autres perfonnes, qui font
leur demeure aux champs eftonnés de cefte merueille: mais plus encores du bruict que faifoient
les Efprits en la portant, fe profternoient à terre, &
auec des vœux imploroient l'affiftance du Ciel, de

crainte qu'ils auoient que cefte prodigieufe Machine, ne tôbaft fur eux, & ne les accablaft. Quand
elle fut prés de la place Royale, elle fe planta à l'entree du grand Pauillon, & à l'inftant on vit ouurir
vne grande Porte, & abbaiffer vn Pont, & fortir
Dom Galaor Marefchal de Camp des Cheualiers,
accouftré & fuiuy en la forte que vous verrez au
chapitre fuiuant.

<hr>

## COMME LE ROY DE SOBRADIZE
### *demande le Camp pour les Amadis.*

### CHAP. XXIIII.

ES Barrieres du Camp ayans efté
ouuertes au Roy de Sobradize, on
le vit entrer par la porte du pauillon Royal. Il portoit vne rou-
pille de fatin bleu toute couuerte
de broderie d'or. Son pourpoinct
eftoit de toile d'or. Ses hauts de chauffes de fatin
bleu, enrichi de pareille broderie. Le cordon de
fon chappeau eftoit de riches diamants. Il auoit
encores vne enfeigne de pierreries, & le grand
bouquet d'aigrettes. Il montoit vn cheual d'Efpagne, enharnaché de velours bleu, couuert de broderie d'or. Huict Eftaffiers eftoient autour de luy,
veftus de velours bleu chamarré de clincant d'ar-

gent. Leur Toque eſtoit de meſme. Son Eſcuyer
venoit apres veſtu de meſme eſtoffe, couleur, &
ſemblable enrichiſſement. Le harnois de ſon
cheual eſtoit de velours bleu couuert de clincant d'argent. Quand il fut paruenu deuant
l'eſchaffaut des Iuges, & qu'il les eut ſaluez, il mit
pied à terre & s'en alla faire la reuereſce à leurs Maieſtez. Apres il leur expoſa comme Amadis de
Gaule & Amadis de Grece les ſupplioient de leur
permettre l'entree du Camp, pour y combattre les
Cheualiers de la Gloire. Ayant obtenu ce qu'il demandoit il s'achemina vers la Tente des Tenants,
à qui il fit voir ce Cartel.

# LES AMADIS

## AVX CHEVALIERS DE
### LA GLOIRE.

*L*ES *Trophees que voſtre deffaicte nous pro-*
*met, ſeroient meſpriſables à noſtre ambition ſi*
*vous eſtiez auſſi mal adroicts gendarmes que*
*mauuais interpretes des Oracles. Voſtre vanité vous*
*trompe. Vous n'eſtes pas les Cheualiers de la Gloire. Ce*
*tiltre n'eſt deu qu'à nous qui en ſommes les Enfans. C'eſt*
*nous que les Deſtins appellent à la garde du Palais de la*
*Félicité comme en ayants ouuert les portes par vn ſi grand*

nombre de *victoires*, *que la Renommée se plaint d'auoir trop peu de langues pour les publier.* Lors que *voſtre va-leur comme la noſtre ſera cognuë aux lieux meſmes où le Soleil ne l'eſt pas: vous pourrez nous en diſputer l'entree, toutesfois vainement. Uos reſiſtances contre nous ne gai-gneront que de la honte,* (&) *malgré elles il faudra que vous aduoüyés*

Que la beauté que vous reuerez ne peut eſtre fans pareille, ſi ce n'eſt la meſme que nous ado-rons.

Et ſi c'eſt elle, que c'eſt vn obiect trop eſcla-tant de lumiere pour la foibleſſe de vos regards.

Que noſtre valeur qui monte bien haut par deſſus la voſtre, luy fournira touſiours de fort iuſtes ſubiects de vous dedaigner.

*Et à nous de vous conſeiller d'euiter les efforts de nos lan-ces, à qui vous ne ſçauriez eſchapper auec la vie, que nous deſirons de vous laiſſer: puis que ſans doute voſtre audace procede de l'opinion que vous auiez, que nous n'eſtions plus au Monde. Si vous nous euſſiez encores creus dans la Tour de l'Vniuers, ou vous nous auriez exceptez de vo-ſtre deffy, ou vous n'auriez pas fait vne entrepriſe, qui ne peut faillir d'eſtre ſuiuie de regret, & de repentir.*

## AMADIS DE GAVLE,
## AMADIS DE GRECE.

Lors que les Tenants eurent leu ce Cartel, Dom Galaor s'é retourna vers la porte du pauillõ Royal, pour y faire entrer les Amadis en ceſt equipage.

## DE L'EQVIPPAGE DES
*Amadis.*

### CHAP. XXV.

B Runeo de bonne Mer aide de Mareſchal de Camp entra le premier. Il eſtoit veſtu de ſatin vert couuert de clincant d'argent. Le harnois de ſon cheual eſtoit de meſme eſtoffe, & de pareil enrichiſſement.

Apres venoient douze Trompettes, veſtus de cazaques de ſatin incarnat gauffré. Leurs pourpoinꞔts eſtoient de toile d'or. Leurs coiffures eſtoient faites en meuffles de Lyons dorez, garnies d'aigrettes. Ils portoient à leur coſté l'eſpee doree. Leurs bottes eſtoient blanches, & leurs eſperons dorez.

Ils eſtoient ſuiuis de vingt Turcs, habillez de longues robbes de ſatin de la Chine incarnat, blanc & bleu. Leur coiffure eſtoit vn Turban de meſme eſtoffe. Leurs bottines eſtoient blanches. Ils menoient en main auec des courdons de ſoye incarnate, ſeruant de reſnes, dix cheuaux d'Eſpagne caparaſſonnez de velours incarnat, enrichi de clincant d'or. Chaſque cheual eſtoit conduiꞔt par deux de ces Turcs, & auoit de grandes plumes blanches

blanches fur la tefte., & fur chafque plume trois
aigrettes. Les mors, & les eftriers de ces cheuaux
eftoient tous dorez. La Reine Pintiquineftre, qui
eftoit dans la Tour de l'Vniuers auec Perion Roy
de la grande Turquie, auoit prié les Amadis de fe
feruir de ces Turcs pour mener leurs grands cheuaux, parce qu'ils eftoient les meilleurs Palefre-
niers du monde.

Douze Haultbois marchoient apres veftus d'vne
fuprauefte à la ntique de fatin incarnat gauffré.
Leurs coiffures eftoient artiftement faites, en Pyramides de toile d'or incarnatte. Darinel menoit
la trouppe auec fon rebec.

Ils eftoient fuiuis de douze Pages veftus de double faye court, & long de velours incarnat, couuert autant plein que vuide de clincant d'or. Ils
auoient des toques de mefme velours chamarré de
pareil clincant. Elles eftoient parees de plumes
blanches, & d'aigrettes. Leurs cheuaux eftoient
caparaffonnez de mefme que ceux que les vingt
Turcs menoient en main, & auoient de femblables pannaches. Huict de ces Pages portoient des
lances auec des banderoles remplies des chiffres
des deux Cheualiers. L'on remarquoit deux Deuifes, en deux de ces banderoles. Le corps de l'vne
eftoit vn enclume, qui battu inceffamment iettoit
eftincelles de feu : l'ame eftoit en ces mots :
       S E N P R E  S A L D O.

Cefte Deuife appartenoit à Amadis de Gaule, qui

fut le plus fidelle Cheualier de fon temps.

L'autre Deuife eftoit vn iardin remply de rozes, & de foucis : d'œillets & de penfees, qu'vne main cœuilloit indifferemment, & en faifoit vn bouquet. A cofté lon lifoit ces paroles :

ASSI VAN MIS AMORES.

Deuife qui conuient fort bien à Amadis de Grece, que les loix d'vne feule Dame ne fceurent iamais arrefter.

Deux autres Pages portoient les Efcus où les armes de leurs maifons eftoient peintes. Arcalaus l'Enchanteur les leur defroba. I'efpere de les recourer bien-toft par le moyen d'Alquif, & de vous en faire part.

Les deux autres Pages portoient leurs Efcus, ou eftoient leurs Deuifes.

## DEVISE D'AMADIS DE GAVLE.

L A Deuife d'Amadis de Gaule confiftoit en vn Orenger fouflé par vn vent du Midy, & en ces paroles.

LÆTALI AVT LÆDIMVR AVRA.

## DEVISE D'AMADIS DE GRECE.

A Madis de Grece auoit pour corps de Deuife vne Victoire, ayant des aifles attachees l'vne auec l'autre. L'ame confiftoit en ces paroles.

PARA SIENPRE.

Quand les Pages furent entrez, on vit inconti-

nent paroiftre Vrgande la defconnuë. Elle eftoit
veftuë à l'antique d'vne robbe de fatin noir, auec
des bandes de toile d'argent. Sa coiffure eftoit vn
chapperon à longue queuë de velours noir figuré.
Elle portoit vne petite fraize peinte de bleu à la
mode de Flandres. Au refte elle eftoit montee fur
l'Endryague, monftre horrible, & efpouuantable,
qui iettoit par les narines, & par la bouche, flamme & fumee, noire & efpaiffe. Ce prodige auoit
la face, le vifage, les mains, & les pieds tous couuerts de poil côme vn Ours. Le refte de fon corps
eftoit remply d'efcailles dures, & fortes. Il auoit
des aifles fur fon dos fi grandes, qu'elles le couuroient comme d'vn bouclier. Au deffous luy fortoient des pieds, des bras, & des mains auec des
ongles pareilles à celles d'vn Lyon. Ses yeux reluifoient comme deux charbons ardants. Il auoit
des dens crochuës, comme les deffences d'vn fanglier. La Magicienne qui eftoit montee deffus, tenoit à la main vne baguette dôt elle frappoit l'air,
& à mefure qu'elle remuoit fa baguette, & qu'elle
marmottoit certaines paroles la Tour de l'Vniuers marchoit aprés.

                                        * ii

# DESCRIPTION DE LA TOVR
## de l'Vniuers.

### CHAP. XXVI.

LA TOVR DE L'VNIVERS, rare & admirable Machine eſtoit à ſept eſtages eſleuez l'vn ſur l'autre, repreſentans les Cieux des ſept Planettes. Au premier on y voy- oit la Lune, portée en triom- phe, ſur vn char d'argent traiſné par ſix cheuaux bruns. Pluſieurs Dieux, Demy-dieux, Nymphes, Roys & Reines, Princes & Princeſſes, & autres perſonnes qualifiées, qui auoient aimé le change- ment l'accompagnoient: chacun ayant l'arc au poing, & la trouſſe au coſté auec toute ſorte d'e- quipage ſeruant à la chaſſe. Tous marchoient ſans ordre, & celuy qui eſtoit tantoſt à la teſte, ſe treu- uoit incontinent au milieu, & puis au derriere ſui- uant qu'il luy venoit en fantaiſie. Protee portoit leur Deuiſe, dõt le corps repreſentoit vne giroüet- te ſouſtenue de deux ioncs, plantés ſur les cornes d'vn croiſſant, où l'on auoit graué ces paroles, ſer- uants d'ame à la Deuiſe.

MI MVDANCA, MI CONSTANCIA.

Mercure eſtoit au ſecond dans vn chariot tiré

par quatre Pics. Il eſtoit ſuiuy d'vne trouppe
d'hommmes, veſtus de longues robbes noires, &
routes deſchirees. Leurs cheueux eſtoient tous
craſſeux, & mal peignez. A les voir on iugeoit
auſſi toſt, qu'ils eſtoient des Poëtes, des Orateurs,
des Alquimiſtes, & des Philoſophes, à qui l'amour
des choſes hautes & releuees fait quitter le ſoing
des terreſtres. Leur Deuiſe eſtoit vn cœur auec des
aiſles, & à coſté l'on liſoit ces mots:

### AD SYDERA FERTVR.

La Belle Venus eſtoit portee au troiſieſme dans
vn char de triomphe, orné de rozes, & de violettes, & traiſné par quatre Colombelles. Vne infinité de perſonnes de tout âge, ſexe, & condition luy
offroient des vœux. Les vns eſtoient ioyeux : les
autres malcontens : d'autres balançoient entre
l'eſpoir & la crainte, ſuiuant qu'elle leur auoit ietté
des œillades d'amour, ou de deſdain, ou qu'ils en
auoient receu de la faueur, ou du refus. Ils portoiét
pour deuiſe ces vers:

*I'eſpere tout, & ſi n'eſpere rien:*
*Amour me paiſt, & de mal & de bien.*

Au quatrieſme eſtage l'on voyoit le Soleil couronné de rayons, & porté dans vn chariot ardent,
& lumineux traiſné par quatre cheuaux, qui iettoient par la bouche, & par les narrines de rouges
flots de feu. L'Aurore marchoit deuant auec vn

vaze remply de fleurs, qu'elle femoit par l'Orifon.
Derriere eſtoit Phaeton, Empedocle, Trimegiſte,
& autres qui ont ſuiuy la vertu & porté leurs eſprits à des entrepriſes grandes & magnanimes. Le
corps de leur Deuiſe eſtoit vn Icare tombant dans
vne mer, & regardant neantmoins touſiours le
Soleil. L'ame

NI POR SVERTE NI POR MVERTE.

Mars le Dieu des batailles armé de toutes pieces,
& branlant vne lance en main preſidoit au cinquieſme eſtage. Son chariot eſtoit tiré par quatre
Tygres. Bellonne le ſuiuoit accompagnee des armees des Aſſyriens, des Perſes, des Grecs, des Romains, des François, des Eſpagnols, & des Turcs.
Parmy ces trouppes guerrieres paroiſſoit vn homme plus grand que les autres, & d'vn regard fort
affreux. Quelques vns le prenoient pour Mandricard: les autres pour Fierabras: mais ie croy que
c'eſtoit Rodomont. Il portoit vne banniere ou
l'on auoit eſcrit en lettres rouges:

RIOS DE SANGRE, SIERRAS DE CVERPOS.

Au ſixieſme regnoit Iupiter, aſſis dans vn char
d'yuoire, traifné par des Aigles. Il tenoit de la main
gauche ſon Ægide, & de l'autre ſon foudre. Vne
multitude de perſonnes ioyeuſes, & en bon poinct
le ſuiuoient. Le Troyen Ganimedes eſtoit parmy
elles, qui d'vn viſage riant leur verſoit de main en

main le Nectar à pleines couppes, ou l'on auoit
graué en lettres d'or ces paroles:

*Sauter, danfer, faire l'amour*
*Boire bon vin blanc & vermeil,*
*Et ne faire rien tout le iour*
*Que conter efcus au Soleil.*

Le feptiefme eftage eftoit occuppé par Saturne,
que le nõbre des annees auoit rédu tout perclus, &
tout caffé. Le bon-homme tenoit vne grande faux
à la main, ou paroiffoient en groffe lettre ces mots:
*Ie fauche tout.* Son chariot eftoit traifné par douze
Tortuës, & fuiuy d'vne infinité de Báquiers, fouil-
leurs de Mines, Vfuriers, & autres auares, qui ne
fe foucient ny d'honneur, ny de reputation pourueu qu'ils en ayent: Leur Deuife eftoit,

QVÆRENDA PECVNIA PRIMVM EST
VIRTVS POST NVMMOS.

Au fommet de ces eftages eftoit la Mort hy-
deufe & efpouuantable qui tenoit d'vne main vn
dard empané des plumes d'vn vieil Courbeau. Elle
fouloit aux pieds des fceptres, des couronnes, &
des tyares des leuiers, des focs, des charruës, des armes, des liures, & vne infinité d'outils. A l'autre
main elle auoit vne Zagaye, auec vne banderole,
ou l'on lifoit ces vers:

*I'egale tous les iours les fceptres aux leuiers,*
*Et n'efpargne les Rois, non plus que les Bouuiers.*

Lors que la Magicienne Vrgande fut pres de
l'Eschaffaut de leurs Maieſtez, elle fit faire vn
grand ſaut à l'Endryague, & aprés elle preſenta
ces vers à leurs Maieſtez, en faueur des Amadis.

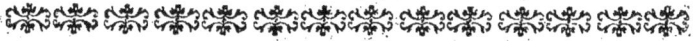

## AV ROY.

GRAND *Prince, vnique ſoing de*
*Mars,*
*Voicy les vainqueurs des hazards,*
*Qui veulent vous auoir pour maiſtre,*
*De qui l'heur à la force ioinƈt,*
*Faiƈt que la terre les croit eſtre*
*Plus que les hommes ne ſont poinƮ.*

*Leurs bras, touſiours victorieux,*
*Comme vn tonnerre furieux*
*Met en pieces quoy qu'il aſſaille,*
*Il paue les plaines de morts,*
*Et n'eſt ny rempart, ny muraille,*
*Qui ne ſoit verre à ſes effors.*

*L'honneur, qui de leur vanité*
*Eſt la ſeule diuinité,*
*En ceſte feſte les ameine,*
*Où leur valeur veut teſmoigner,*
*Qu'à ſa puiſſance plus qu'humaine,*
*Vn monde eſt facile à gaigner.*

*Auec*

Auec quels effects merueilleux
A la honte des orgueilleux,
N'y produiront-ils pas leur gloire?
Estonnant l'incredulité
De ceux qui blasment leur hystoire
D'auoir trop peu de verité.

Si vostre faueur luit sur eux
A tous vos desirs genereux,
Vous treuuerez leurs forces prestes,
Alors que les ans permettront,
Aux couronnes de vos conquestes,
D'estre l'ombre de vostre front.

Personne ne peut conceuoir,
Combien il leur tarde de voir,
L'essay de vos premieres armes,
A qui le Ciel a tant promis,
Qu'il en faict respandre des larmes
Aux meres de vos ennemis.

Croissez grand Prince, & vous seruez,
En nos desseins plus releuez,
De leur ineuitable espee,
Dont l'Vniuers en ses deux bouts,
Si pour vous elle est occupee,
Entendra retentir les deux coups.

✳ ✳

# A LA REYNE.

OLEIL de l'Vniuers, Reine dont le merite,
Le deuoir des François iour & nuict sollicite
D'honorer vostre nom de temples & de vœux:
Par vous, d'vn heur si grand, ce peuple a iouyssance,
Qu'vne iuste douleur forcera nos neueux
De reprocher aux Dieux leur tardiue naissance.

Ce demon tout-voyant, par qui ie sçay les choses
Que les fatalitez ont sagement encloses
Dans les obscurs nuicts des siecles aduenir,
Dés l'aimable Orient de vostre belle enfance,
Apprit à mon esprit, que vous deuiez tenir
En vos puissantes mains le sceptre de la France.

Mesmes que ce grand Prince, en qui la terre espere
D'admirer vos vertus, & celles de son pere,
Naistroit du chaste lict de vos sainctes amours,
Et qu'auant qu'il ait faict la moitié de la course
Que la faueur du Ciel a promise à ses iours
Il domptera le Nil, & treuuera sa source,

Mais les prosperitez qui luy sont destinees,
Du bien-heureux succez de ces grands Hymenees,
Qu'on celebre auiourd'huy doiuent toutes sortir,
Et celuy qui ne donne vne preuue visible,
De cherir ceste ioye, & de la ressentir,
S'il n'a le cœur meschant, l'a-il pas insensible?

*De moy dont la penſee à tous moments aſpire,*
*De voir de iour en iour proſperer ceſt Empire,*
*Que ie m'offre contente aux clarteʒ de vos yeux,*
*A qui ie viens monſtrer le pouuoir de mes charmes,*
*Que le ſoing de vous plaire a faict ambitieux*
*D'eſtaller en ce lieu le miracle des armes.*

*Pour iouyr de l'effect d'vne ſi belle enuie*
*Depuis mille ans entiers, i'ay conſerué la vie*
*Dans l'enclos d'vne tour, à deux Auanturiers,*
*Deux Amours en la paix, & deux Mars en la guerre,*
*Sans qui verroit-on pas, & Myrthes & Lauriers,*
*Refuſer aux mortels de croiſtre ſur la terre?*

*Les voicy les vainqueurs des hautes aduantures,*
*Qui viennent deuant vous, faire des ſepultures*
*A tous les enuieux de leur bruict ſans pareil,*
*Qui leur veut reſiſter, ignore leurs vaillances*
*Et n'a pas ( comme moy) veu ſouuent le Soleil*
*Craindre d'eſtre bleſſé des eſclats de leurs lances.*

*Euiter leurs efforts qui pareils à la foudre*
*A tant de fiers Geants ont fait mordre la poudre*
*Et beaucoup de prudence aux cœurs les plus hardis,*
*La terreur & l'effroy ſont touſiours à leur ſuitte,*
*Et ſans armes ny ſang, le ſeul nom d'Amadis*
*Donne à ſes ennemis ou la mort ou la fuyte.*

*La gloire, des combats que ie leur ay veu faire,*
*A bien deſia remply l'vn & l'autre Hemiſphere,*

*Mais si de vos beaux yeux, ils ont vn doux accueil,*
*D'acquerir tant de bruict, leur espoir fait son conte,*
*Qu'Achille en rougira sous la nuict du cercueil*
*Si la palleur d'vne ombre est capable de honte.*

*Vne telle faueur pressera leur audace,*
*De soubmettre à vos loix les peuples de la Thrace,*
*Que l'amour de Bellonne a tousiours garentis,*
*Et d'obliger les eaux de l'Euphate & du Gange,*
*En portant leur tribut dans le seing de Thetis*
*De ne l'entretenir que de vostre loüange.*

MEYNARD.

Apres la Machine entroient trente estaffiers
ayants chacun la cappe de satin incarnat, couuert
de clincant d'or. Leur pourpoint estoit de toile
d'or: & leurs haut de chausses de satin incarnat à
bandes chamarrez de passement d'or, & doublees
de toile d'or. Leur bas estoit de soye incarnatte attaché, & leurs bottines blanches. L'espee doree
leur pendoit au costé. Leur coiffure estoit vne toque de satin incarnat, paree de plumes. Tous portoient la fraize.

Douze autres Pages marchoient apres vestus de
grandes Iuppes de velours incarnat, toutes couuertes de broderie d'or. Leurs cheuaux estoient caparassonnez de mesme que ceux que les Turcs menoient en main. Chasque Page portoit vne lance
auec banderoles de taffetas incarnat, remplies de
lettres O, & N, qui signifioient Oriane, & Niquée,
Maistresses des Cheualiers.

Ces Pages estoient suiuis de Gandalin, & d'Yne-
ril, ces deux bons & loyaux Escuyers. Ils estoient
vestus de satin incarnat decouppé sur de la toile
d'argent, tout couuert de clincant d'or en quille:&
montoient sur des cheuaux d'Espagne, enharnachez de velours de mesme couleur en broderie
d'or. Chacun portoit vne lance doree, pareille à
celle qu'Argail le frere d'Angelique auoit, lors
qu'il vint de Catay en Frāce y deffier les Palladins.
Ils ne portoient point les Escus des armes des maisons de leurs maistres: par ce qu'Arcalaus l'Enchā-
teur les leur desroba à l'entree du pauillon Royal.
Alquiffe promet de les recouurer bien tost, & de
me les enuoyer, afin que i'en mette les blasons à la
suitte de ce Romant.

Dom Galaor Mareschal de Camp, marchoit a-
pres en l'equippage que nous auōs descrit au commencement de ceste entree. En passant il donna à
la Maistresse du Prince des Espagnes, ces vers que
l'autheur des vers precedents, rare esprit de ce tēps
& President en Auuergne a composez.

# LES AMADIS.
## A MADAME.

Bieĉt de tout point accomply,
Beauté, dont la gloire à remply
Tant de bouches, & tant d'oreilles,
Le Soleil quand il fait son tour,

*Voit-il Prince que vos merueilles*
*Ne rendent sensible à l'amour.*

C'est Astre, qui iusqu'auiourd'huy
N'a rien eu de semblable à luy
Ne voit plus vos yeux qu'auec honte
Il en craint la comparaison,
Et n'est point sans regret qu'il monte
Tous les iours dessus l'horizon.

Le bruict de ces perfections,
A faict à nos ambitions,
Souhaitter vostre bien-vueillance,
C'est bien hautement aspirer,
Mais qu'est-ce que nostre vaillance
Ne doit point leur faire esperer?

Qui peut mieux attendre de vous,
Vn accueil fauorable & doux,
Que nostre cœur qui vous adore,
Et de qui les actes guerriers,
Ont du Ponant iusqu'à l'Aurore
Planté des forests de Lauriers?

Si iamais nos armes ont mis
La crainte au front des ennemis,
Sachez-le des peuples d'Espagne,
Sur qui vos grandeurs vont regner.
Ils n'ont ny Fleuues ny Montagne
Qui ne le puisse tesmoigner.

*Que le Tage remply de mors*
*Souuent au bruict de nos effors,*
*A veu ces Nymphes eftonnees,*
*Et combien auons nous de fois*
*De la hauteur des Pyrenees*
*Fait vn theatre à nos explois*

*Cefte valeur, a merité*
*De feruir la diuinité*
*De voftre vertu fans feconde,*
*De qui les miracles font tels,*
*Qu'autant qu'il eft d'ames au monde*
*Autant poffedent-ils d'Autels.*

*Puis le foing des Fatalitez*
*A ces parfaictes qualitez*
*Tant de bon-heur a voulu ioindre,*
*Qu'il va faire efclairer vos yeux,*
*Sur vn Throfne qui n'eft pas moindre,*
*Que le Throfne de vos ayeux,*

*Face le Ciel, que tous vos iours*
*S'y paffent d'vn paifible cours,*
*Sans efprouuer rien de contraire:*
*Et que la terre, en fa rondeur,*
*Ne puiffe voir que voftre frere,*
*Qui s'efgale à voftre grandeur.*

MEYNARD.

Il donna encores ceux-cy à toutes les belles Dames qui eftoient en cefte affemblee,

*Loing bien loing ſes plaintes vulgaires*
*Que les hommes ne durent gueres*
*En vne meſme volonté :*
*Voſtre beauté qui nous inſpire,*
*Nous donne vne fidelité*
*Sur qui le temps n'a point d'empire.*

*Nous auons aquis la loüange*
*De n'eſtre point ſubiects au change,*
*Nos cœurs ce ſont des Diamants,*
*Ou toute fermeté ſe treuue :*
*Deſſous l'arc des loyauts Amants*
*N'en auons nous pas fait la preuue?*

Ardan, & Buzando, ſuiuoient ce Mereſchal. Ils
eſtoient veſtus de meſme que les Pages. Le harnois de leurs cheuaux eſtoit auſſi de meſme. Chacun portoit l'eſpee de ſon Maiſtre.

Les deux Amadis marchoient apres. Ils auoiét
vne coiffure faite comme vne bourguignote, à eſcailles d'orfeurerie. Le deſſus eſtoit enuironné de
barres d'or, toutes couuertes de gros diamants, &
de rubis de prix ineſtimable. A l'entredeux de ces
barres brilloient de groſſes eſcarboucles. Apolli-
don qui par ſon grand ſçauoir auoit preueu les alliances de France & d'Eſpagne, & la feſte qui s'en
deuoit celebrer mille ans apres ſon treſpas, enferma ces deux coiffures en vn cabinet de la chambre
deffenduë, afin que ces Cheualiers s'en ſeruiſſent

le iour de ces magnificences, ainfi que l'efcriteau
qu'il auoit mis à l'entrée du cabinet, le declaroit.
Au refte les deux Cheualiers portoient vne riche
cotte d'armes d'orfeurerie à efcailles. Les manches
& bas de faye eftoient de fatin incarnat, & fleur de
lin en broderie d'or, & d'argent en façon de trophees. Leurs bottines eftoient couuertes de broderie d'or & d'argent. Les caparaffons de leurs cheuaux eftoient de velours incarnat, couuert de broderie d'or & d'argent, ou pendoient des campanes
moitié or, & moitié perles.

Si toft que ces deux inuincibles Cheualiers eurent ieté les yeux fur le Monarque, pour qui les
Oracles ont predit tant de merueilles, le defir d'a-
uoir deformais l'honneur de le feruir, & de l'accōpagner aux conqueftes qu'il doit vn iour faire de
l'Afie, fit qu'à mefme inftant ils dirent tout hault,
à Vrgande qu'elle pouuoit, fi elle vouloit, rentrer
dans la TOVR DE L'VNIVERS, ou s'en retourner en fon Ifle des Singes. Pour eux ils auoient refolu de faire deformais leur demeure en France.
De forte qu'Amadis de Gaule quitta des l'heure
mefme fon premier nom, & prit celuy de *Comte de*
*Nouailles Gouuerneur & Lieutenant general pour le*
*Roy au pays de Roüergue.* Amadis de Grece en fit autant, & fe fit appeller *le Baron d'Huxelles Lieutenant*
*du Roy en Bourgoigne.*

Leur frere dom Galaor, fçachant leur refolution,
luy qui a toufiours eu part à leurs entreprifes geno-

reufes & qui ne fçauroit viure hors de leur compagnie, fit la mefme proteftation à Vrgande, &
quitta fon premier nom pour prendre celuy de
*Marquis de Varennes.* Vrgande au lieu de les de-
ftourner, loüa leur refolution, & promit qu'elle la
feroit treuuer bonne à Oriane, à Niquee, & à Briolanie.

Cependant le Comte de Noüailles, & le Baron
d'Huxelles, veulent aller vers le Palais de la Felicité, pour combattre les Cheualiers de la Gloire:
mais on leur remonftre, qu'il faut attendre, que
ceux qui font entrez auant eux ayent premierement efpreuué l'auenture.

## L'ENTREE

# DV VAILLANT

## PERSEVS,

*COMME PERSEE PAR LE*
*commandement de Iupiter descend du Ciel, pour aller*
*combattre les Cheualiers de la Gloire.*

### CHAP. XXI.

N iour que les Dieux auoient fait entrer en leur conseil la France, & l'Espagne, pour leur apprendre combien de felicité leur deuoit succeder par l'accomplissement des mariages dont ils estoient autheurs, la Renommee arriue, qui se iette aux pieds de Iupiter, se plaint à luy de ce que des Cheualiers de la race des mortels auoient vsurpé vn tiltre qui n'appartenoit qu'à ses enfans : que pour le soing qu'elle a de leur grandeur elle estoit venue l'en aduertir, & le supplier de punir rigoureusement ceste temerité. Le Monarque du Ciel irrité

u

de ceste nouuelle, apres auoir choisi entre tous
ceux de sa race le valeureux Persee, il luy tint ce
langage : *Mon cher fils, si tandis que vous viuiez la*
*bas comme les autres hommes vous occuppiez ordinaire-*
*ment voftre valeur à purger la terre de Monftres, main-*
*tenant que vous auez feance parmy nous, & que vous*
*beuuez du nectar à ma table, vous deuez encores recher-*
*cher ces honorables occafions auec bien plus d'ardeur,*
*& de courage. Là Renommee me vient de raconter que*
*la terre produict des Cheualiers, qui s'attribuët vn Nom*
*qui n'eft deu qu'à vous, & à ceux de mon fang. Prenez*
*promptement vos armes, & defcendez la bas pour les*
*chaftier. Iamais vous ne domptaftes rien de fi monftrueux*
*que leur prefomption.*

Les Dieux le voyants en colere, pour luy tefmoigner l'affection qu'ils auoient de luy complaire, ils luy offrirent à l'enuy l'vn de l'autre, leur affiftance pour accompagner Perfee en ce voyage.
Pallas qui l'auoit armé en toutes fes entreprifes,
veut encores continuer en cefte-cy. Elle defcend
en terre, & de fa propre main luy baftit vn Char,
& luy dreffe tout l'equipage qui luy eft neceffaire,
pour paroiftre deuant vne fi celebre affemblee.
Mercure luy amene, pour luy feruir de moture le
Pegaze, cheual volant, qu'il a efté chercher parmy les Aftres. Les Zephirs le fouftiennent en l'air,
& le font doucement defcédre pres la place Royale, où Pallas & les Dieux l'attendoient, pour l'affifter. L'Efpagne defireufe de faire hommage à fa

nouuelle Princeſſe, prie la France de luy feruir de
conduite, & toutes deux prenét place dans le Chariot de Perſee. Vous le verrez entrer ſur la lice tout
enuironné de Trophees, pour monſtrer que ſa valeur treuuera ſi peu de reſiſtance, que ceſte action
ſera pluſtoſt vn Triomphe qu'vn côbat. Voicy le
renómé Bellerophon ſon Mareſchal de Camp, qui
vient ſaluer les Iuges, & aduertir les Tenants, qu'ils
ſe preparent à ſouſtenir les efforts de ſes armes.
L'habit qu'il porte eſt à l'Eſpagnole, d'vn velours
tanné, tout couuert de paſſement d'or, auec le bas
attaché. Son chappeau eſt de meſme couleur,
garny de belles plumes de heron. Vne grande enſeigne de pierreries y reluit, & de ſon eſclat
efface la lumiere du Soleil. Son cheual eſt vn grand
courſier, qui a vn harnois de velours, de pareille
couleur, en broderie d'or. Au deuant de luy marche ſon Eſcuyer veſtu de ſatin de couleur d'Iſabelle, chamarré de clincant d'argent. Son chappeau
eſt de meſme couleur, paré de plumes, & d'aigrettes. Il eſt monté ſur vn cheual d'Eſpagne enharnaché de velours ſemblable à celuy de ſon habit,
en broderie d'argent. A ſes coſtez ſont quatre
Eſtaffiers, veſtus de ſatin de couleur d'Iſabelle, auec
des collets de ſenteur, le tout couuert de clincant
d'argent. Leur coiffure eſt vne toque de meſme
couleur, auec force plumes.

Lors qu'il eſt paruenu deuant l'Eſchaffaut des Iuges, & qu'il les a ſaluez, il s'aproche des Eſchaffauts

de leurs Maieſtez, & apres vne grande reuerence
leur demande le Camp pour Perſee, & permiſſion
de deffier les Cheualiers de la Gloire. On le luy accorde: ſi bien qu'il ſe tourne du coſté des Tenants,
& leur preſente ce deffy.

---

# CARTEL DE PERSEE
## FILS DE IVPITER
### AVX VSVRPATERS DV NOM DES
### CHEVALIERS DE LA GLOIRE.

'Honneur qui a eſté touſiours eſclaue
ſous la vertu de mes entrepriſes, m'a-
uoit fait poſſeder le tiltre de Glorieux
auant que vous en euſſieʒ imaginé
le nom. Le Palais de la Felicité ne peut
eſtre ouuert qu'à ceux qui ont aidé à le
baſtir, & l'eſlection que la Beauté que i'adore & que
vous reuereʒ a fait de vos armes, pour en deffendre l'entree, eſt le ſeul aduantage que vous aueʒ ſur moy, qui
ſans offencer l'authorité de ſon iugement, par l'aſſeuran-
ce que i'ay de ce que ie ſuis, & l'opinion de ce que vous eſtes,
entreprends de vous donner le regret d'auoir perdu ce que
vous ne pouueʒ garder, ſi vous ne confeſſeʒ au deſ-adueu
de vos audaces, que la protection du Ciel & de la Diuini-

té que ie fers, eft deuë à l'efpee de mes *Anceftres*, & à mon courage auffi fidelle qu'inuincible, l'eftabliffement de la felicité.

Les Cheualiers de la Gloire, ioyeux d'efpreuuer leur addreffe & leur valeur contre les Deitez, & en vn lieu fi celebre, & fi remarquable reçoiuent le Cartel. Cependant le Marefchal s'en retourne & rapporte à Perfee le fuccez de fon Ambaffade. Et au mefme inftant l'on voit entrer par la porte ordinaire du Pauillon Royal, ce magnifique equippage.

## DE L'EQVIPPAGE DV VAleureux Perfee.

## CHAP. XXII.

L E gentil Androcle, aide de Marefchal de Camp entra le premier veftu d'vn habit de fatin verd, tout couuert de clincant d'or. Il auoit vne efcharpe incarnate, on broderie d'or, d'argent, & de perles, & vne enfeigne de pierreries, à fon chappeau. Vn grand pannache de plumes, & d'aigrettes flottoit par deffus. Son cheual eftoit enharnaché de velours verd, chamarré de paffement d'or.

u iii

Dix Trompettes venoient apres, ayants les cheueux espars, & portants sur leurs chefs vne couronne de violettes, de roses, & d'œillets. Ils estoiét
accouſtrez sur le nud d'vn satin de couleur de
chair: & au deſſus du dos ils portoient des aiſles
peintes d'incarnat, de verd, & d'azur. Leurs escharpes eſtoiét de taffetas incarnat, où l'on voyoit
les chiffres du CHEVALIER, & au milieu vne Deuiſe, dont le corps eſtoit deux Globles: l'vn Celeſte, & l'autre terreſtre. Au deſſus il y auoit vne
nuée, d'où ſortoit vn bras armé, tenant vne eſpee
en main. L'ame de ceſte Deuiſe conſiſtoit en ces
paroles:

## A VN MAS.

C'eſtoit pour monſtrer que Perſee meritoit encores plus. Et que s'il y auoit d'autres Mondes à
conquerir, il les rengeroit bien toſt ſous ſes loix.
Ces Trompettes eſtoient les doux, & gracieux
Zephyrs, qui par le commandement de Iupiter
auoient ſuiuy Perſée afin de l'euenter doucement,
lors que deſcendant du Ciel en Terre, il viendroit
à paſſer par la region du feu Elementaire. Leurs
cheuaux eſtoient caparaſſonnez de velours verd
chamarré de paſſement d'or. Leurs aiſles eſtoient
pareillement peintes de diuerſes couleurs.

A pres marchoient douze eſclaues, de diuerſes
contrees, repreſentants toutes les nations que
Perſée auoit aſſuietties. Car nous liſons en la vieil-
le Chronique de Darez, que Mars le Dieu de la

guerre se treuuant vn iour empesché au bords du
Fleuue Ebrus, contre les Centaures, appella à son
secours le petit fils d'Acrise, qui apres auoir deffaict les Monstres, rengea sous ses loix toutes les
Prouinces du Septentrion, & vne grande partie de
celles de l'Orient, & puis s'en retourna en Mauritanie. Chacun de ces esclaues portoit vn carcan, &
vne chaisne d'or au col. Ils marchoient deux à
deux.

Les deux premiers estoient des Polonois vestus
à la mode de leur païs, ayants de grandes robbes
à manches de satin bleu à liston chamarré d'or,
doublé de martre. Leurs botines estoient pareillement à la Polonoise, & toutes chamarrees de passement d'or. Ils portoient vn cimeterre en escharpe, & menoient vn cheual en main, auec vn tafe-
tas verd, seruant de resnes. Le caparasson du cheual estoit tout couuert de martres, où pendoient
en lieu de campanes, des queuës de martre.

Les autres deux Esclaues estoient des Tartares,
vestus sur le nu de satin de couleur de chair, auec
la coiffure, & le saye garny de mousse & de miroirs
canetillez d'or. Le cheual qu'ils menoient en main
estoit enharnaché de mousse, & couuert aussi de
miroirs, canetillés d'or.

Deux Indiens les suiuoient, ayans la teste couuerte en demy-lune de plumes de diuerses couleurs. Leur saye estoit pareillement couuert de
plumes, comme aussi leur colier, leurs brasselets,

& leur efcharpe. Leur cimeterre qui pendoit à leur coſté de meſme, enſemble leurs bottines. Chacun tenoit vn dard à vne main, & de l'autre ils menoiét vn cheual enharnaché de plumes.

Ils eſtoient ſuiuis de deux Mores, ayant le cordon de toque, & le bas de ſaye de toile d'argent. Leurs bottines eſtoient argentees, & chacun auoit vne trouſſe au dos, & le cimeterre en eſcharpe. Le cheual qu'ils menoient eſtoit caparaſſonné de velours verd, parſemé de ſonnettes.

Deux Sauuages venoient aprés couuerts de feuilles de cheſne, de ſatin verd canetillé d'or, auec des glands d'or. Ils menoient vn cheual enharnaché de feuilles de cheſne, & de glands d'or.

Puis apres marchoient deux Chinois, veſtus de ſatin de la Chine. Leur coiffure eſtoit de meſme eſtoffe, & à la mode de leur pays, paſſementee d'or. Chacun auoit ſon cimeterre au coſté. Leurs bottines eſtoiét clincantees d'or, & ils menoiét vn Barbe de prix ineſtimable caparaſſonné de mille fleurs, approchants de la couleur du cheual, qui eſt tout marqueté, en façon de diuerſes fleurs.

Douze Eſtaffiers veſtus à la Françoiſe, marchoiét apres, auec le collet & les chauſſes en bas attaché, de ſatin verd, couuert de clincanr d'or. Leur cappot, & leur coiffure garnie de belles plumes, eſtoit de meſme eſtoffe, & de pareil enrichiſſemét. L'eſpée qui pendoit à leur coſté eſtoit doree, comme auſſi leur ceinture, & leurs bottines chamarrees

d'or.

d'or. Le CHEVALER auoit fait ainſi accouſtrer
à la Françoiſe ſes Eſtaffiers, afin de faire paroiſtre
par ces liurees à ſa Maieſté qu'il auoit reſolu d'e-
ſtre deſormais Fráçois en effeƈt, & de meſme qu'en
habits.

En ſuitte venoient dix Pages, veſtus de ſatin verd,
tous couuerts de clincant d'or. Les manches de
leurs habits eſtoient de toile d'or incarnatte. Ils
auoient le bas attaché : & leurs bottines eſtoient
chamarreés d'or. Leur coiffure eſtoit garnie de
plumes de pareille liurée. Chacun auoit en main
vne lance de guerre auec de grandes banderoles
de taffetas incarnat, toutes remplies de chiffres
d'or, & des Deuiſes du Cheualier. Entre autres il y
en auoit vne, de qui le corps eſtoit vne haute roche, & vn foudre qui tombant deſſus en faiſoit voler les eſclats. A coſté on liſoit ces paroles:

*Soberuios quebranto.*

Les cheuaux de ces Pages eſtoient caparaſſonnez de ſatin verd & incarnat, chamarré de clincant d'or. Les canetilles, friſons, pourfileures,
rozes, & campanes eſtoient d'or. Et ſur le chanfrain de leurs cheuaux paroiſſoit vn pannache garny d'aigrettes.

Quatre Eſcuyers les ſuiuoient veſtus à l'antique.
Le corps de leur habit eſtoit de toile d'or friſé de
lambrequins & hauts de manche de ſatin verd, &
incarnat, brodez & canetillez d'or, garnis de campanes d'or. Leur coiffure eſtoit canetillee, moi-

tié perles, & moitié or, & parce d'vn bouquet d'aigrettes, & de plumes de mesme liurée. Leur bas attaché estoit de soye incarnate, & leurs bottines
canetillées d'or. Ils portoient vn Escu, où l'on auoit
peint les armes, nom & deuises, de ce gentil CHE-
VALIER.

## ARMES, NOM, ET DEVISES
### DV CHEVALIER.

LEs armes de *Persée font de M. le Duc de Montmo-
rency Gouuerneur & Lieutenant general pour le
Roy en Languedoc, Il porte d'or à vne Croix de gueules à
seize Alerions d'azur, quatre à chasque cāton, auec l'espee
nuë portee d'vn bras armé auec ce mot Grec ἀπλανως, qui
signifie sans fraude, Deuise ancienne de la maison, qui a
eu pour son cry,* Viue le Premier Chrestien, *parce que
le Sire de Montmorancy fut le premier baptizé en Frāce
par S. Denys Areopagite, Euesque de Paris. Il auoit pris
le nom de Persée fils de Iupiter, & de Danaé. Le corps de
sa Deuise estoit le cheual Pegaze: l'ame se comprenoit par
ces mots Espagnols :*

> Ygualaronlo mis hazañas.

Au reste ses quatre Escuyers estoient montez
sur des cheuaux caparassonnez de satin verd, & incarnat, tous couuerts de passements d'or, auec force campanes, qui flottoient sur les caparassons:
chasque cheual ayant vn grand pannache, garny
d'aigrettes.

Le Marefchal de Camp venoit apres, vestu &

accouſtré de meſme que nous l'auons deſcrit au
commencement de ceſte entree. Deuant luy marchoit ſon Eſcuyer, & à ſes coſtez quatre Eſtaffiers,
veſt⁹ en la meſme ſorte que nous l'auôs deſ-ia dit.

Il eſtoit ſuiuy d'vn Affricain, veſtu d'vne robbe
de ſatin à la Turque, toute chamarree de paſſement, & de bouttons d'or. Sa coiffure eſtoit vn
Turban de toile d'or verte, pour monſtrer qu'il
eſt deſcendu de la race de Mahomet: car autremét
il n'ozeroit porter que le Turban blanc. Il auoit à
ſon coſté vn large cimeterre:& portoit vn eſcu, où
les armes de la maiſon de Montmorancy eſtoient
pareillement peintes. Cet Affricain ſeruoit de
Heraut.

Deux Perſans Eſclaues venoient apres, ayants
des carquants de groſſes perles au col. Ils eſtoient
veſtus d'vne grande robbe à manches pendantes
de ſatin incarnat, parſemé de fleurs, & chamarré
d'or. Leur cimeterre eſtoit en eſcharpe. Ils portoient pour coiffure vn Turban de toile d'argent
rouge : & auoient des bottines vertes, chamarrees
de paſſement d'or. Ces deux Perſans menoient en
main vn grand cheual, caparaſſonné de ſatin incarnat en broderie d'or flottant par quatre rangs,
tant par demy-lune, que par pointe, & par façon
de cápanes, où l'on voyoit au milieu des ouales de
toile d'or verte rehauſſee de broderie d'or. Les
rangs en demy-lune, & en pointe eſtoient garnis
de franges, houppes, & campanes d'or. Et ſur le

chanffrain il y auoit vn grand pannache de plumes incarnates, & d'vn gros bouquet de plumes de
Heron. C'eſtoit le cheual de parade de Perſee.

Deux Argus menoient vn autre cheual, qui
eſtoit celuy ſur qui le CHEVALIER deuoit courre. Perſée auoit commis ces Argus pour auoir
l'œil inceſſamment ſur ce cheual, parce que Me-
dee l'auoit aduerty, que Mercure auoit entrepris
de le luy deſrober, & d'en faire vn preſent à Mars,
qui pour recompenſe luy vouloit permettre de
coucher vne nuiƈt auec ſa Maiſtreſſe Venus. Le
caparaſſon de ce cheual eſtoit de ſatin incarnat en
grandes feuilles de cheſne, & de treffles, tout couuert d'vne riche broderie d'or, Sur ſes feuilles paroiſſoient d'autres chiffres du CHEVALIER, en-
uironnez de palmes, & de lauriers. Les meſmes
feuilles eſtoient ſeparees les vnes des autres, pour
ne point empeſcher le cheual de courir, & flottoient les vnes ſur les autres, auec leurs campanes,
& fleurons d'or, & incarnat.

L'on voyoit apres marcher ſix Cerfs, accouplez,
auec leurs bois, & ramures dorees. Leurs caparaſſons eſtoient de ſatin verd, & incarnat, tous clin-
cantez d'or, ayants des campanes differentes en
façon des autres. Sur vn des deux premiers Cerfs
eſtoit monté vn guide habillé à l'Eſclauonne d'vne
toile d'or façónée. L'Eſcalfine luy pédoit au coſté.
Sa coiffure eſtoit à la mode de ſon pays, où flottoit vn grand pannache. Diane auoit pris ces Cerfs

aux Forefts d'Hyrcanie, & les auoit donnez à fon
frere Perfée, pour tirer le chariot de Triomphe
que nous allons defcrire.

Ce chariot trainé par ces fix Cerfs, eftoit fait en
façon de bronze garny de frizes, moulures, & de
plufieurs mafques, d'où fortoient des feftons, des
fruicts, & des fleurs, feruants d'ornement à l'entour du chariot. A cofté l'on voyoit Myme, &
Rhete: deux Geans enchaifnés parmy des trophees
d'armes. Perfée les vainquit le iour que Typhon,
& Encelade mirent Offe fur Pelion, & Olympe fur
Offe, pour combattre main à main les Dieux, &
chaffer Iupiter de fon Throfne. Derriere le Chariot eftoit vn grand enroulemét garny de Moref-
ques, & de Mafques, & tout releué en boffe, pour
ornement. Au deffous de l'enroulement eftoit
Hercule Gaulois, de la bouche duquel fortoient
des cheifnes d'or, dont eftoient attachez vne infinité de Dieux, & de Deeffes. Au deffous eftoient
ces paroles.

## IE LES ATTIRE.

Sur le haut de l'enroulement paroiffoit le corps
de cuirace à l'antique d'vn Coloffe. C'eftoit celuy
qu'Athlas Roy de Mauritanie portioit, auant que
Perfée en luy monftrát le chef de Meduze le chan-
geaft en cefte haute Montagne qui fouftient auiourd'huy le Ciel. Du dedans de ce corps de cuirace fortoient de grandes enfeignes de taffetas de

diuerſes couleurs : des lances, des halebardes, des
eſpieux, & des iauelines, auec des banderoles de
diuerſes couleurs. Au milieu du troffee eſtoit
vne grande ſalade à l'antique, qui auoit autrefois
ſeruy au meſme Athlas. A coſté & ſur les enco-
gneures du chariot eſtoient attachés les Eſcus, &
les Targues de Phinée, d'Amphimedon, de Phor-
bas, de Lycabas, & autres que Perſec vainquit, en
la diſpute qu'il euſt auec eux, pour le ſubieĉt
d'Andromede.      •

Sur le deuant du meſme chariot, l'on apperce-
uoit vne Conſole en façon de rouleau, où eſtoit
aſſis le Cocher. De ceſte Conſole ſortoient des
Enſeignes de taffetas de diuerſes couleurs : des piques, & des lances : marques de tant de victoires
que le CHEVALIER auoit obtenuës. Derriere
ces Enſeignes il y auoit deux ſalades à l'antique
dorees, & argentees. Vulcan luy en auoit fait preſent d'vne, trempee dans le Flueue Stix : & l'autre
eſtoit celle que la prudente guerriere ſœur de Perſée, a de couſtume de porter, lors qu'elle anime les
Princes, & les Nations à couurir les plaines de ſang,
& de morts. Elles garniſſoient la face du deuant
du chariot. Les retours de la meſme Conſole
eſtoient embellis de grandes rozes de relief tout
doré. Les Roües, les Eſſieux, & les Timons eſtoient
auſſi dorez. Celuy qui ſeruoit de Cocher repreſentoit Saturne, ayant la teſte chauue, les cheueux
eſpars, & vne grande Barbe blanche. Il eſtoit ve-

ftu de fatin de couleur de chair. Les aifles qu'il
auoit au dos eftoient de couleur de cendre. Son
bas de faye eftoit gris, où l'on voyoit des nuees argentees & dorees. Il tenoit en main vne grande
faux doree, où l'on pouuoit lire ces paroles :

A V E C L E T E M P S.

Derriere eftoit vn Piedeftal de cuiure rouge, &
à chafque face du Piedeftal vn mafque d'argent.
Sur ce mefme Piedeftal s'efleuoient trois figures
toutes dorees d'or ducat, de quatre pieds & demy
de haut, fe tournants le dos l'vne à l'autre, & fe tenants par les mains. C'eftoient les trois Graces, fideles & infeparables compagnes de Perfée.

La Paix y eftoit pareillement, veftuë d'vne robbe de fatin blanc, parfemee de fleurs, & paffemen-
tee d'argent. Elle auoit vne coiffure, & des guirlandes de fleurs, & tenoit à la main vne branche d'o-
liue. Son fiege eftoit vn Tambour & des armes
brifees. En outre elle chantoit ces vers à la loüange du Roy, & de la Reine.

*Fuyez demons impitoyables,*
*Qui par des meurtres effroyables*
*Troublez l'vn & l'autre elements;*
*Deformais Bellonne eft captiue,*
*Les Lauriers cedent à l'Oliue,*
*Et les pleurs au contentement;*

*Noftre Roy de qui les Oracles*
*Ont promis de fi grands miracles*

*Et tant de bon-heur icy bas,*
*Apres les guerres eſtouffees*
*S'employe à baſtir les trophees*
*Dont ſon pere à faict les combats.*

*Fuyez donc quittez ceſte terre,*
*Car ce grand Mars né pour la guerre*
*N'a laiſſé ſon fils en ces lieux*
*Que pour les plaiſirs où nous ſommes,*
*Et repoſer entre les hommes*
*Comme luy faict entre les Dieux.*

*Grand Roy qui receus ta naiſſance*
*D'vne merueille de vaillance,*
*Et d'vn miracle de beauté;*
*Tu ſeras bien vn grand prodige*
*Si par tes vertus tu n'oblige*
*Tout le monde à ta Maieſté.*

*Mais ſi deſia ſans plus attendre*
*En ta ieuneſſe la plus tendre*
*I'en voy la plus grande moitié*
*Aſpirer à ton aliance,*
*Et preuoyant à ta puiſſance*
*Te rechercher par amitié.*

*Sans doute au cours de tes annees*
*Au moins ſi ſur les deſtinees*
*On doit adiouſter quelque foy,*
*Tout ce que la mer enuironne*

*Ne cognoiſtra*

*Ne cognoiſtra que ta Couronne,*
*Et tous les peuples que ta loy.*

*Fais, donc, grand Roy, par tes merites*
*Que tant de loüanges eſcrites*
*De ton pere iuſqu'au iourd'huy*
*Ne te ſeruent point de reproche,*
*Et que iamais aucun n'approche,*
*Si pres de ta vertu que luy.*

*REYNE plus grande par vous-meſmes*
*Que par l'honneur des Diadeſmes,*
*Il faut bien croire auec raiſon*
*Que vous aueʒ forcé l'orage,*
*Sauué la France de naufrage,*
*Et mis la Diſcorde en priſon.*

*Aux faiſons derriere paſſees*
*Les armes n'eſtoient endoſſees*
*Que pour des ſuiects de douleur:*
*Et les vainqueurs en leur victoire*
*Deuoient plus de pleurs à leur gloire*
*Que les vaincus à leur mal'heur.*

*Mais elles ont changé d'eſſence,*
*Et depuis l'heureuſe naiſſance*
*Du grand Roy qui regne auiourd'huy,*
*Leurs exploicts & leurs exercices*
*N'ont eſté que pour les delices*
*Qu'il nous fit naiſtre auecques luy.*

y

Le Romant des
Heureux estat, heureuses armes,
Si sans douleurs & sans allarmes
Vous pouuez combattre tousiours,
Et si la France auec l'Espagne
Ne voyent plus Mars en campagne
Que pour la gloire des amours.

Mais, grand' Royne, il le faut bien croire,
Le Ciel le doit à vostre gloire,
Et l'astre desia si puissant
Qui de vous a receu la vie
Conseruera malgré l'enuie
Le bien qu'il fit naistre en naissant.

Tous deux portans mesme Couronne,
Bannirez l'honneur de Bellonne
Du regne qu'elle a trauersé,
Et ferez enroüiller les armes,
Plustost que luire pour les armes
Et pour les troubles du passé.

Regnez donc dessus cet Empire,
Tellement que l'on puisse dire
Que vostre heureuse Maiesté
Merite autant d'autels en France
Pour sa conduite & sa prudence,
Comme elle en a pour sa beauté.

Pour ornement du triomphe, & sur deux degrez vn peu plus hauts estoient deux harpyes d'or

ducat. A leurs pieds fortoient deux Confoles de
cuiure rouge auec des vazes de mefme or, qui fer-
uoient d'appuy à ces deux degrez.

Au milieu de ces mefmes degrez, & fur vn demy rond eftoit affis le valeureux PERSEE veftu d'v-
ne cuiraffine de drap d'or, brodee en Morefque
deffus les lâbrequins. Les hauts de manche eftoiét
à l'antique, d'vn fatin incarnat en broderie d'or, &
de perles. Sa coiffure eftoit de toile d'or incarnat,
en riche broderie de perles. Elle eftoit paree d'vn
grand pannache de plumes incarnattes, qui luy
defcédoient iufques aux talons: accópagnees d'vn
grand bouquet de plumes de heron. Ses bottines
eftoient de broderie d'or, & aux talons, il y aueit
des aifles de mefme broderie. Il portoit au bras
gauche vn Efcu, où l'on voyoit empraint le chef
de Medufe, & tenoit vn pied fur vne autre tefte
de Gorgonne de ronde boffe, efcheuelee, & en-
fanglantee, qui luy feruoit de marchepied.

A fes deux coftez, & vn petit plus en arriete, &
de mefme hauteur eftoient deux Deeffes: La France, & l'Efpagne. Chacune auoit fur la tefte la couronne d'or, garnie de pierreries, & tenoit vn fceptre à la main.

Sur le derriere du CHEVALIER, & fur vn degré
plus haut, l'on voyoit vn pauillon de toile d'or incarnatte ayant dix-huict pieds de hauteur: chamarré d'or, & d'argent, & garny de campanes, &
de franges. Sur le Dome de ce pauillon eftoit

Amour, qui tenoit vn cœur entre ſes bras : & au dedans de ce cœur eſtoient eſcrites en lettres rouges ces paroles :

*Viuo carpitur igni.*

A chaſque coſté du meſme Pauillon l'on remarquoit vn piedeſtal de cuiure rouge, & au deſſus vne Victoire de quatre à cinq pieds de haut. Elle ſe tenoit ſur vn pied, & auoit des aiſles d'or au dos. Il ſembloit qu'elle parloit au Cheualier, & qu'elle luy diſoit ces paroles :

*Aliorum obruis omen.*

Ces figures eſtoient toutes dorees d'or ducat, & tenoient vne branche de laurier à la main.

Sous ce pauillon paroiſſoit vne Renommée veſtue de ſatin blanc. Sa robbe eſtoit toute parſemee de bouches, & d'oreilles. Ses aiſles eſtoient blanches, & à chacune de ſes mains elle tenoit vne trompette, garnie de banderoles, ſemees auſſi de bouches, & d'oreilles. Elle accompagnoit Perſée en ceſte entrepriſe, afin de faire retentir la gloire qu'il deuoit acquerir par tous les climats du monde. En la plus eminente de ces banderoles eſtoient eſcrits ces mots :

*Vires aquirit eundo.*

Ce chariot, & ces degrez eſtoient couuerts d'vne

houffe de fatin vert, couppé en campanes fran-
gees d'or, & d'argent.

Lors que la Renommée, qui eſtoit ſur le chariot,
fut proche du Roy, elle ſortit du pauillon, & en
s'eſleuant preſenta au Roy, & à la Reine ces vers
qui expriment tout le ſubiect de ceſte partie.

> *Tout ce que le Ciel & la terre*
> *Ont veu de puiſßant & d'heureux,*
> *Tout ce que la paix & la guerre*
> *Ont veu de ſage & valeureux,*
> *N'auroit point d'honneur & de gloire*
> *Si i'auois voulu l'oublier:*
> *Et ſans proffit eſt la victoire*
> *Que l'on n'entend point publier.*

> *Grand Roy, dont la prudente mere*
> *Eſleue & nourrit la vertu,*
> *Si i'auois oublié ton pere,*
> *En vain il auroit combattu,*
> *En vain il auroit de ce monde*
> *Eſté la terreur & l'appuy,*
> *Si ſur la terre & deſſus l'onde*
> *Ie n'auois faict parler de luy.*

> *Comme donc ie puis aux vaillances*
> *Donner la Gloire & le Renom,*
> *Ie fais auſſi les differences*
> *De ceux qui le valent ou non:*
> *Et ceux-là veulent à faux tiltre*

y iii

*Acquerir l'immortalité,*
*Qui n'ont point ma voix peur arbitre*
*De l'honneur qu'ils ont merité.*

*Or ces Chevaliers dont la gloire*
*Est plus au seul tiltre qu'ils ont,*
*Qu'en aucun combat ou victoire*
*Qui m'ait fait sçauoir ce qu'ils sont,*
*Se peuuent dire estre semblables.*
*A ces Dieux du peuple ancien,*
*Que les noms rendoient honorables,*
*Et qui d'eux-mesmes n'estoient rien.*

*Mais cest inuincible Persee*
*Qui parmy ses exploicts guerriers*
*N'a iamais veu sa main lassee*
*Que par les poids de ses lauriers,*
*Soit en la paix, soit en la guerre,*
*Tousiours redoutable en tous lieux,*
*Ne cede qu'à toy sur la terre,*
*Et qu'à ton pere dans les Cieux.*

*C'est pourquoy des que mon oreille*
*Entendit tant de vanitez,*
*D'vne vitesse nompareille*
*Ie le cherchay de tous costez,*
*Et comme enfin tout me succede,*
*Ie le trouuay dedans les Cieux*
*Qui faisoit voir son Andromede*
*Au souuerain de tous les Dieux.*

L'Espagne estoit auec la France
Qui laissoient les restes du dueil
De ce Miracle de vaillance,
Que le fer a mis au cercueil.
Toutes deux arrestans leurs larmes,
Voyans les destins desormait
Enfermer leurs contraires armes
Dedans le temple de la Paix.

Ie neus point reserré mon aisle,
Qu'à l'instant mesme Iupiter
Me demanda quelle nouuelle
Le sort me faisoit apporter:
Et moy pleine d'obeyssance,
Luy contay comment icy bas
Chacun prenoit par arrogance
Des noms qu'il ne meritoit pas.

Aussi tost d'vne voix haussee
Ce Dieu meu d'vn iuste courroux,
Dit ces propos à son Persee,
Qui s'appuyoit sur ses genoux:
Va, mon fils, va, retourne en terre,
Et monstre à ces audacieux
Que tout seul tu dois en la guerre
Auoir le nom de glorieux.

Pour auoir remis tout le monde
En sa premiere liberté,
Rendu la guerre vagabonde,

*Et mis la paix en seureté*
*Ie ne veux pas que par l'audace*
*L'honneur se voye combattu,*
*Et que l'orgueil tienne la place*
*Qui ne se doit qu'à la vertu.*

*Va donc, & fais que ce trophee*
*Soit encore aux tiens adiousté,*
*Monstrant par leur gloire estouffee*
*Ce que vaut la temerité.*
*Leurs noms & leur gloire imparfaite*
*Ne les rend point assez parfaicts,*
*Pour empescher que leur deffaicte*
*Ne soit au nombre de tes faists.*

*Ainsi Iuppin dit à Persee,*
*Qui desia fumeux & boüillant,*
*Ayant sa cuirasse endossee*
*Menaçoit d'un glaiue brillant,*
*Quand s'inclinant à l'ordinaire,*
*Il luy fit voir qu'il n'auoit pas*
*Moins de volonté de luy plaire*
*Que de valeur pour les combats.*

*Tout soudain la France & l'Espagne*
*S'offrirent de l'accompagner,*
*Pour rendre leur beauté compagne*
*Des lauriers qu'il venoit gaigner:*
*Et tous trois vindrent sur la terre*
*Au lieu de sa natiuité,*

*Où le*

*Où le Dieu mesme de la guerre*
*Estoit mis en captiuité.*

*C'est là, grand Roy, que pour te rendre*
*Son merite plus esclaircy,*
*Ce Danaïde a voulu prendre*
*Tous ces esclaues que voicy,*
*Pour accompagner sa victoire,*
*Et t'estre tesmoins auiourd'huy*
*Que ce beau tiltre de la gloire*
*Ne sçauroit estre deü qu'à luy.*

*Tous ces Affriquains, ces Tartares,*
*Ces Princes du peuple Germain,*
*Et ce grand nombre de Barbares*
*Qui meinent ces cheuaux en main*
*Seruent de preuues veritables,*
*Aux despens de leurs libertez,*
*Des puissances ineuitables*
*De celuy qui les a domptez.*

*Ceste roche affreuse & si laide,*
*Et ce monstre encores si fort,*
*Sont ceux-là mesmes qu'Andromede*
*Croyoit destinez pour sa mort,*
*Qui par l'ordonnance des Parques*
*Le suiuent par tout icy bas,*
*Pour seruir d'immortelles marques*
*De ce qu'il peut dans les combats.*

Z

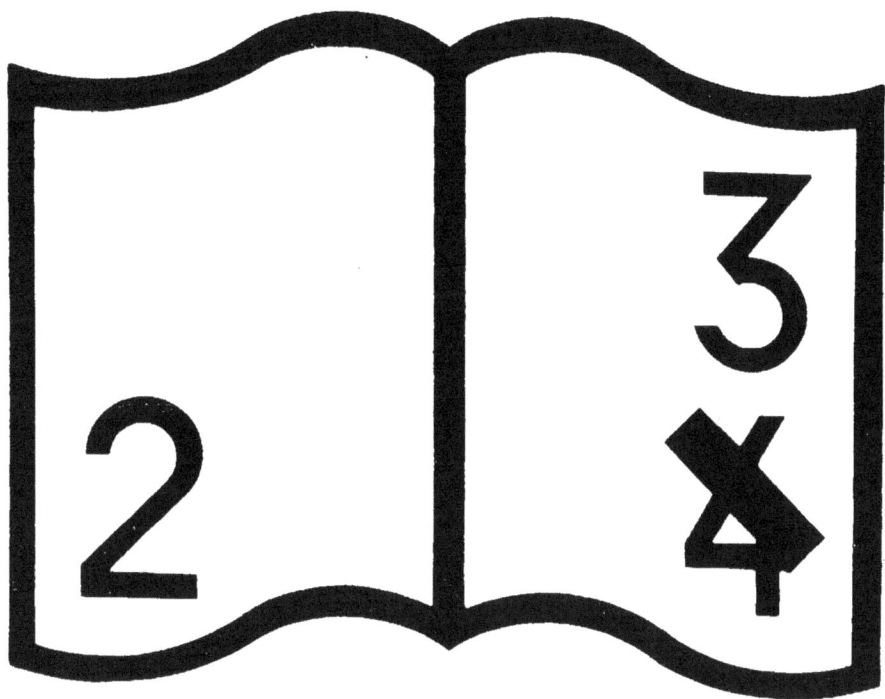

Pagination incorrecte — date incorrecte

**NF Z 43**-120-12

*Ce Char est celuy que Minerue*
*Fit voir au combat tant de fois,*
*Quad Ilion fut faicte serue,*
*Dessous les armes des Gregeois,*
*Dont elle fit don à Persee,*
*Quand il eust surpris & vaincu,*
*Ceste Persienne herissee,*
*Qu'on void encore en son escu.*

*Saturne dont la faux auide*
*Ne sçauroit coupper ses lauriers,*
*Et son Carossier & son Guide,*
*Ses serfs luy seruans de Courriers,*
*Et bien que sa dent insensee*
*Deuore ses propres enfans,*
*Si ne peut-il rien sur Persee,*
*Ny sur ses actes triumphans.*

*Les Graces, filles immortelles,*
*Sur son Char paroissent aussi,*
*Ne pouuant souffrir que sans elles*
*Il vienne triumpher icy.*
*Et la Paix qui tient son Empire*
*Des valeurs de tes deuanciers,*
*D'elle-mesme encore s'y retire,*
*Pour accompagner ses lauriers,*

*L'Espagne ioincte auec la France*
*Semblent luy dire à son costé*
*Qu'elles croyent que sa vaillance*

*Leur doit estre vne seureté,*
*Et que sa dextre si puissante*
*Gardant les Lyons & les Lys,*
*Y rendra la Paix triumphante,*
*Et les discords enseuelis.*

*Les Victoires comme subiectes*
*Marchent partout auecques luy,*
*Croyant les Palmes imparfaictes*
*Qui n'ont point leur bras pour appuy,*
*Et moy coureuse & vagabonde*
*M'asseruis encor à sa loy,*
*Pour ne trouuer rien dans le monde*
*Qui me donne vn pareil employ.*

*Mais encor ce que plus i'admire*
*Est que ce grand Maistre des Dieux,*
*Ce puissant Amour, dont l'Empire*
*S'estend sur la terre & les Cieux,*
*Ayant son Erice laissee*
*Ne veut plus rien vaincre icy bas,*
*Que par les beautez de Persee,*
*Et par le bruit de ses combats.*

*Vous donc de qui le langage*
*Deuance la gloire & les coups,*
*Si vous ignorez l'auantage*
*Que ces exploicts ont dessus vous.*
*Venez voir vn grand Dieu de Thrace*
*Derriere son Char enchaisné,*

*Et croyez tous qu'à voſtre audace*
*Ce mal'heur eſt predeſtiné.*

*Le Dieu qui commande ſur l'Onde,*
*Celuy du Royaume noircy,*
*Celuy qui porta tout le monde,*
*Le Boiteux, & Mercure auſſi,*
*S'eſtans oppoſez à Perſee*
*Quand il voulut monter aux Cieux,*
*Ont maintenant leur main preſſee*
*Des fers qu'ils traiſnent en ces lieux.*

*Grand Roy, ie te pourrois bien dire*
*Qu'en ce combat ſi glorieux*
*Sa valeur eſtoit en telle ire,*
*Et ſon eſprit ſi furieux*
*Que pour acheuer ſa vengeance,*
*Si Iupiter n'euſt point eſté*
*Celuy qui luy donna naiſſance,*
*Il l'euſt priué de liberté.*

*Si donc il te vient en penſee*
*De ſauuer ces foibles eſprits,*
*Fais qu'à genoux deuant Perſee*
*Ils quittent le nom qu'ils ont pris.*
*Luy qui ne bruſle que d'enuie*
*De rendre ſeruice à ſon Roy,*
*Leur pourra bien ſauuer la vie*
*Pour la raiſon qu'ils ſont à toy.*

A pres elle presenta ces vers au Roy, au nom
de Persee.

**G**Rand Roy, ces Cheualiers en leur audace extreme
N'ont point (pour les punir) besoing de mes combats;
Car cherchant vn honneur qui n'est deu qu'à vousmesme,
C'est estre assez punis de ne le valoir pas.

L'audace de leur nom condamnant leur querelle
Rend l'effect du combat beaucoup moins hazardeux,
Et me fait estimer la gloire estre plus belle,
D'estre asseruy par vous, que de triumpher d'eux.

Car si desia le Ciel vous rend si redoutable,
Que la mesme valeur s'incline à vos genoux,
C'est assez pour pouuoir me dire inimitable
De me pouuoir vanter de ne ceder qu'à vous.

Grand Roy, ceux qui se font renommer d'auantage,
Et qui par leurs exploicts ont l'oubly combattu,
Ne possedent le bien de vous passer en âge,
Que pour se voir par vous surpasser en vertu.

Et soit qu'vn grand esprit en vn Prince on souhaitte
Ou qu'on le vueille plein de desseins vertueux,
Vous passez de si loing la trace qu'ils ont faite,
Que l'on admire en vous ce qui defaut en eux.

Ce grand Mars des François dont vous pristes naissace
Vous laissa tant de gloire en quittant les mortels.
Que si l'ambition suiuoit vostre puissance,
Des Rois plus reculez, vous auriez des Autels.

z iij

*Car si par la valeur tout se rend tributaire,*
*Lors que la vertu seule en conduict l'action,*
*L'vne par naturel vous est hereditaire,*
*Et vous possedez l'autre en vostre instruction.*

*Croissez donc en bon-heur (si c'est chose possible*
*Que l'infinité mesme ait quelque accroissement)*
*Afin que vostre Himen qui nous rend tout paisible*
*Ait vne fin semblable à son commencement.*

### PERSEE A LA ROYNE.

PRincesse que le Ciel ayme si cherement
   *Qu'il s'appauurit en soy pour plus riche vous rendre,*
*Ie descends en ces lieux pour vous voir seulement,*
*Et pour vous admirer ne vous pouuant comprendre.*

*Le bruict de vos vertus & de vostre pouuoir*
*Surpasse de si loing les termes d'apparence,*
*Que ceux qui n'ont point eu le bon heur de les voir*
*Par la merueille mesme en perdent la creance.*

*Mais ores que ie voy tant de chastes amours*
*Rendre par l'Vniuers vostre gloire animee,*
*Ie dis que les effects surpassent les discours,*
*Et que la Verité destruit la Renommee.*

*Car vous estes montee en vn degré si haut,*
*Que celuy qui voudroit loüer vostre puissance,*
*Publiroit le parfaict par leur mesme deffaut,*
*Et sa temerité plustost que sa science.*

Ce seroit dis-ie, au iour allumer les flambeux,
Que d'employer pour vous des loüanges escrites:
Car si l'on ne recourt à des mondes nouueaux,
Il n'est plus de pays cachez à vos merites.

Ie tais tant de beautez & tant d'attraits si doux,
Qui seruent à l'amour d'amorce & de poincture,
Car ce sont accidents plus du Ciel que de vous,
Et leur perfection vous vient par la nature.

Mais comparans vn peu des autres la vertu,
A celle dont vostre ame & vostre Regne abonde,
La leur n'est rien qu'vn vent tout soudain abbatu,
Et la vostre vn Soleil qui luit à tout le monde.

Aussi ce qui sans vous nous estoit ennemy,
Maintenant auec vous cherit nostre alliance :
Et Mars est au giron de venus endormy,
Cependant que vostre œil veille dessus la France.

L'Hymen qui vous vnit au plus fort des Guerriers,
Pource qu'il vient de vous encore vn coup arriue:
Mais il estoit pour vous couronné de Lauriers,
Et prend pour vostre fils des couronnes d'Oliue.

Puisse vn arbre si sainct tousiours le couronner,
Iusqu'à ce qu'animé du desir de la guerre,
Luy mesme par plaisir se vueille pourmener,
Pour delaisser aux siens l'Empire de la terre.

Au derriere du chariot eſtoient aſſis Mars, Hercules, Neptune, Pluton, Vulcan, & Mercure. Iupiter auoit commandé à ces Dieux d'accompagner Perſée en ce voyage. On auoit eſcrit en groſſe lettre d'or a coſté de chacun de ces Dieux, des paroles, & des Eloges, qui tendoient tous à la gloire de Perſee.

Mars eſtoit repreſenté auec ſa ſalade, ſa rondache, ſa cuiraſſe, & ſes lambrequins. Il auoit vn muffle de Lyon ſur ſes eſpaules, & deux à ſes bottines. A coſté l'on liſoit :

*Motis & ferox.*

Parce qu'il faut qu'vn Capitaine ſoit clement, & ſeuere tout enſemble.

Hercules auoit pour coiffure le muffle d'vn Lyon, dont les partes luy croiſſoient ſur le ventre. Son ſaye eſtoit d'vne peau de Lyon, & portoit vne maſſuë argentee à la main. L'eloge eſtoit :

*Gloria ſtelliferi condit ſe margine cœli.*

La gloire & la vertu s'eſleuent iuſqu'aux aſtres.

Neptune eſtoit veſtu de ſatin bleu, parſemé d'eſcailles. Ses cheueux eſtoient eſpars, & au deſſus il auoit vne couronne de verd de mer en façon de rozeau, argentee aux bords, il tenoit ſon trident à la main, & à ſon coſté l'on auoit eſcrit ces mots :

*Quâ monſtrat Neptunus iter.*

Pour monſtrer que le Cheualier ſuiuant les pas de
ces Anceſtres

ces Anceftres faira tous les iours de nouuelles conqueftes, & fur mer & fur terre.

Pluton paroiffant en cheuelure noire, & portoit
auffi vne couronne & vn fceptre de fer. Au deffous
on lifoit:

*Poft funera viuet.*

Son renom fera d'eternelle duree.

Vulcan eftoit veftu d'vn fatin tanné. Sa cheuelure eftoit rouffe. Il tenoit fon marteau à la main.
Les mots efcrits à fon cofté eftoient:

*Arma dabo.*

Vulcan luy promet de luy donner des armes
comme il fit iadis à Achille.

Mercure auoit vn bonnet, des aifles, & vne cap-
peline. Son caducee eftoit garny de ferpents, &
d'aifles. Les paroles eftoient:

*Laurum Prudentia parat.*

La prudence luy prepare les lauriers.

A pres le chariot marchoient deux Efclaues, ayāt
de grands colliers d'or au col, & des bracelets de
mefme. Ils menoiét en main vn cheual pintadel-
le, le plus beau qu'on ait iamais veu. Il auoit deux
aifles blanches au dos. C'eftoit le cheual Pegaze
tant renommé dans les efcrits des Poëtes, qui nafquit du fang de Medufe, lors que Perfée luy eut
tranché la tefte. Bellerophon le prit tandis qu'il
beuuoit de l'eau de Pyrene, & s'en feruit en plu-

ſieurs expeditions, & notamment contre le Chi-
mere. Pegaze, ayant depuis perdu ſon maiſtre, par
vne auanture pitoyable, prit ſa volee vers le Ciel,
où Iupiter luy donna place parmy les Aſtres. Et
maintenant pour honorer les triomphes de ces
mariages, il a quitté le firmament, & tout le monde l'a veu en la place Royale.

Vne roche toute d'argent, qui ſe mouuoit, &
marchoit d'elle meſme, ſuiuoit Pegaze. Elle eſtoit
couuerte de verdure, où l'on auoit naïuement repreſenté vn grand nombre d'animaux, comme
lezards, viperes, crappaux, canchres, eſcreuices, &
coquilles toutes releuees d'or & d'argent. Ceſte roche iettoit par interuales de grandes exhalaiſons,
de feu, & faiſoit iaillir en haut, quatre ſources, deux
de vin, & deux d'eau. Ces ſources repreſentoient
l'abondance, qui deuoient deſormais regorger
en ces deux puiſſants Royaumes, par le moyen
de l'alliance de leurs Princes: Les couleurs de France & d'Eſpagne eſtans figurees, par le Blanc, &
par le Rouge.

La meſme Roche flottoit dedans vne mer, qui
auoit vn eſclat d'argent. Elle auoit dix huict pieds
de hauteur. Derriere eſtoit attaché l'Orque, Monſtre Marin, long de plus de quinze pieds, tout ſemé d'eſcailles d'argent, battant des aiſles, & tirant
touſiours aux abbois de la mort, ſans pouuoir
mourir, afin de ſeruir de perpetuel trophee au
Chevalier. Vn dard perçoit de part en part

le col de ce Monftre, & le fang en couloit des deux
coftez.

En fin pour accompagner le triomphe marchoient douze haultbois veftus de fatin vert. Il y
auoit au deffus de la morefque d'argent. Chacun
de ces haultbois auoit les cheueux efpars, & vn
chappeau de fueilles de chefne, canetillez d'or,
& auec des glands d'or. C'eftoient les Dieux des
Forefts, & des boccages.

Tandis que cefte partie faifoit le tour accouftumé du Camp. Perfée fe preparoit pour combattre les Cheualiers de la Gloire : mais on luy dit qu'il
falloit attendre que ceux qui auoient fait leur entree auant luy, paruffent les premiers fur le lice. Sa
partie fe rengea doncques apres les Cheualiers du
Lis, où il attend auec impatience de rendre tefmoignage de fa valeur & de fon adreffe.

# LE ROMANT

## DES

## CHEVALIERS

### DE LA

## GLOIRE.

### Seconde Iournee.

A PEINE l'Aurore entrouuroit les portes de l'Orient, auec sa main de lys & de rozes, & la lumiere qui chasse les Astres de la nuict, ne faisoit que commécer à rendre vermeil l'azur du firmament , que le Theatre estoit des-ja tout rempli de Spectateurs. La pompe du iour precedent auoir tellement raui les yeux des Assistants, & leur recit si bien chatoüillé les oreilles de ceux, qui n'auoient pas eu la curiofité de la voir, que les vns, & les autres y couroient à la foule pour contempler la fuitte de tant de magnificences.

Le Ciel autheur de ces alliances fembloit contribuer à la joye publique. Sa face paroiffoit plus ioyeufe que de couftume. Le téps eftoit calme, l'air fans broüillars, & les vents deux où trois jours auparauant fi orageux en noftre climat, s'eftoient defpoüillez de leur violence : Mais il ne falloit pas s'en eftonner, puis que pour eftre de la partie, ils eftoiét venus des quatre bouts de la terre, ayans laiffé toute leur rage en Aeolie, afin d'honorer cefte feconde journee.

Le feul vent du Midy ne s'y treuua point, non pas qu'il manquaft de volonté : mais fon Deftin par vne auenture lamentable, l'auoit arrefté au millieu de fa courfe. Et cependant que ces Monarques de l'Air fe mettent en chemin pour y faire leur entree, voicy la FIDELITE' qui accompagnee de cinq Cheualiers, aduertit les Tenants de fe preparer au combat, fi leurs Majeftez leur en veulent donner la permiffion, ainfi que nous verrons maintenant.

# ENTREE DES CHEVALIERS
## DE LA FIDELITE.

*Comme Hymenee par le commandement des Dieux va*
*chercher la Fidelité, & la treuue dans*
*l'Isle ferme.*

### CHAPITRE I.

ES Dieux ayants resolu en leur Conseil de respãdre toutes sortes de felicitez sur la posterité de Henry le Grand, qui par ses vertus heroïques auoit obtenu seance parmy eux, appellerent celuy qui preside aux mariages, pour luy dire qu'on l'attendoit en France à vne feste qu'on celebroit en son nom : afin qu'il donnast guerison aux blesseures que le Monarque des François, & le Prince des Espagnes auoient receuës de

la main d'Amour. Que s'il auoit quelques liens
doux, & defirables, c'eftoit à l'heure qu'il les deuoit
employer pour attacher les ames de Louys, d'Anne,
de Philippes, & d'Elizabeth. Qu'en l'vnion des perfonnes vulgaires, il y auoit ordinairement plus
d'efpines que de rofes : mais qu'ils defiroient que
ces jeunes Amants ne treuuaffent aucune forte d'a-
mertume, parmy les fruicts de leurs affections.
Apres qu'Hymenée eut appris l'intention des Immortels, il vola en France, pour accomplir ce qu'ils
luy auoient commandé, & confiderant que pour
rendre fes loix faciles à obferuer à ces Princes, il
eftoit neceffaire que la Fidelité leur fit compagnie,
il fe refolut de la treuuer pour l'amener en cefte affemblee. Il la chercha premieremét en la Court des
Rois & des Princes : mais il apprit que la grandeur
luy eftoit fufpecte, & qu'elle n'approchoit plus ny
de l'or, ny du pourpre. Il la demanda par les Citez,
par les bourgs, & par les vilages, voire dans les
lieux deferts & folitaires. Son labeur luy fut inutile.
Ceux qui s'y font enfermez ne la cognoiffent point.
Il auoit beau la depeindre. Il n'en peut jamais apprendre des nouuelles. Il fe reffouuint d'auoir ouy
dire qu'elle fejournoit parmy ceux, qui font profeffion du commerce, & il vola promptement aux
lieux où ils ont accouftumé de s'affembler, ou il apprit que les vfures & les banqueroutes l'auoient bâ-
nie de leurs focietez. Enfin comme il croyoit ne la
rencontrer jamais, il apperceut Mercure, qui re-

rournoit de Paris porter des lettres amoureuſes de
la part de Iupiter à vne Beauté, à qui Venus a donné toutes ſes graces, afin que par leurs charmes ſon
fils eut la gloire de commander à tous les Dieux.
Le Dieu des Nopces bien aiſe d'auoir faict ceſte ré-
contre, le ſaluë, & luy tient ce diſcours.

Ie m'eſtonne (fils de Iupiter) comme la juſtice
du Ciel ſupporte plus long temps les impietez, qui
ſe commettent ſur la terre, & que les Dieux n'ex-
terminent toute la race des mortels, comme ils firent du temps de Deucalion, pour en former de
nouueaux d'vne matiere plus noble & plus pure.
I'ay beſoin de l'aſſiſtance de la Fidelité. Ie l'ay cher-
chee par tous les climats du Monde. Ie treuue par
tout la Perfidie, & pour elle on ne la cognoit en aucun lieu. Si vous ne m'en donnez de nouuelles, i'ay
perdu l'eſperance de la rencontrer.

Ne t'eſtonne point, Hymenee (reſpond Mercure) de ce que tu as employé tant de temps à la recherche de la Fidelité. L'iniquité des hommes l'a
bannie ſi loin du monde, qu'on ne la cognoit plus
que de nom. Elle eſt maintenant confinee dans
l'iſle ferme, au delà de Thule, auec quelques Cheualiers qui ont abandonné les plaiſirs du Monde
pour luy faire compagnie, & deffendre à tous autres l'entree de ſon Temple.

Auſſi toſt qu'Hymenee eut receu ceſt aduis, il ſe
tranſporta au riuage de l'Ocean, puis il paſſa en
l'iſle ou la Fidelité faiſoit ſa demeure. Elle eſt plan-

tee d'vne foreſt, donr les arbres ſont ſi hauts & ſi
bien fournis de branches & de fueilles, que les rayons du Soleil ne les peuuent percer. Ce Dieu des
Nopces cheminant par ceſte obſcurité, entendit
vne voix qui ſe lamentoit. Comme il s'approcha du
lieu d'où ſortoient ces plainctes, il apperceut le valeureux & fidelle Cleonice proſterné à genoux deuant vn portraict qu'il auoit pendu à vn arbre, &
les larmes aux yeux ſe plaignoit à luy de celle dont
il repreſentoit les graces & les attraicts. Apres
qu'Hymenee eut long temps eſcouté ſes cris, il l'in-
terrompit pour luy demander des nouuelles de ce
qu'il cherchoit. Le Cheualier le voyant veſtu d'vne
robbe de ſatin jaune, & d'vne couronne de myrthe
ſur la teſte : vn flambeau à la main droicte, & vn liure à la gauche, le recogneut à l'inſtant, & apres l'a-
uoir ſalué, il luy apprit que la Deeſſe demeuroit dãs
vn Téple, qu'elle auoit baſti au milieu de la foreſt.
Hymenee s'informa du ſujeçt, qui l'auoit conduict
dans ce lieu ſolitaire, & l'autre luy reſpondit en ceſte ſorte : *Toutes les diſgraces qu'on reçoit en Amour*
*n'ont iamais peu retirer ny moy, ny mes compagnons de*
*la ſuitte de la Fidelité. Ceux qui ſont fauorablemēt trai-*
*étez de leurs Maiſtreſſes n'ont point icy de place. On*
*n'y reçoit que les Amants, qui ont eſté eſpreuuez parmy*
*les tourments & les deſeſpoirs. Si vous eſtes curieux de*
*ſçauoir comme nous viuons en ceſte Iſle, nous y conſumõs*
*les jours & les nuicts à pleurer & à ſouſpirer. Ie vous*
*prie ne paſſer outre, & ne m'empeſcher plus de me plain-*

dre, puis que c'eſt le ſeul remede qui me reſte pour ſoula-
ger mes ennuis.

Hymenee eſtonné de ce diſcours, pourſuit ſon
chemin, & fait tant qu'il arriue au Temple de la
Deeſſe.

---

## DESCRIPTION DV TEMPLE
### de la Fidelité.

### CHAPITRE. II.

E Temple de la Fidelité eſt baſti
ſur vn rectangle. Le fidelle Eurypi-
de qui en a faict la deſcription, dit
que ſa proportion du long au large
eſt de douze à huict, que ſon archi-
tecture eſt d'ordre Dorique, & ſa forme en croix.
Qu'il eſt compoſé de quatre pilaſtres de ſerpentine, & de huict colomnes d'argent. Que ſes bazes,
& que ſes chappiteaux ſont d'or, les architraües
d'argent, les frizes d'or & d'azur, & les corniches
d'argent. Au milieu du baſtiment s'eſleue vn dome
de ſerpentine & d'azur, faict à huict faces ouuertes,
dont les bors ſont dorez & argentez, & les ſoubaſ-
ſemens remplis de lacs amoureux, de caducees, &
de cornes d'abondance. A l'entree du grand portail
de ce Temple on y voit deux ſtatuës d'or. L'vne re-
preſente Hymen, accouſtré comme nous auons

def-ja dit : L'autre vne chaste Venus ayant foubs
les pieds vne tortuë, & vn cœur flambant à la main.
Au milieu du Temple eft vn autel d'azur & d'argét,
& derriere vn Cube, ou la Fidelité eft affife, s'appuyant de la main gauche fur vn chien, & tenant de
la droicte vn cœur. Huict Dames renômees pour
leur fidelité paroiffent entre les colomnes, chacune
fur vn piedeftal de ferpentine, dont les bords font
argentez, & à cofté de chacune eft fon Eloge parti-
culier.

La premiere eft Penelope, attachee fur la tiffure
de fa toile, auec fes mots.

MARITO PER XX. ANNOS ABSENTI A MVL-
TIS AMATORIBVS EXPETITA FIDEM SER-
VAVIT.

Elle garda la foy à fon mary abfent l'efpace de
vingt annees, bien qu'elle fut recherchee d'vne infinité d'amoureux.

Hero y eft apres, fe precipitant dans la mer, auec
ceft Eloge.

LEANDRVM IN MORTE SEQVVTA EST
AMATOREM.

Elle fuiuit fon amoureux Leandre en la mort.

Thisbee s'y trauerfe la poictrine d'vne efpee, &
à cofté l'on y lit ces paroles.

QVOD PYRAMO AMANTI, AMANS IPSA
COMMORTVA SIT.

Cefte Amante ne voulut point furuiure apres la
mort de Pyrame fon amant.

Alcione

Alcione y eſt encores, couchee à terre les bras croiſez, & les yeux vers le Ciel, auec ces mots.

C E I C E  V I R O  E X T I N C T O ,  D O L O R E
C O N T A B V I T.

Elle mourut de douleur quand elle ſceut le nau-frage de ſon mari Ceix.

On y voit auſſi Panthee, qui s'ouure d'vne dague le ſein, auec ceſt Eloge:

A B R A D A T O  V I R O  S E I P S A M  I N F E R I S
D E D I T.

Elle s'immola ſur le corps mort de ſon mary Abradate.

Arthemiſe y auale les cendres de ſon Mauſole : à coſté ſont ces paroles.

S E M E T I P S A M  C O N I V G I  S E P V L C H R V M
F E C I T, P O S T E R I S  A M O R I S  S V I  M O N V M E N-
T V M  R E L I Q V I T  M A V S O L E V M.

Pour auoir faict dans elle meſme le tombeau de ſon mary, & pour auoir laiſſé en teſmoignage de ſon amour à la poſterité, le Mauſolee monument ſuperbe, l'vne des ſept merueilles du Monde.

L'autre qui vient apres eſt Hypſicratee, habillee en homme, & ſuiuant ſon mary par des lieux de-ſerts & inhabitez, & ſon Eloge:

D E L I T I A S  O M N E S  F V G I T,  E T  V I R O
F V G E N T I  I N D I V I D V A M  S E  C O M I T E M
P R Æ B V I T.

Elle fuit toutes delices, & ſe rendit inſeparable compagne de ſon mary fugitif.

b

Là derniere eſt Porcie, aualant des charbons ar-
dents, auec ces paroles.

QVOD VIRO SVPERSTES ESSE NOLVE-
RIT.

Pour n'auoir point voulu ſuruiure ſon mary.

Au plus hault eſt vn Cupidon, l'arc pendu en eſcharpe, & vne branche de palme à la main. Autour
du temple, on y auoit enchaiſné Teree, Iaſon, Hercule, Thezee, Paris, Ænee, Spurius Caruilius Ru-
ga, Iugurthe, M. Anthoine, Othon, & autres, qui
ont rompu la foy conjugale, ou fauſſé la foy qu'ils
auoiét juree à leurs Maiſtreſſes. Chacun eſt habillé
à la mode de ſon temps, de ſon païs, & de ſa qualité.

A l'entree du Temple & ſur vn grand carreau de
velours bleu, eſt le grand Sacrificateur, veſtu d'vne
tunique de toile d'argent, bordee d'vn large paſſement d'or. Il a par deſſus la robbe Pontificale de
toile d'or, ceinte d'vne gaze d'argent, auec vne frâ-
ge d'or. Sa mythre eſt à la Payenne de toile d'or, enrichie de perles, & d'autres pierreries de meſme valeur. Le deſſus de ceſte Mithre eſt couuert d'vn
grand voile de toile d'argent, pendant ſur les eſpaules. A ſes pieds, & du coſté droiɛt, l'on voit le Ca-
mille, portant l'acerra, qui eſt le coffret des parfuns,
& à coſté gauche vn autre Miniſtre, qui porte vn
ſimpulum.

Auſſi toſt qu'Hymenee fut entré dans ce Temple, il s'approcha de la Fidelité, & luy ayant expo-

sé l'intention des Dieux, luy raconta le grand appareil, qui se dressoit pour ces Mariages, & comme la Gloire auoit faict election de cinq Cheualiers, pour ouurir les portes du palais de la Felicité, & pour en deffendre l'entree à tous ceux qui oseroiét espreuuer l'auenture. La Fidelité luy fit responfe, qu'encores que la haine qu'elle porte à la tyrannie de ses loix, l'eut contrainête de faire vn vœu solennel, de ne le frequenter jamais, elle estoit disposee pour ce coup d'obeyr au commandement des Immortels, & d'accompagner jusques au tombeau les Monarques de France & d'Espagne, & leurs Espouses, & d'empefcher desormais que les soupçons, & les jalousies ne troublassent le repos de ces Amants. Et puis que la Gloire auoit conduict en Fráce cinq Cheualiers, pour y souftenir le Tournoy de la feste qu'on y deuoit celebrer, elle vouloit leur opposer cinq des siens, qui leur apprendroiét qu'ils sçauent aussi bien l'art de combattre, que de constamment aymer. Ayant fini ce discours elle regarde à l'entour d'elle, & commande à Eranthe, à Abradate, à Polidamant, à Thrasille, & à Euridamas, cheualiers autát renommez pour leur valeur, que pour leur constance en amour, de prédre leurs armes, & de venir auec elle en France pour reprimer la vanité des Tenants.

Ces Cheualiers obeyssent à la Deesse, qui donne place à Hymen, au lieu où nous l'auons desja descrit: & puis portee dans son temple par la foy de ses

Cheualiers, elle arriue auec eux en France auec son
equippage.

## DE L'ARRIVEE DES CHE-
*ualiers de la Fidelité au Camp de la place*
*Royalle.*

## CHAP. III.

Es Cheualiers de la Gloire, venoiét
de paroiftre encores fur la lice, auec
l'ordre que l'on a veu au commencement de leur Entree: les Cheualiers du Soleil, les Cheualiers du
Lis, les Amadis, & le vaillant Perfée, auoient auffi
def-ja pris auffi leur quartier, quand le Regiment
des gardes ayant faict vne grande falue de mof-
quetades, vn grand bruict de trompettes retentit à
la porte du Pauillon Royal, qui fut ouuerte par le
fieur d'Efcures, & alors on vit entrer le fidele Cleonice, Marefchal de camp des Cheualiers de la Fidelité. Son habillement eftoit de fatin noir, en broderie d'or, tout femé de pierreries. Il auoit à fó chappeau vn grád bouquet de plumes de heron noir, a-
uec vne riche enfeigne de Diamants. Il eftoit monté
fur vn grád courfier enharnaché de mefme eftoffe,
& pareil enrichiffemét que fes habits. Il eftoit fuiui
d'vn Efcuyer richement veftu & bien monté, & de

fix eftaffiers habillez de velours zinzolin, tout cha-
matré de clinquant d'or.   Apres qu'il eut prefenté
fon Cartel à leurs Majeftez, & aux Iuges du Camp,
& que l'entree des Cheualiers, qui l'enuoyoient, luy
fut accordee, il fe tourna du cofté des Tenants , &
leur fit voir le mefme Cartel, dôt voicy la teneur.

---

# LES CHEVALIERS DE
## la Fidelité, aux Vfurpateurs du nom
## de la Gloire.

*Ameux gardiens du facré Temple de
la Fidelité, qui feuls nous en a iugez
dignes, nous auions entrepris de combattre tous fes ennemis, ou pour mieux
dire, tout le Monde, & pour ceft effect en ayans defia veu la meilleure*
*partie, fans auoir rien treuué d'affez fidele, pour arre-
fter noftre Deeffe, ny d'affez fort pour nous refifter, nous*
*eftions plus laffez de receuoir des Palmes, que de les*
*acquerir aux glorieux exercices de Mars , quand la*
*Renommee venant defpandre noftre los par le refte de*
*la terre nous apprit que le mariage de ce grand Prince*
*de qui les Deftins en ont promis l'entiere dominatiõ, de-*
*uoit eftre bien toft celebré en France, & nous y fift dref-*
*fer nos pas fur l'efpoir de l'aquerir à la Deité que nous*
*feruons, pour volontaire adorateur: Et pour nos efcla-*

ues la plus part des *Cheualiers* de *fa* Court qui ( *felon*
qu'elle nous a dict) *font gloire d'eftre infideles à leurs Da-*
*mes : Elle nous donna pour fecondes nouuelles ce* Cartel,
qui *fous le nom* emprunté de *Cheualiers de la* Gloire,
*vous employez à raconter vos vanitez: à quoy nous ref-*
*pondons, que fi voftre courage vous eut peu porter iuf-*
*ques à ce haut & perilleux deffein de tourner vers nous*
*la poincte de vos lances, & fouftenir les violens foudres*
*des noftres, nous vous eufsions fait confeffer, au moins fi*
*l'effroy ne vous eut ofté la voix:*

Qu'il n'eſt point d'autre gloire que celle d'eſtre
fideles Amants.

D'autre Felicité que celle d'eſtre touſiours dans
les combats, vainqueurs & triomphants comme
nous ſommes.

Ny d'autres Beautez (apres la Deeſſe qui daigne
porter le tiltre de Reine des François) que celles que
nous adorons.

*Mais puis que la terreur de nos armes, vous a priuez*
*de la gloire que vous eufsiez euë de voir employer les vo-*
*ſtres a l'enrichiffement de nos Trophees, & que le trop*
*euident peril ne vous en laiffe ofer attendre les coups fur*
*vous mefme: Nous accommodants à voftre foibleffe,*
*nous acceptons le Deffi, l'Exercice, & les Conditions*
*que vous nous offrez, & fommes contents de vous fai-*
*re voir fans hazard de vos vies, que l'adreffe ne nous*
*eſt pas moins commune que la valeur, à la charge tou-*
*tesfois qu'apres eftre vaincus de nous: quittans vos infi-*
*delitez acouftumees, & purifiants vos ames profanes*

dans le ſainct Temple de noſtre Deeſſe, vous iurerez aux
pieds de ſon Idole, de ne tromper iamais plus les Dames,
à peine d'eſtre auſſi toſt adjouſtez au nombre des Eſclaues, que vous verrez chargez de fer honnorer nos
Triomphes.

ERANTHE, ABRADATE, POLYDAMANT,
THRASILLE, EVRIDAMAS.

Les Cheualiers de la Gloire, qui ne treuuent
point d'entrepriſe aſſez hazardeuſe, pourueu qu'elle ſoit honnorable, & qui ſe precipiteroient dans
les ondes, & dans les flammes, pour maintenir le
tiltre que leur valeur a iuſtement aquis, furent tellement offencez de la lecture de ce Cartel, qu'ils
commanderét auſſi toſt à vn Herault d'armes d'aller oſter la quintaine, & d'apporter dix lances de
guerre aux Cheualiers de la Fidelité, afin qu'apres
en auoir choiſi cinq, ils renuoyaſſent les autres, &
puis vinſſent teſmoigner, ſi leurs effects reſpon-
doient à leurs paroles.

L'affaire eſtoit pour s'alterer dauantage, ſi leur
Majeſtez n'y euſſent mis ordre, ne voulants pas
qu'vne reſiouyſſance publique fut conuertie en vn
combat, funeſte & ſanglant. Cependant Cleonice
repaſſant deuant l'Eſchaffaut de leurs Majeſtez leur
preſenta ces vers.

# LES
# CHEVALIERS
## DE LA FIDELITE'
### AV ROY.

*Iuin Alcide, honneur parfaict*
*Des grands triomphes de la France,*
*Par qui nostre heureuse esperance*
*Est preste de voir son effect :*
*Voicy les Cheualiers fideles,*
*Qui doiuent seruir de modeles,*
*A ceux qui sont aupres de toy,*
*Bannir leur humeur vagabonde,*
*Et les rendre dignes du Roy*
*Qui sera Roy de tout le Monde.*

*Voicy l'heureux iour que tu dois*
*Voir commencer ces grands miracles*
*Que les veritables Oracles*
*Ont de toy predict tant de fois :*
*Et que nous verrons esclaircies*
*Ces paroles des Propheties*
*Que bien tost vn Prince indompté,*
*Tant par l'amour que par la guerre*
*Chassera l'infidelité*
*De tous les endroicts de la Terre.*

*Desia*

Desia tes legitimes vœux
Et le sainct Amour qui t'enflamme
Font voir assez clair que ton ame
Estainct les impudiques feux :
Que soubs toy l'amour coniugale
I a veufue & la Vierge Vestale
Fideles garderont la Loy,
Et bref que par ton chaste exemple,
Cupidon, Hymen, & la Foy
N'auront tous trois qu'vn mesme Temple.

Tu banniras non seulement,
L'infidelité domestique,
Mais celle aussi qui tyranique
Force les cœurs publiquement :
C'est toy seul que le Ciel destine
Au secours de la Palestine
Et qui dois chasser du Liban
Les testes de blanc estoffees,
Et faire adjouster le Turban
A l'ornement de tes Trophees.

Tes Ancestres ont bien jadis
Renuersé leurs fortes armees,
Et dans les terres Idumees
Planté les belles fleurs de Lys :
Ceux de ta nouuelle Compagne
Ont tellement accreu l'Espagne

Qu'elle ne perd plus le Soleil :
Mais en l'vn, ny l'autre Hemisphere
Ils n'ont tous rien faict de pareil
Aux merueilles que tu doibs faire.

Va donc, suy le vouloir des Dieux,
Toutes choses te sont aysees,
Puissions nous estre les Thesees,
D'vn Hercule si glorieux :
Puis au retour de tes conquestes,
Portans sur nos grisonnes testes
La marque des braues Guerriers :
A genoux te rendre l'hommage
Des Empires (&) des Lauriers,
Qui nous escherront en partage.

---

## A LA REINE.

GRAND Flambeau du monde où nous sommes,
Plus necessaire à l'Vniuers
Que ceux dont les aspects diuers,
Reglent la fortune des hommes :
Iette sur nous tes dous regards,
Mais que des pointes de leurs dards,
Pour vn peu l'ardeur soit ostee :
Car nous adorons tes beaux yeux,
Sans l'orgueil de ce Promethee
Qui desira le feu des Cieux.

*Daigne voir nos fidelles Ames,*
*Comme les autres Immortels,*
*Font celles qui ſur leurs Autels,*
*Allument les plus pures flames:*
*Et releue l'authorité,*
*De la ſainɛte Fidelité,*
*Qui n'en a plus que dans ſon Temple:*
*Puis que par elle ſeulement,*
*Tes beautez qui n'ont point d'exemple,*
*Euiteront le monument.*

*Pour t'immortaliſer au monde,*
*Grande Reyne il ne ſuffit pas,*
*D'auoir plus d'attraiɛts & d'appas*
*Que celle qui naſquit ſur l'onde:*
*D'eſtre vne Pallas en ſçauoir,*
*Iunon en grandeur de pouuoir.*
*En enfans vne autre Cibelle,*
*Tout eſt d'vn Siecle limité:*
*Si quelque hiſtoire bien fidelle,*
*N'en parle à la poſterité.*

*Encore appuyant ceſt Empire,*
*Diſsipant les ſeditions,*
*Et moderant les paſsions,*
*Qu'auiourd'huy chaque Ame reſpire,*
*Tu fais tant d'aɛtes glorieux,*
*Que ſi quelque eſprit curieux*
*En faiɛt le diſcours veritable:*

Chacun au lieu de l'honnorer,
Le tiendra pour eſtre vne fable
Des Dieux qu'on ſouloit adorer.

Et c'eſt pourquoy ceux qui preſident
Dans le grand Conſeil eternel,
Soigneux du deuoir Paternel
En ta Court aujourd'huy nous guident:
Pour offrir à ta Majeſté,
Noſtre Temple & ſa Deité,
Puis ſoudain reprenant la guerre:
Nous irons grauer dans les cœurs,
De tous les hommes de la terre.
Ton nom & ceux de leurs vainqueurs.

Nous rendrons ta gloire honoree,
Et l'irons ſi bien imprimant,
Que les lettres en diamant,
Auront beaucoup moins de duree:
Nous ferons reuerer tes Loix
A tant de peuples & de Roys,
Et te ferons pour edifices:
Tant de Temples que nos Nepueux,
Y feront tous les Sacrifices,
Qu'on fait icy bas pour les vœux.

LE MAINE.

# Et puis il donna ceux-cy à Madame.

RARE merueille de nos iours
Beau Soleil qui sers aux Amours,
De ce que sert l'autre aux Vestales:
Nous t'auons veu doux & riant,
Luyre aux Terres Occidentales,
Des le point de ton Orient.

Nous sçauons que tes yeux vainqueurs,
Dardent iusques dedans les cœurs,
Tant & de si pudiques flames,
Que par toy la Fidelité,
S'y verra bien tost chere aux ames,
Autant qu'elle a iamais esté.

C'est toy qui remettras ses Loix
Entre les peuples & les Roys,
Qui viuront soubs tes Diademes:
Et qui la faisant honorer,
Par elle & dans ses Temples mesmes,
Verras vn chacun t'adorer.

La desormais chacun de nous
S'offrira deuot à genous
A ton image saincte & belle:
Et t'immolera chaque iour

c iij

*Le cœur d'vn Amant infidele*
*Pour en depeupler ceſte Cour.*

Cleonice ayant eu permiſſion de faire entrer les Cheualiers de la Fidelité au camp de la place Royale, s'en retourna vers eux à la porte ordinaire par ou ils deuoient entrer, comme ils firent bien toſt apres en ceſt ordre.

---

## DE L'EQVIPPAGE DES
### *Cheualiers de la Fidelité.*

## CHAP. IIII.

Loriſande le loyal, entra premieremét: il eſtoit richement veſtu, & bien môté. Huict trompettes le ſuiuoient, veſtus de taffetas bleu, chamarré de clinquant d'or & d'argent. Leur coiffure eſtoit bleuë, & leurs panaches bleus, accompagnez d'aigrettes, & leurs cheuaux eſtoient caparaſſonnez de meſme eſtcffe & pareil enrichiſſement que leurs habits.

Apres venoient vingt cheuaux, quinze deſquels eſtoient caparaſſonnez de ſatin bleu, couuert autát plein que vuide de paſſement d'or & d'argent: & les cinq autres eſtoiét couuerts de girets de meſme eſtoffe, en broderie d'or & d'argent. Chaque cheual eſtoit mené par deux Eſtaffiers, veſtus de longues

juppes de taffetas bleu, chamarré de clinquant d'or
& d'argent. Leur coiffure estoit de mesme estoffe,
& pareille couleur, auec pannaches & aigrettes.

Vn Char de Triomphe les suiuoit, tiré par six
chiens mouchetez de blanc & de noir. Mercure en
estoit le charton, vestu de satin de la Chine, couuert
de clinquant d'or & d'argent. Son Caducée luy seruoit de baguette, & deux Aides vestus de taffetas
bleu l'assistoiét en la conduicte de son Chariot, qui
estoit chargé des despoüilkes des Roys, des Princes,
& des Capitaines vaincus & attachez au téple que
nous auons des-ja descrit, & qui venoit aprés.

Du milieu du mesme Chariot s'esleuoit vn Obelisque ou l'on voyoit plusieurs lettres hyeroglyphi-
ques. En l'vne des faces estoient vn arc & des flambeaux, entrelassez auec vn cercle, le tout posé sur vn
Cube, auec deux vases, & vne lampe, pour signifier
que *Amor perpetuus & firmus est animorum vita,*
l'Amour ferme & perpetuelle est la vie des ames.

En l'autre face estoit vn œil, & deux mains droi-
ctes joinctes ensemble : deux chiens, & vne lame
trauersant vn trophee, & au bas deux Palmes, &
deux cornes d'abondance.

Il y auoit en la quatriesme face de cest Obelisque
deux yeux sur deux sceptres : vn Caducee lié auec
deux cornes d'abondance, vn coffre & vn temple
entre deux niueaux, qui nous apprenoient que
*Vtrique Deitati felicitatis conseruatrici erexere.* Les fideles l'ont dressé à l'vne, & à l'autre Deité conserua-

trices de la Fidelité. Par ces deux Deitez l'on entend la Foy, & l'Amour, qui seruoient d'argument à ce dessein.

La quatriesme face estoit remplie de chiffres des Cheualiers, qui dedioient ces trophees.

Le deuant du Chariot estoit paré d'vne grande teste de chien dorée. Les costez de plusieurs muffles, ou pendoient des festons, & autres ornements.

Derriere paroissoit vne Sphynx Egyptienne, representant les mysteres enigmatiques de la Foy : & au dessoubs il y auoit vne grande Syrene, pour nous apprendre que nous deuons-tousiou s rejetter en arriere, les charmes & les appas, qui peuuent debaucher nostre constance, si nous ne voulons encourir la peine des six Satyres qui marchoiét à chaque costé de ce Chariot, la chesne au pied, menez & gardez par deux fideles guerriers, armez de toutes pieces, à l'antique.

Aprez ce Chariot, venoient quinze pages vestus de doubles sayes : l'vn court, & l'autre long. Le long auec le corps, & les manches estoit de toile d'argent bleuë, passamentée de clinquant d'or, & d'argent. L'autre auec ses emmanchures estoit de toile d'or jaune, enrichie de mesme clinquant. Ils portoient des coiffures bleuës, auec force plumes & aigrettes. Leurs cheuaux estoient caparassonnez de satin bleu couuert de clinquant d'argent. Cinq de ces Pages portoient chacun vne lance, auec la banderole, ou l'on voyoit plusieurs Chiffres des Cheualiers. Cinq

autres

autres des escus, ou estoiét peintes les armes de leurs maisons.

# ARMES DES MAISONS DES CHEVALIERS DE LA FIDELITÉ.

**L**ES *Armes d'Eranthe font de Rethz. Il porte à deux maffes d'armes, croizees de fable à liens de gueules: armes de la maifon de Gondy.*

## ARMES DE LA MAISON D'ABRADATE.

*Les Armes d'Abradate font de la Rochefoucaud. Il porte facé d'argent, & d'azur: chargé fur le tout de trois cheurons de gueules.*

## ARMES DE LA MAISON DE POLYDAMAS.

*Les Armes de Polydamant font du General des Galeres. Il porte efcartelé. Au premier & tiers d'or à deux maffes de fable, croifees à liens de gueules. Au fecond, & quart couppé en chef de gueules, des clefs croizees d'argent, couronnees d'une couronne d'or fur le milieu: qui font les armes de la maifon de Talard. Au bas du mefme quartier d'hermines: Armes de Bretagne.*

## ARMES DE LA MAISON D'EVRYDAMAS.

*Les Armes d'Eurydamas font de Seneffay. Il porte veré, d'or, & d'azur.*

## ARMES DE LA MAISON DE THRASYLLE.

*Les Armes de Thrafille font de Ragny. Il porte efcartelé. Au premier d'argent à trois bandes de gueules, chargees de coquilles d'argent, & fur l'argent chargé*

d

d'*hermines. Au second d'or à vne croix nillee de gueules.*
*Au quart de gueules, à vne bande d'argent, accompa-*
*gnee de deux jumeles de mefme. Au quart cotiffé d'or, &*
*d'azur à la bordure de gueules, qui font les anciennes*
*Armes de Bourgongne.*

Les autres cinq Pages portoient les Efcus, ou
eftoient leurs noms, & leurs deuifes.

Le corps de la deuife d'Eranthe, eftoit l'Ifle Delos, attachee aux Ifles fixes : l'ame,

       N O N  F L V C T V A T.

Abradate auoit pour la fienne vn rocher battu
des ondes & de la tempefte, auec ces mots.

     Æ T E R N V M Q V E  M A N E B I T.

La Deuife de Polydamant eftoit vne Galere vo-
gante, auec ces paroles.

    C O E L V M  N O N  A N I M V M  M V T A T.

Celle d'Eurydamas eftoit le globe celefte, fuf-
pendu en l'air, auec ces mots,

   P O N D E R I B V S  L I B R A T A  S V I S.

Le corps de la Deuife de Thrafylle, eftoit vne Pyramide pofee fur le fable : L'ame,

     M O L E  S V A  S T A T.

Incontinent aprés ces quinze Pages, parurent
cinq Efcuyers, veftus de double faye de fatin bleu,
chamarré de clinquant d'or & d'argent. Leurs cheuaux eftoient caparaffonnez de mefme eftoffe, &
pareil enrichiffement.

Apres venoit le Temple de la Fidelité, fuiuant

que nous l'auons deſcrit au commencement de ceſte Entree. Quand il paſſa deuant leurs Majeſtez, il
s'arreſta autant de temps qu'il en falut au Pontife,
pour chanter ces vers:

S *Ainctes Deitez ames pures*
 *Qui deſſoubs d'humaines figures,*
  *Gouuernez ça bas les mortels,*
*Permettez nous ſoubs vos Auſpices,*
*De reſtablir les ſacrifices*
*De nos venerables autels.*


  *Seruez à l'vniuers d'exemple,*
*Arreſtez icy noſtre Temple,*
  *Et ſa Deeſſe aymable aux Dieux*
*Ou ne pouuant loger au Monde,*
*N'y moins eſtre plus vagabonde,*
*Elle s'en reua dans les Cieux.*


  *Ne craignez que la difference*
*De ſes loix à celle de France*
  *Abbaiſſe voſtre authorité:*
*Car tout au contraire on peut dire,*
*Que le vray ciment d'vn Empire*
*Eſt la ſeule fidelité.*


  *Depenſer non plus qu'elle face*
*Quelque change en changeant de place,*
  *Il n'eſt nullement à propos:*

Ce qui faict aujourd'huy qu'elle erre
N'est que pour treuuer vne terre,
Qui soit digne de son repos.

Que si quelque ame peu subtile,
Voyant nostre Temple mobile,
 N'en peut la raison conceuoir,
Que ce grand Oracle elle entende:
La voix du fidelle commande
Aux montagnes de se mouuoir.

Grand Roy, belle & sage Princesse,
Venez donc rendre à la Deesse,
 L'hommage des Dieux & des Rois:
C'est gloire qu'elle vous surmonte,
Puis que Iupiter mesme a honte
D'auoir rompu ses sainctes lois.

Au deuant marchoient trois à trois, quinze cornets & hautbois, vestus de longues aulbes de toile d'argent, & d'vne supraueste à l'antique de gaze d'argent bleuë. Ils estoient couronnez de myrthes. C'estoient les Prestres & les Sacrificateurs de la Deesse.

Ils estoient suiuis de quatre Ministres, que les Anciens nommoient victimaires, chargez des choses seruant aux sacrifices, & ayants sur la teste, mesme couronne que les Prestres.

Vn Soldat, accoustré à l'antique, & tenant vn

dard à la main venoit apres. Sa charge eſtoit de cõ-
duire les Machines, & de leur faire obſeruer l'ordre.

Douze trompettes marchoient apres le Temple, habillez & montez comme les premiers.

Vingt Eſtaffiers, accouſtrez comme les precedents les ſuiuoient.

Cleonice, Mareſchal de Camp paroiſſoit apres,
veſtu, monté, & ſuiui de meſme que nous l'aũons
deſ-ja dict.

Apres le Mareſchal de camp, l'on vit venir les
cinq CHEVALIERS DE LA FIDELITE'.
Eranthe, & Abradate marchoient enſemble. Po-
lydamât eſtoit ſeul au milieu, Eurydamas & Thra-
ſylle venoient apres. Leur coiffure eſtoit timbree
d'vn Dragon d'argent, ou paroiſſoient de grandes
plumes, auec le grand bouquet d'aigrettes. Leur
habit eſtoit de ſatin bleu, en broderie d'or & d'argent, à triple ſaye à eſcailles, & de diuerſes façons.
Leurs cheuaux eſtoient caparaſſonnez de meſme
eſtofte & pareil enrichiſſement que leurs habits, &
portoient de grands pannaches blancs & bleus,
couleurs appropriees à la Fidelité.

Cinq Eſcuyers, veſtus & montez de meſme que
les autres cinq precedents, marchoient aprez. Chacun portoit vne lance pour rompre.

Lors que ceſte belle partie eut fait le tour du Cãp,
& que ces renommez Cheualiers eurent rauy les
yeux de tous les Aſſiſtants par leur grace, & par

leur difpofition , à manier leurs cheuaux , qu'ils faifoient aller tantoft à courbettes , & tantoft à grouppades , ils fe rengerent à vn cartier du Camp, pour attendre qu'il fut temps d'entrer en lice , cependant que le Roy de l'Arabie heureufe eft à la porte du Pauillon Royal, qui par le fon de fes trompettes annonce fa venuë.

# L'ENTREE DV CHEVALIER DV PHENIX.

*Comme Cleonthee, Roy de l'Arabie heureuse, estant en
la forest du Soleil pour assister aux funerailles du
Phœnix, en est diuerti par la Renommee.*

## CHAPITRE I.

L'Oiseau qui n'a point d'autre autheur de son estre que luy mesme, chargé d'ans & de vieillesse afin de renaistre, se preparoit à mourir. Il auoit passé dix siecles entiers dans vn bois que tous les Elements reuerent pour l'amour du Soleil, à qui il est consacré L'embrasement de Phaeton, ny le deluge de Deucalion ne luy firent point d'outrage. Il ne fut jamais offencé, ny de chaud, ny de froid. Et ny a pas vn des vents qui en ose approcher, si ce n'eft le gracieux Zephire. Flore accompagnee d'vn nombre infini d'amours n'abandonne jamais cefte demeure delicieufe, & s'esbatant à y produire inceffamment de nouuelles fortes de fleurs, ny fait de toute l'annee qu'vne feule faifon.

Apres que ceft vnique oifeau eut ramaffé foubs les arbres qui portent le Mirrhe, & l'encens des branches & des feüilles, il en baftit induftrieufemét le Bucher ou il fe pofa, attendant que le Soleil qui luy fert de Meurtrier & de Pere, jettaft fes rayons ardens fur cefte matiere combuftible, afin de finir fa vie parmy les odeurs. Cleanthee Roy de l'Arabie heureufe, ayant laiffé la pourfuitte de fes conqueftes, s'eftoit rendu pres de luy pour affifter à fes funerailles, & à fa naiffance. Def-ja les genoux pliez en terre, & les yeux efleuez au Ciel, il prioit le Prince des Aftres d'auancer fa courfe pour acheuer ce myftere, lors que la Renommee qui l'accompagne en toutes fes aduentures, luy fit ce difcours, pour le retirer d'vne attente fi vaine.

Cheualier qui tenez le mefme rang parmy les hómes, que le Phœnix parmy les Oifeaux, & qui de la feule hiftoire de vos faicts d'armes me fourniffez affez de matiere pour occuper toutes mes langues & mes voix, encore que ie fois inceffamment arreftee à confiderer vos actions, ie ne laiffe pas de fçauoir celles de tous les hommes qui font au monde. I'ay des meffagers volants par tous les climats, qui me rapportent tout ce qui s'y paffe de remarquable.

Ceft moy qui ay publié depuis vn Pole iufques à
l'autre. Le deffi d'vn combat qui fe doit faire au mariage du plus accompli de tous les Monarques. Si
vous attendez que le Soleil vienne confommer cefte holocaufte, vous perdrez le temps inutilement.
Il eft allé en France faire hommage de fa lumiere à
vn autre Soleil qui luit deffus la terre, comme luy
dans le Ciel. Ie fuis d'aduis que nous le fuiuions à la
trace, & que nous luy facions cōpagnie en ce voyage. La gloire qu'auec tant de trauaux & de perils
vous auez recherchee en tant d'occafions vous attend maintenant en cefte-cy pour rabbattre la prefomption de quelques Cheualiers qui ont vfurpé
fon nom injuftement. Allons donques y faire voir,
que vos effe_cts_ font conformes à la reputation que
ie vous dōne. Vous aurez pour tefmoins de voftre
valeur, les yeux des plus parfaictes beautez de la
terre.

La def-
cription
de toute
cefte bel
le partie
eft de
Mon-
fieur
d'In-
frainui
le.

Ce magnanime courage animé de ce difcours,
protefte à la Renommee, que jamais entreprife ne
luy fut plus aggreable: mais que le foin qu'il doit
auoir de la cōferuation de fon Oifeau l'empéchoit
de l'abandonner en cefte extremité. Lors elle fit
refponfe qu'elle auoit enuie de le faire tranfporter
auec leur equippage, pour l'expofer comme vne rare victime aux rayons d'vn Soleil qui brufle toutes
les ames genereufes. Et qu'elle eftoit d'auis d'aller
promptement chercher Apollon pour le prier de
les attendre, à fin d'aller auec luy en cefte affemblee.

e

Defpliant doncques fes aifles, elle vola legerement vers celuy qu'elle cherchoit, & le treuua accompagné de toute fa famille celefte. Apres qu'elle luy eut expofé le fuject de fa venuë, & l'eut faict refoudre à retarder fon voyage, elle retourna en porter des nouueles à fon Cheualier, qui l'attendoit en la foreft du Soleil. Pafithee, l'vne des plus cheries Nymphes de Diane, iffuë de l'illuftre race du Dieu du Mince, qui a donné naiffance à Cleanthee, y eftoit auffi. Cefte Princeffe voulant recompenfer la Renommee de la peine qu'elle auoit prife à publier la gloire de fon fils, auoit cependant fait baftir vn Temple, pour luy en faire prefent, & pour la faire dignement paroiftre en vne fefte fi celebre, comme eftoit celle ou elle deuoit accompagner Cleanthee.

## DESCRIPTION DU TEMple de la Renommee.

### CHAP. II.

A ftructure de ce baftiment fuperbe eftoit de forme quarree. Il eftoit fouftenu de douze colomnes, & de huict pilaftres, d'ordre Dorique, pofez fur en quarré de marbre blâc. Les pilaftres eftoient d'argent: les colonnes cane-

lees, moitié d'or, & moitié d'azur : les bazes & les
chappiteaux d'or, & les architraues d'argent & d'a-
zur. Les frizes estoient aussi d'argent, & les corniches d'azur, & tout autour il y auoit des balustres
d'or. Au milieu l'on voyoit vn Piedestal d'argent,
faict à six faces en forme de niches, sur qui l'on a-
uoit posé vne colomne d'or. La Renommee ayant
remercié Pasithee d'vn si riche present, partit incō-
tinent aprez de la forest du Soleil auec le Cheualier
du Phenix, pour aller joindre Apollon en l'Isle de
Delos, ou attendant leur arriuee, il s'occupoit à predire les futures cōquestes du Monarque des Frāçois.

Cependant il auoit preparé vn magnifique char
de triomphe, pour faire son entree dans le Palais de la Felicité auec le C H E V A L I E R   D V
P H E N I X. Tout ce qui paroissoit de ce Char
estoit d'or, excepté les roües, qui estoient d'argent. Il estoit faict à l'antique, fort releué sur le
milieu auec des encoulements deuant & derriere.
Le fonds & le tour jusques en terre, estoit de toile
d'argent incarnate, representant la couleur du feu,
toute semee de chiffres d'argent, & le bas decoupé
en feüilles de chesne, garni de campanes d'argent.
Sur le milieu on voyoit vn autel d'or releué sur trois
marches de marbre & de jaspe. Sur le deuant estoit
vn grand piedestal d'argent. Tout autour du Chariot il y auoit des targues d'or & d'azur, & des trophees d'armes que le Cheualier du Phenix auoit
gaignees, aux conquestes qu'il auoit faictes en

e ij

Orient. Et le reste estoit plein de festons, de moulures, & autres ornements d'or & d'argent.

Ils disposerent donques leurs journees de telle sorte qu'ils arriurêt aux portes de la premiere des Citez du Monde, le second jour de la feste qu'on y celebroit.

---

## COMME LE CHEVALIER *du Phœnix, accompagné du Soleil & de la Renommee arriue à la porte du Pauillon Royal.*

### CHAP. III.

Es Courriers de la Renommee auoient annoncé par toute la ville, la venuë du CHEVALIER DV PHENIX, de sorte que le peuple accouroit à la foule dans la place Royale, pour y voir celuy dont ils auoient ouy parler tant de fois. Aussi tost que sa trouppe eut commencé de paroistre, tous les Assistans saisis d'estonnement, admirerent les rares qualitez du bel esprit, qui en estoit l'autheur. Vn bruict sourd courut à l'instant par tous les Eschaffauts, que c'estoit la Princesse Pasithee, mere de Cleanthee. L'inuention des machines: l'ordre de l'equippage, & la magnificence des habits, firent assez paroistre, & sa pru-

dence, & fa magnanimité. Les Mufes dont elle eft
le fupport & l'appuy, enfeignent en leur efcole fes
autres vertus. Ie ne tairois pas tout feul ce que tout
le monde publie, fi ce n'eftoit que pour dignement
defcrire fes perfectiós il faudroit des liures entiers,
pluftot que de fimples difcours. Ie me referueray
donc à vous en apprendre ce que i'en fçay à vne autre occafion, pour vous dire maintenant que le genereux Dorizel, Prince de Phenicie, fut le premier
de cefte partie qui parut aux barrieres du Camp.
Quand il fut aduerty que le Roy de l'Arabie heureufe s'acheminoit en France, pour fe rendre maiftre du Palais de la Felicité, il l'alla treuuer pour
auoir part à la gloire de cefte entreprife. Mais ce jeune Prince ne defirant point que l'honneur de cefte
Aduéture fût partagé, le pria de s'abftenir de combattre & de le feruir a le conduire dans le Camp.

Dorizel ayant donc falué les Iuges, & rendu l'hô-
neur qu'il deuoit à leurs Majeftez, obtint d'elles ce
qu'il defiroit. Aprés il s'achemina vers le Palais de
la Felicité, afin d'aduertir ceux qui eftoient eftablis
pour en deffendre l'entree, que le Roy d'Arabie,
eftant party du fejour, ou le Soleil fe leue, pour le
defir qu'il auoit d'efpreuuer leurs vaillances, eftoit
arriué aux barrieres du Câp. Et par ce Cartel qu'il
leur prefente, il leur fit entendre, qu'ils fe deuoient
preparer à fouftenir l'effort de fes armes.

e iij

# LE CHEVALIER DV
Phœnix à ceux qui prennent le
nom de la Gloire.

*A PRES auoir couru toutes les Pro-*
*uinces de l'Asie & del'Afrique, ou*
*i'ay commencé de triompher aussi tost*
*que de porter les armes, sans iamais*
*auoir veu la crainte que dans le vi-*
*sage de mes ennemis, Ie venois cher-*
*cher en l'Europe quelque nouueau moyen d'enrichir mes*
*trophees, iusques au point ou ie desire les voir, auant*
*que de permettre à la Renommee d'aller remplir toute la*
*terre de mon nom comme elle eust desia fait: I'en conceus l'espoir des mon arriuee en ceste Court, oyant la pu-*
*blication de vostre Cartel à mesme heure, & me resolus*
*de vous faire confesser apres vous auoir vaincus.*

Qu'au lieu d'honorer la beauté dont vous parlez sans adieu, vous prophanez ses loüanges.

Soit en cela son nom glorieux qui ne peut estre
que celuy de la Deesse tutelaire des François.

Ou soit en voulant decider sa iuste querelle en
vn combat qui n'esgalle pas le merite d'vne si iuste
cause, puis que les Combatans y hazardent moins
que leur propre vie.

*Mais quand i'ay veu que voſtre defi, ſe reſoluoit*
*aux ſimples ieux que les enfans ont accouſtumé de pra-*
*tiquer deuant les fameux Heros des Empires que i'ay*
*deſia conquis : i'ay commencé de recognoiſtre aſſeuremēt,*
*qu'en fin ie n'auray d'autre peine à dompter le monde,*
*que celle de treuuer des hommes aſſez hardis, pour ſou-*
*ſtenir les eſclairs de mon eſpee, puis qu'elle eſt redoutable*
*aux premiers Guerriers de la plus belliqueuſe nation de*
*l'Vniuers : i'accepte neantmoins l'exercice que vous pro-*
*poſez, non pour acquerir en vous ſurmontant l'entree*
*du Palais, ou vous enfermez vne oiſiue Felicité : car*
*ie ſçay bien que celle des courages releuez comme le mien,*
*ne peut eſtre qu'aux belliqueuſes actions. Mais pour*
*vous faire voir que le Ciel ne m'ayant mis ſur la Terre*
*que pour la dominer, ne m'a preſcript les combats, ny les*
*Armes que ie dois employer à mes conqueſtes.*

Ces ames genereuſes qui ne ſe plaiſẽt que dans
les combats, & qui penſent que plus il y a du peril,
plus il y a du contentement, apres auoir leu ce deffy, firent reſponſe à Dorizel : *Que le Cheualier du*
*Phœnix les auoit preuenus, & qu'il auoit pris la peine,*
*qu'ils deuoient prendre, parce qu'ils auoient tous reſolu*
*de l'aller chercher, par tous les coings de la Terre, pour*
*eſpreuuer s'il auoit autant de vaillance que de reputa-*
*tion. Meſmes le braue Almidor l'aduertit, qu'il auoit*
*faict vn vœu ſolemnel, de ne porter iamais eſpee, iuſ-*
*ques à tant qu'il euſt oſté au Cheualier du Phœnix, celle*
*qui le faiſoit redouter par tout le Monde, pour en fai-*

re vn prefent à fa Maiftreffe. Le braue Dorizel les laiffa en cefte refolution, & fortit du Camp pour y faire entrer le Cheualier du Phœnix, & fon equip-page.

## DE L'EQVIPPAGE DV
### Cheualier du Phœnix.

### CHAP. IIII.

VRYPILE, Aide de Marefchal de Camp, entra le premier. Il eftoit veftu de velours noir tout couuert de clinquant d'or. Son cheual eftoit enharnaché de mefme eftoffe, & de pareil enrichiffement.

Douze trompettes, qui marchoient trois à trois le fuiuoient. Ils eftoient habillez de toile d'argent. Leur coiffure eftoit de mefme eftoffe, en broderie d'argent garnie de force plumes. Ils portoient à leurs trompettes des banderoles, remplies des armes, & des deuifes du CHEVALIER, & auoient des aifles au dos. Ils auoient & montoient des cheuaux aiflez, caparaffonnez de toile d'argent tanné en broderie d'argent. C'eftoient des Meffagers volants, que la Renommee auoit depechez par toutes les contrees de l'Vniuers,

pour

pour publier les proüeffes de Cleonthee.

Douze grands cheuaux fuiuoient apres, caparaffonnez de fatin tanné en broderie d'argent. Le
bas des caparaffons eftoit decouppé à feüilles de
chefne. Les poinctes, & entredeux eftoient garnis
de campanes d'argent. Sur le chanfrain de chaque
cheual il y auoit de grandes aigrettes, & de grands
pannaches incarnats, blancs & tannez. Ils eftoient
menez en main auec des efcharpes de taftetas incarnat feruant de refnes, chacun par deux Efclaues, veftus de toile d'argent tanné. Leur coiffure
eftoit de mefme eftoffe en broderie d'argét, & garnie d'vne infinité de plumes incarnates, blanches,
& tannees, auec des bouquets d'aigrettes. Ils portoient des bottines blanches, garnies de meuffles
de Lions dorez. La façon de leur habit fit juger à
tout le monde, que c'eftoient de Perfes. Le Cheualier du Phœnix leur donna le premier rang en cefte
entree, parce que la premiere de toutes fes conqueftes fut l'Empire des Perfes.

On vit marcher apres deux Efcuyers, veftus de
toile d'argent incarnate, paffamentee de clinquant
d'argent, auec vn long manteau de fatin en broderie d'argent: vn cofté attaché fur vne efpaule, & l'autre retrouffé à la façon des Arabes. Leur coiffure
eftoit de fatin tanné en broderie d'argent, doublee
de toile d'argent incarnate, couuerte d'aigrettes, &
de plumes de mefme couleur. Les caparaffons de
leurs cheuaux eftoient de mefme eftoffe, & pareille

f

broderie:le bas couppé en feüilles de chefne,& garni de campanes d'argent. Ils auoient fur leurs châ-
frains des plumes blanches, incarnates & tannees,
& tenoiét chacun vne zagaye,dõt les bouts eftoient
d'or. Ils eftoient fubjects naturels de Cleonthee, &
auoient la charge de fa grande Efcurie.

Ils conduifoient feize pages, habillez de fayes de
fatin tanné,doublez de toile d'argent blanche,cou-
uerts de broderie d'argent. Leur coiffure eftoit de
mefme fatin, & pareille broderie, conuerte de bouquets d'aigrettes & de plumes de mefmes couleurs.
Leurs cheuaux eftoient caparaffonnez de mefme
eftoffe, & femblable enrichiffement , que ceux des
deux Efcuyers. Chacũ de ces Pages tenoit à la main
vne lance peinte des couleurs du C H E V A L I E R,
auec des banderoles au bout,de fatin de mefme liuree, ou fes deuifes eftoient peintes.Ils portoient en
efcharpe l'arc,& la trouffe pleines de fleches dorees,
& argentees. C'eftoient les Enfans des grands Seigneurs d'Arabie, que ce jeune Roy fait inftruire
prés de luy en toutes fortes d'exercices vertueux.

Toute la famille du Soleil marchoit aprés. Les
premiers qui parurent eftoient quarante huict Mu-
ficiens,qui par la figure qu'ils portoient fur leur tefte, firent comprendre auffi toft, que c'eftoient les
Aftres du firmament.Leurs habillements eftoient
de longues robbes de toile d'argent blanche, toute femee d'eftoiles d'or. Ils alloient tous en corps
de Mufique, excepté douze qu'on voyoit à l'entour

du Chariot, & qui eſtoient les ſignes du Zodiaque.
Chacun auoit ſur ſa robbe ſon Signe depeint. Les
deux premiers qu'on voyoit l'vn d'vn coſté, & l'autre de l'autre, portoient l'vn vn Belier, qui de ſes cornes faictes à replis d'airain ſembloit heurter afin
d'ouurir la porte de la premiere maiſon du Soleil, &
donner entree à l'an nouueau : L'autre auoit peinte
ſur ſa robbe la balance d'or, dont il rend egaux les
jours & les nuicts.

Les autres deux portoiét l'vn vn Thoreau, qui s'é-
gaye dans vn pré tout émaillé de fleurs. Le ſecond
vn Scorpion, qui reſpandroit ſon venin tout à l'entour, ſi le Sagittaire, qui eſt derriere luy ne le me-
naſſoit de ſon dard flamboyant.

Pour les autres qui venoient apres, on recognoiſ-
ſoit aux figures peintes à leurs robbes ce qu'ils
eſtoient : car le premier de ces deux Signes y portoit
deux Beſſons, ayants à la teſte, aux bras, aux eſpaules, aux genoux, & aux pieds des eſtoiles : & l'autre
vn Centaure demy-homme, & demy-cheual, qui
tenoit vn arc à la main preſt à decocher.

Les robbes de deux autres eſtoiét remarquables
par vne grande Eſcreuice, qui eſtoit depeinte à celle du premier, & par vn Cheureüil tout eſclatant de
rayons, qui paroiſſoit à celle du ſecond.

Vn horrible Lion tout heriſſé de raiz eſtoit repreſenté à la longue robbe de l'vn de ces deux Signes qui ſuiuoient : & vn Eſchançon qui verſe vne
cruche eſtoit peinct à celle de ſon compagnon.

Cefte Vierge peinte à la robbe de l'vn de ces deux
derniers, qui tient de la main gauche vne gerbe, &
ces deux poiffons qui courent vers le torrent que
l'Efchançon verfe de fa cruche, reprefentez à celle de
l'autre apprenoient affez le nom de ces fignes.

Ces haultsbois faifoient vn fi agreable concert,
qu'il fembloit qu'ils fuffent defcendus en cefte Affemblee, pour y faire entendre l'admirable Mufique du Ciel.

Le Chariot du Soleil, tel que nous l'auons defcrit au commencement de cefte entree, eftoit tiré
par quatre cheuaux bais, attelez tous de front. Ils
portoient des caparaffons de toile d'argent incarnate, tous couuerts de clinquant d'argent. Ils auoiét
des aifles incarnates, auec forces plumes jaunes en-
tremeflees en forme de rayons. Les grands pannaches qui flottoient fur leurs chanfrains, eftoient
compofez de grandes aigrettes, & de plumes incarnates & tannees. On n'y voyoit point pour les côduire d'autre cocher que le Soleil, parce que la cheute de Phaëton apprend affez à tout le monde, qu'ils
ne veulent pas receuoir de chaftimét d'autre main
que de celle de leur Maiftre. Apollon paroiffoit fur
l'Autel doré, releué fur trois marches de marbre, de
jafpe, & d'albaftre. Il eftoit armé d'vne cuiracine
d'argent, & auoit vn bas de faye à l'antique, auec
des bottines blanches. Il portoit fur la tefte vn grád
Soleil, qui l'enuironnoit de rayons, & tenoit à la
main droiête l'arc glorieux, qui luy fit obtenir la

victoire de l'horrible serpent, qui nasquit du limon
de la terre, incontinent aprés le deluge. De l'autre
il estoit appuyé sur la lyre, qui luy gaigna le prix
que l'impudent Marsye luy vouloit disputer auec sa
flutte. Au deuät sur le piedestal estoit éleué le Phœnix, qui sembloit se plaindre à luy de ce que ses foibles rayons n'auoient pas la vertu de mettre le feu
à son bucher. Au mesme endroit paroissoit encores vne femme, dont le visage estoit plein de beauté & de jeunesse, vestuë d'vne robbe de couleur de
saffran, auec des aisles incarnates au dos. Elle se
courboit pour respandre de la main droicte des
fleurs, qu'elle prenoit dans vn panier, qu'elle portoit en la gauche. C'estoit l'Aurore qui precede le
Soleil, pour chasser la trouppe des Estoiles du firmament. On en voyoit vne autre à l'endroict des
rouës, vestuë d'vne robbe de satin verd, toute brodee de fleurs d'or & d'argent auec vne guirlande sur
la teste. C'estoit l'amoureuse Flore Deesse du Printemps. A costé d'elle il y en auoit vne autre, vestuë
d'vne robbe de satin jaune toute semee d'espics
d'argent, qui portoit des espics d'or sur la teste;
vne faucille à la main droicte, & des pauots à l'autre.
C'estoit la Deesse Cerés. Derriere elles on remarquoit vn jeune homme d'vn visage gay, habillé
d'vne robbe rouge, toute couuerte de fruicts d'or
& d'argent, dont la teste estoit couronnee de grap-
pes de raisins, & de feüilles de vigne. Elle tenoit vne
corne d'abondance à la main droicte. C'estoit l'Automne,                                    f iij

Il y auoit à cofté de luy vn cheau vieillard, qui eftoit habillé d'vne robbe grife fourree de mar-tres, toute couuerte de glaçons d'argent, & qui eftendoit les mains deuant vn foyer plein de feu. Ces marques le faifoient affez recognoiftre pour l'hyuer. Au derriere du chariot paroiffoit vn Ado-lefcent tout nud, ayant la tefte rouge, & fe pen-chant en auant. C'eftoit le jour. Il touchoit de la main gauche les pieds d'Apollō & repouffoit de la droicte vne femme affife dās vne nuë obfcure, tou-te couuerte d'vn long manteau noir femé d'eftoi-les. Elle auoit la tefte, & les pieds blancs, pour mō-ftrer par ces extremitez le Crepufcule du matin & du foir. C'eftoit la Nuiɛt. Apres ceft equippage du Soleil, marchoient deux Rhinoceros. Deux Mores les montoient, veftus d'vn faye de toile d'argent blanche. Ils auoient les bras nus, & la moitié de la jambe nuë, & le refte couuert d'vne bottine de la mefme couleur. Ils reprefentoient en l'ordre de ces conqueftes, la terre qui les a produicts. Les Rhino-ceros l'Afie: & les Mores l'Affrique, que noftre Cheualier á fubjuguees par la force de fes armes.

Tandis que les Affiftants s'efmerueilloient de la nouueauté de ces animaux, deux grands & hor-ribles Geants entrerent, qui leur augmenterét leur eftonnement. Ils eftoient veftus d'vne foultane à la Turque, qui leur defcendoit iufques à mi-jambe. L'eftoffe en eftoit de fatin jaune couuerte de bro-derie d'argent. Leur Turban eftoit de mefme eftof-

fe, & de mefme couleur Ils tenoient à la main droicte vn large cimeterre, & en la gauche vn bouclier,
ou la victoire que Cleôtée gagna fur eux eftoit depeinte. Les merueilles que la valeur de Cleontee fit
paroiftre en ce combat meritent d'eftre annoncees
à la pofterité. Voicy ce que i'en ay appris de la Renommee qui prend plaifir à le publier.

Du temps que le Chevalier dv Phoenix
employoit les premiers efforts de fes armes contre
les monftres de la Terre, ces deux efpouuentables
Geants, iffus d'Anthee, & de Famagonde, fille de
Polipheme, fe voyants diffemblables aux autres
hommes les prirent en telle haine, qu'ils fe refolurent d'en exterminer la race. Pour venir plus facilement a bout de ce deffein pernicieux, ils s'acheminerent aux Montagnes de la Lune, afin de rompre
les Efclufes que Neptune y auoit mifes, pour empefcher que le Nil fortant de fon riuage, ne fe ref-
pandit par les campagnes d'Affrique. Ceft ouurage eftant deftruict le fleuue fe desborda de telle forte, que les Poiffons nageoient, ou les oifeaux auoiét
accouftumé de nicher. La Deeffe Ifis marrie qu'on
ne portoit plus dans fon Temple d'offrandes, ny de
vœux, pour remedier à ce defaftre, fe refolut d'en
punir les autheurs : mais voyant qu'il n'y auoit pas
vn des Mortels, capables de furmonter ceux qui
ont faict la guerre aux Dieux mefmes, elle s'aduifa
d'implorer le fecours du Chevalier dv
Phoenix, parce que fa vaillance n'eft point au

rang des chofes humaines. Apres l'auoir long téps cherché en beaucoup de lieux, en fin elle le treuua dans l'Antre du Soleil qu'il auoit efté vifiter, pour apprendre de luy, s'il n'y auoit point en quelque endroict du Monde, quelque Aduenture nouuelle digne d'occuper fon efpee. Ie ne vous fçaurois dire auec combien d'alegreffe, il entendit cefte nouuelle, & comme il fut prompt à fatisfaire à la volonté de la Deeffe, qui le mena promptement aux lieux ou ces Geants commettoient ce rauage Apres qu'il les eut furmontez, en vn long & dangereux combat, il les contraignit de reparer le dommage qu'ils auoient faict, & puis il les donna à la Renommee, qui les eftablit à la garde de fon Temple, de qui nous auons faict cy deffus la defcription.

La Renommee s'y eftoit plantee au plus hault, veftuë d'vn voile blanc, fort delié, tout couuert d'yeux & de plumes, autant de l'vn que de l'autre, auec plufieurs bouches & plufieurs oreilles. Ce veftement eftoit ceint fur le nombril, & retrouffé jufques à mi-jábe. Elle tenoit vn pied en l'air, & eftoit fouftenuë fur l'autre. Ses aifles eftoient eftenduës, comme preftes à voler. Elle auoit vne trompette d'argent à la main droicte. Dans les fix niches qui eftoient au deffoubs d'elle, il y auoit fix hommes, les plus illuftres de tous ceux qui ont vefcu aux fiecles paffez. Le premier eftoit tout nud, horsmis qu'il auoit vne peau de Lion à l'entour de luy, & fur la tefte, au lieu de heaume le muffle de ceft animal.

Il tenoit

Il tenoit vne maſſuë à la main droicte, vn arc à la
gauche, & vn carquois ſur ſes eſpaules : il fut auſſi
toſt recognu pour eſtre Hercule , ce grand Dom-
pteur de Monſtres. Le ſecond eſtoit Hector de
Troye, armé de toutes pieces. L'Aigle qu'il portoit ſur la creſte de ſon armet le fit clairement cog-
noiſtre pour tel : parce que les Princes Troyens
portoient ceſt Oiſeau pour deuiſe , en memoire de
ce que Iupiter en prit la forme, quand il rauit Gani-
mede, qui eſtoit de leur ſang.

Celuy d'aprés eſtoit le fort Achille, armé de meſme , excepté qu'il portoit des muffles de Lion ſur
les genoux, & ſur les couldes. Il tenoit à la main
droicte vne lance, & à l'autre vn Eſcu forgé de la
main de Vulcan , ou le combat des Dieux & des
Geants, eſtoit induſtrieuſement graué.

L'autre eſtoit Ænee, armé de meſme. Il portoit
à la main droicte le rameau d'or , que la Sybille de
Cumes luy donna , quand il alla viſiter au Royaume des Morts, l'ombre de ſon Pere Anchiſe.

Il y en auoit vn autre, armé d'vne cuiraſe doree,
& grauee, qui portoit le bas de ſaye à l'antique, des
bottines blanches, des muffles de Lion ſur les genoux, & ſur les bras. Et ſur le heaume pour cimier
vn Dragon , qui ſembloit jetter feux & flammes
par les yeux & par la bouche. C'eſtoit Alexandre
le grand. Il tenoit à la main gauche le nœud Gor-
dien, & à la droicte vne eſpee nuë pour le trencher.

Le dernier eſtoit armé comme les autres, hors-

g

mis qu'au lieu de heaume, il portoit vne couronne
de Laurier. Il tenoit vne rondache à la main gauche,
ou ces paroles: IE VINS: IE VIS: IE VAIN-
QVIS: estoient escrites : ce qui fit iuger à l'instant
que c'estoit Iules Cesar.

C'est vne chose estrange de voir paroistre ceux
qu'on ne tient point au nombre des choses viuantes: toutesfois si l'on considere, comme la Renommee conserue en vie les hommes illustres, la merueille de les voir en ceste Assemblee, n'en sera pas si
grande. Apres que les courages heroïques ont
souffert quelque temps les trauerses, & les incom-
moditez de la vie humaine, ceste Deesse, qui ne lais-
se point mourir ceux, dót elle publie les faicts d'armes les retire d'entre les hommes, & les conduict
sur vne montagne aspre, & rude, ou l'Immortalité
fait sejour. Ils y sont enfermez dans vn Palais, basty
d'vne estoffe, sur qui le temps, ny les saisons n'ont
point d'Empire, & y sont nourris de nectar, & de
toutes les viandes, qui se seruét à la table des Dieux.
Lors que la Renommee se resolut de venir en France pour remarquer les Aduentures qui deuoient arriuer au PALAIS DE LA FELICITE',
elle choisit entre ceste bande Immortele, ces six
ames genereuses pour montrer au Monarque des
François, comme elle empeschera que le trespas
n'ayst point de puissance sur luy s'il accóplit ce que
tout l'Vniuers attend de ses combats.

Mais pour retourner à nostre Temple, il y auoit

deux femmes aux deux coftez de la porte. Celle qui auoit des aifles au dos, & qui tenoit vn pied fur vne boule , & vne main fur vne rouë eftoit la Fortune. L'autre qui auoit des aifles aux pieds, qui eftoit chauue par derriere, & dont le vifage eftoit couuert de longs cheueux, qui luy pendoient fur le deuant de la tefte, eftoit l'Occafion. On les auoit enchaifnees pour monftrer que l'Occafion s'offre toufiours à Cleonthee pour exercer fa valeur , & que la Fortune eft la fidelle compagne de fa Vertu.

A chacun cofté d'elles, on voyoit en deux autres Niches, deux ieunes hommes. L'vn eftoit aueugle, ayant deux aifles au dos, & vne rouë foubs fes pieds. L'autre montrant vn vifage gay eftoit veftu d'vn riche habit, & tenoit vne couppe à la main droicte, & des efpics à l'autre. C'eftoient la Faueur, & le bon Euenement, qui accompagnent toufiours les deffeins de Cleontee.

Deux femmes paroiffoient aux deux Angles du derriere du Temple. L'vne eftoit veftuë d'vne robe toute couuerte de trophees. L'autre eftoit couronnee de rayós. Elle auoit des aifles d'or au dos, & s'apuyoit fur des trophees d'armes, dont elle eftoit enuironnee. C'eftoient la Victoire & la Gloire. L'vne eftoit la fin de tous les combats du Cheva- lier dv Phoenix. L'autre , le but de toutes fes actions.

On voyoit encores vne femme efleuee dans vne Niche au derriere du Téple, & affife dans vne chai-

g ij

fe, jonchee de fleurs, qui tenoit à la main droicte
vn Caducee, & vne corne d'abondance à la gauche.
C'eſtoit la Felicité, qui ne peut ſubſiſter ſans la Vertu, & les Richeſſes. Le CHEVALIER DV PHOE-
NIX, voulut qu'elle parut armee, deuant les yeux
des Aſſiſtants, pour monſtrer que ſa felicité eſt dãs
les hazards, & dans les combats. Au bruict de ſon
arriuee à la Court, elle voulut aller au deuant de luy
pour le prier de venir prendre dans ſon Palais la
place que ſes merites luy ont acquiſe.

Apres que ce Temple fut paſſé, on vit marcher
ſuperbemét deux grands cheuaux menez en main,
chacun par deux Eſtaffiers. Ces cheuaux eſtoient
couuerts de girets de ſatin tanné en broderie d'argent fort releuee, decouppé & doublé d'vn autre
ſatin incarnat en broderie. Le bas des girets eſtoit
faict en feüilles de cheſne, tout garni de campanes
d'argent. Ils portoient des pannaches incarnats, &
tannez, accompagnez de grands bouquets d'aigrettes. Le Roy d'Æthyopie vaſſal de Cleontee,
aduerti de ſon entrepriſe, choiſit dans ſon haras ces
deux cheuaux dõt il luy fit vn preſent, pour les mõ-
ter le jour qu'il deuoit combattre les Cheualiers de
la Gloire. Ceux qui auoient le ſoin de les conduire
aſſeuroient qu'ils eſtoient de la race de Bucephale.
Les quatre Eſtaffiers qui les menoient eſtoient Arabes, veſtus à la mode de leur pays de meſme eſtoffe
& broderie que les girets des cheuaux, ayants des
coiffures de meſme couleur, garnies de pannaches

& d'aigrettes, & des bottines blanches, auec des meuffles de Lions dorez.

Deux Efcuyers les fuiuoient, habillez & montez comme les premiers. L'vn portoit la lance de Cléó-ree auec vne banderole pleine de fes chiffres, & l'au-tre l'Efcu, ou les armes de fa maifon eftoient pein-tes. Ces Efcuyers auoient la charge de fes armes, & de fon equippage de guerre.

Vingt Eftaffiers les fuiuoient deux à deux, habil-lez de mefme que les quatre premiers.

Dorizel Marefchal de Camp venoit apres. Il eftoit veftu de velours noir, en broderie d'or. Les boutons de fon pourpoinct eftoient de gros dia-mants de prix ineftimable. Il portoit à fon chapeau vn cordon de pierreries de femblable valeur, auec vn gand bouquet de plumes de heron, & vne gran-de enfeigne de diamants. Il auoit auffi vne chaifne de diamants en efcharpe. Il montoit vn grád cour-fier enharnaché de velours noir, & couuert de bro-derie d'or, & auoit autour de luy fix Eftaffiers ve-ftus de velours vert, chamarré de clinquant d'or.

Six Efcuyers marchoient aprés, habillez & mon-tez comme les autres, chacun portant vn Efcu, ou la deuife du Cheualier du Phœnix eftoit peinte.

Le Peuple euft confideré plus long temps la con-tenance de Dorizel, mais la venuë du CHEAALIER DV PHOENIX attira les yeux de tout le monde. Il portoit pour coiffure vn heaume d'efcailles d'orfe-urerie, ou l'art a voulu égaler la richeffe de l'Eftoffe.

Il eſtoit pareil de forme à celuy de Minerue, excepté qu'au lieu de la Sphynge, il eſtoit timbré d'vn Phœnix, & ombragé d'vne quantité de belles plumes, & de grands bouquets d'aigrettes. Son accouſtremét eſtoit vne cotte d'armes d'orfeureries d'eſcailles ſemblables à celles de ſon heaume. Ses manches & bas de ſaye eſtoient de ſatin tanné, decouppé à piece emportee, & double de ſatin incarnat. L'vn & l'autre eſtoit tout couuert d'vne riche broderie d'argét fort releuee. Son bas de ſaye eſtoit double. Le premier eſtoit plus court que l'autre, & tous deux eſtoient decouppez par le bas en feüille de cheſne, & garnis de force campanes d'argent. Ses chauſſes eſtoient de meſme auec le bas attaché, incarnat. Il portoit des bottines blanches en broderie d'argent, auec les eſperons d'argent. La garde de ſon eſpee eſtoit toute couuerte de pierreries. Sa ceinture attachee ſur le milieu du corps à la façon d'Arabie, eſtoit vne chaiſne de diamants d'vne valeur ineſtimable, ayant pour boucle vne grande enſeigne, qui paroiſſoit ſur le coſté droict. Son cheual portoit vn grand caparaſſon couuert de girets de ſatin tanné en broderie d'argent, decouppé & double d'vn autre ſatin incarnat en broderie d'or. Le bas des girets eſtoit taillé en feüilles de cheſnes, garni de campanes d'argent. Il auoit ſur la teſte vn grand pannache incarnat & tanné, auec vn grand bouquet d'aigrettes.

## QVI ESTOIT LE CHEVALIER
*du Phœnix, & de ce qu'il fit luy & tout son equip-*
*page en passant deuant les Eschaffauts*
*de leurs Majestez.*

### CHAP. IX.

ES premiers rangs de ceste troupe acheuoient des-ja le tour du camp, quand les derniers entrerent pour le commencer. On ne voyoit autour des barrieres, qu'or, & argent, broderie, & pannaches. Chacun estoit raui de l'esclat des habits, & de la pompe des machines. Ceux qui conduisoient les cheuaux auoient bien de la peine à les retenir : car ces genereux animaux sembloient dédaigner la terre, qui les portoit, & vouloient tousiours estre en l'air. Mais celuy que Cléothee montoit emporta sur tous les autres, le prix de la beauté, & de l'adresse.

Ce Cheual estoit blanc comme vn Cygne, & auoit toutes les parties de son corps si bien proportionnees, que l'on n'eût peu iuger, lesquelles estoiët les plus parfaictes. Sa force & son courage luy dónoient tant d'action, qu'estant tousiours en vne ardeur perpetuelle il machoit, & remachoit son mords, & jettoit tant d'escume par la bouche, qu'il

en blanchiſſoit toute la place. Il paſſageoit ſi ſuperbement & déplioit ſes jambes auec tant de grace &
de ſouppleſſe, qu'il s'en fut battu le ventre à cha-
qué pas, ſi la grande inquietude qu'il auoit d'eſtre
ſurpris, quand ſon Maiſtre le voudroit faire leuer
ne l'en eut empeſché. LE CHEVALIER ſentant
que ſon Cheual ſe preparoit ſi bien de luy meſme
prenoit les bouts des reſnes en la main, & luy faiſoit
faire des courbettes, tantoſt plus auancees, tantoſt
plus retenuës, & luy donnoit l'aide de ſes jambes ſi
bien à temps, qu'il alloit auec toutes ſortes de ju-
ſteſſes.

Apres que les yeux des Aſſiſtants ſe furent long
temps arreſtez à conſiderer la gentile côtenance de
ce Cheualier, ils apperceurent le Soleil arreſté deuát
l'Eſchaffaut de leurs Majeſtez, pour dire à la Reine,
que la lumiere dont il eſclaire le Ciel, n'eſtant point
ſi agreable, ny ſi puiſſante que celle qui luit dans
ſes yeux, il eſtoit venu leur faire hommage, & les
ſupplier de jetter vn regard fauorable ſur le Phœnix, afin de le faire mourir, pour le faire reuiure. Il
obtint promptement ſa demande, & ceſt heureux
Oiſeau eut vne aduenture cômune à beaucoup d'a-
mes genereuſes.

Les Geants eſpouuentables mirent vn genoüil en
terre deuant l'eſchaffaut de leurs Majeſtez, pour
montrer qu'il n'y a point de grandeur ny d'orgueil
au monde, qui ne doiue fleſchir deuant vne telle
puiſſance que la leur.

La

La Renommee fuiuoit apres, qui prometoit au
Roy, que fi toft que les ans luy auroient donné la
force de fupporter le trauail des armes, elle ne feroit plus occupee à publier autre chofe que fes cô-
bats,& qu'elle le rendroit immortel , comme les
fix Heros qu'elle conduifoit dans fon temple : voicy les vers qu'elle luy prefenta.

---

# LA RENOMMEE A
## leurs Majeftez, pour le Cheualier
## du Phœnix.

PLVS *forte que le temps icy bas commandant,*
*Ie fais viure l'honneur au tombeau defcendant,*
*Pour moy la mort eft douce & d'vne belle enuie*
*Vn braue cœur la cherche & l'eftime fa vie*
*En tous lieux que la mer de fes longs bras eftreint*
*Ie vole en vn moment & rien ne me contrainct*
*Sinon depuis vn temps que ie me fuis cachee*
*De merueille & de honte au fonds du cœur touchee,*
*De voir que tous mes bruicts ny la grandeur de l'air*
*Ne pouuoient les vertus d'vne Reine efgaller,*
*Qui d'vne Deité par miracle animee,*
*Paffant tous les difcours paffent la Renommee.*
*Mais cefte belle Reyne à cefte heure affemblant,*
*Les plus grands Rois du monde à leur regard tremblant,*
*Le Ciel veut que ie forte & rempliffe les poles*

h

De murmures, de sons, de voix, & de paroles,
Et qu'en des mots tonnants d'vn bruict imperieux
Ie chante ceste Reyne & son Fils glorieux,
A qui mesme le Ciel fait part de sa puissance,
Et des Roys plus vaillants promet l'obeissance.

Desia voicy le temps par les Destins prefis,
Que le renom volant de la Mere & du Fils
S'est rendu possesseur de l'ame genereuse
Du Monarque indompté de l'Arabie heureuse,
Qui la guerre au sçauoir ensemble appariant
A fait trembler d'effroy les peuples d'Orient.

Ce Prince en ses pays soubs des Cieux tousiours calmes,
Possede la forest des Cedres & des Palmes,
Où l'Eternel Phœnix au sommeil immolé
Voit reuiure son corps dans les parfums bruslé,
Quand luy mesme seruant de victime & de Prestre
Il s'offre en sacrifice à qui le fait renaistre.

Mais cest Oyseau Prophete, à qui tout est cogneu,
Auec ce ieune Roy volontaire est venu,
Oubliant sa forest en desert conuertie,
Pour vous voir grande Reyne, & vous seruir d'hostie,
Et bruslant du beau feu, qui consomme les Dieux,
Il n'a plus de Soleil que celuy de vos yeux.

Son Roy, qui pour Phœnix, & pour Soleil encore
Recognoit vos beautez, & rauy les adore

*Portant aux Cheualiers la honte & le malheur,*
*S'apreste à surmonter leur iniuste valeur*
*Qui de Felicité doit estre despourueuë,*
*La croyant estre ailleurs qu'en voſtre belle veuë.*

MOTIN.

Dorizel luy en presenta encores ceux-cy au nom
du Cheualier du Phœnix.

# AV ROY.

GRAND *Prince ornement de noſtre aage,*
*Ie viens rendre à tes pieds l'hommage*
*Des Empires d'Afrique & des Orientaux:*
*Et t'offrir mon bras indomptable,*
*Qui comme vn foudre eſpouuentable,*
*A deſia faict trembler tous les Occidentaux.*

*Ie ſçay que c'eſt vne imprudence,*
*De comparoiſtre en ta preſence,*
*Soubs ceſt vnique nom qu'à bon droict tu pretends,*
*Puis que la bouche des Oracles,*
*Qui nous ont predict tes miracles,*
*Ta toy-meſme nommé le Phœnix de ce temps.*

*Ie ſçay qu'acheuant la conqueſte,*
*Que le ſort des long temps m'apreſte,*

h ij

*Il semble que ie mets la Faux en ta moisson:*
*Veu que ta valeur sans seconde,*
*Doit faire viure vn iour le monde.*
*Sous vne mesme Loy d'vne mesme façon.*

*Mais voicy comme ceux qui traittent*
*Ces mysteres les interpretent,*
*Tu seras le Phœnix que ie vais adorant,*
*Toy seul Prince de tous les hommes,*
*Regiras le monde où nous sommes,*
*Et moy seul en seray soubs toy le conquerant.*

*Que si tu veux que ton espee,*
*Soit par ta main mesme occupee,*
*A donner aux humains tes equitables Loys:*
*Apprends des histoires Antiques,*
*Qu'Alexandre aux ieux Olympiques,*
*Genereux ne voulut, combattre que des Roys.*

*Fay de mesme espargne ton foudre,*
*Pour seulement reduire en poudre,*
*Les Roys qui trop hardis t'oseront irriter:*
*Et fay lors d'vn coup de tonnerre,*
*Voir que s'ils sont tous Dieux en terre,*
*Il n'appartient qu'à toy d'estre le Iupiter.*

LE MAINE.

Apres qu'il eut donné le loisir à sa Majesté de les
lire il porta encores ceux-cy à la Reine & à Madame.

# A LA REINE.

Laire eſtoile Aſtre radieux,
Eſgalle aux plus claires des Cieux
Fors qu'en leur humeur vagabonde:
Ie rends à ton puiſſant Flambeau,
Ce qu'au premier Aſtre du monde,
Le Phœnix rend iuſqu'au tombeau.

Ie n'adorois que le Soleil,
L'ayant touſiours creu ſans pareil,
Mais ô Deeſſe de la France
Auiourd'huy ta viue clarté,
Me faiét bien voir la difference,
De l'image à la verité.

I'apprens ores que tes beaux yeux,
Sont plus puiſſants que tous les Dieux,
Qu'on recognoiſt en ma patrie:
Et confeſſe en quittant leur Loy,
Qu'on ne peut ſans idolatrie,
Adorer au monde que toy.

Auſſi verras-tu les mortels,
T'eriger bien toſt plus d'Autels,
Que n'en a le Dieu du tonnerre:

h iij

*Et reuerer deuotieux,*
*Le iour que (pour regir la Terre)*
*Tu voulus defcendre des Cieux.*

*De moy ie t'offre en premier lieu,*
*Les Temples confacrez au Dieu,*
*Qui fouloit abufer mon ame:*
*Puis que c'eft toy qui luy fournis*
*Cefte pure & puiffante flame,*
*Dont il brufle apres mon Phœnix.*

*Là bien toft mes guerrieres mains,*
*Fairont venir tous les humains,*
*Seruir tes vertus admirables,*
*Si l'on en peut encores voir,*
*Qui par tes beautez adorables,*
*Ne foient foubfmis à ce deuoir.*

LE MAINE.

---

# A MADAME.

*E ne viens point fur la carriere,*
*O belle & puiffante Guerriere,*
*Pour me voir couronner de Lauriers toufiours*
*verds:*
*Chacun te cede cefte gloire,*
*Et recognoift que l'Vniuers,*

*Encor en a trop peu pour ta seule victoire.*

La douce force de tes charmes,
Fait voir aux plus braues Gendarmes,
Qu'ils n'ont iamais tant fait qu'ell'a fait en vn iour:
Puis qu'elle a conquis vn Empire,
Soubs qui (pleins de crainte & d'Amour)
Le peuple d'Orient & d'Occident respire.

On te doit mettre sur la teste,
Apres vne telle conqueste,
Auecques les Lauriers, l'Oliue de Pallas:
Car tu retiens ( chassant la Guerre,)
La paix dont chacun estoit las,
Entre les plus grands Roys qui viuent sur la terre.

C'est pourquoy l'on pratique en France,
Au lieu des combats à outrance,
Auiourd'huy deuant toy les ieux & les Tournois,
Où ie viens montrer mon adresse,
Attendant que soubs le harnois,
Ie puisse en te seruant te monstrer ma proüesse.

LE MAINE.

Cleonthee venoit apres : mais si tost qu'il eut jetté la veuë sur la Reine, il protesta de n'adorer plus
d'autre lumiere que celle de ses yeux, & se resolut
de dire au Soleil qu'il s'en retournast s'il vouloit en
Orient: que pour luy il estoit d'auis de faire à l'aduenir sa demeure en ceste Court. Puis il fait offre de

l'Affrique, & de l'Afie au Roy, & luy dit qu'en quittant le tiltre du CHEVALIER DV PHOENIX
il vouloit deſormais ſeruir ſa Majeſté ſoubs le nom
du Duc de Longueuile, Nous l'appellerons donc
ainſi , & vous dirons que ſa deuiſe eſtoit vn Phœnix enuironné d'vn feu qui le conſumoit, auec ces
paroles.

MORIR POR NO MORIR.

*Ses armes ſont d'Orleans, Il porte de France au lam-
bel à trois pieces & baſton d'argent.*

Les anciens tenoient de la race des Dieux : ceux
qui garantiſſoient leur Patrie de quelque danger
apparent. Si nous auions ceſte creance, nous ſeriós
obligez de mettre, en ce rang les predeceſſeurs
de ce Prince . N'a-t'on pas veu beaucoup de
fois lors que ceſte Monarchie eſtoit preſte de faire
naufrage, que le Ciel a d'vn ſoin merueilleux ſuſci-
té des Heros de ceſte illuſtre maiſon, afin que nous
leur fuſſions redeuables du miracle de noſtre cõ-
ſeruation. Si par l'apparence des fleurs il eſt permis
de faire vn preſage de la bonté des fruicts: tãt de rares vertus accompagnent les actions de ce ieune
Prince, que la France ſe doibt promettre de retirer
à l'aduenir autant d'appuy de ſa prudence & de ſa
valeur, qu'elle en a receu jadis de celle de ſes ayeux.
Il eut faict ſon entree comme les autres Princes, le
premier jour : mais l'indiſpoſition qui luy arriua le
contraignit de la differer iuſques au ſecond.

Dorizel, qui a touſiours accompagné le CHE-
VALIER DV PHOENIX en toutes ſes entrepriſes

fes, ayant fceu la refolution, qu'il auoit prife de demeurer en France, protefta d'abandonner deformais fa Phenicie, & offrit fon feruice à leurs Majeftez, afin de viure infeparablement auec Cleonthee,
& l'accōpagner en la cōquefte que le Monarque des
François doit bien toft faire de tout le monde. Il
quitta donques fon premier nom, pour prendre
celuy du fils de ce grand V I L E R O Y, de qui les fages confeils rencontrent des fuccez fi fortunés, qu'il
femble eftre infpiré du Genie de c'eft Empire.

Cependant Monfieur de Longueuile Duc, & Pair
de France, gouuerneur & lieutenant general pour
le Roy en Picardie, s'achemine vers le Palais de la
Felicité pour efpreuuer l'auanture des courfes: mais
les Cheualiers de la Gloire, luy font voir que beaucoup d'autres l'auoient deuancé en ce deffein, & que
par les loix du Camp il eftoit obligé d'attendre,
qu'ils euffent rompu leurs lances. Cefte refponfe,
le fit retirer auec fon equippage, en vn lieu que le
fieur d'Efcures luy monftra pres des Cheualiers de
la Fidelité, ou il attendit auec impatience qu'il luy
fuft permis d'entrer fur la lice, pour y faire preuue
de fon adreffe.

i

# L'ENTREE DES QVATRE VENTS.

*COMME LA DEESSE PAL-*
*las va en Æolie treuuer les Quatre Vents.*

## CHAPITRE X.

QVAND Pallas eut appris de la Renommée l'alliáce de la France auec
l'Espagne, & l'entreprise des Cheualiers de la Gloire, ceste grande
Deesse,qui commande aux lettres,
& aux armes, & qui inspire aux
Mortels les genereux desseins, & les honorables entreprises se ressouuenant d'vn Decret, que les destins auoient resolu en faueur de Loüys XIII.&d'vn
Nauire,qui luy estoit fatalement reserué en la conqueste qu'il doit faire de tout le monde, se trans-

i ij

porte en Æolie, pour y treuuer les quatre Véts dans
leur Antre plein d'orages, & de tempeftes.

Entre Lypare, & Sicile eft vne Ifle de forme ronde appellee Euonyme la gauche. Vne haute montagne s'y éleue, au fommet de laquelle on voit deux
ouuertures, qui vomiffent feux, & flammes , & qui
menent vn tel bruit que les peuples d'alentour en
font tous efpouuantez. Là font les Vents qui fremif-
fent dans cefte clofture , & qui bien fouuent em-
portez de rage fortiroiét de cefte demeure, & iroiét
bouleuerfer le Ciel, la Mer, & la Terre, fi Æole, qui
commande fur eux, ne leur retenoit la bride. Pallas
fe plante à l'étree de l'vne de ces cauernes, & puis
profere à haute voix ce langage.

*Princes de l'air, fi pour acquerir de la Gloire, vous*
*accompagnaftes autrefois le valeureux Iafon, celuy qui*
*premier porté dans vn Nauire , ouurage de ma main,*
*marcha fur le dos de Neptune, au grand eftonnement*
*des Tritons, qui fuyoient au deuant de cefte eftrange*
*nouueauté: que deuez vous faire maintenant que les De-*
*ftins vous ouurent vn chemin plus honnorable, pour*
*exercer voftre courage , & pour vous faire eftimer des*
*Dieux, & des hommes. Vne Reine la plus accomplie,*
*de l'Vniuers prepare les magnificences du mariage de fon*
*fils, le plus grand Roy que les lieux de vos naiffances*
*ayent produit. Le Ciel, & la Terre s'en réioüiffent, &*
*les ames des genereux guerriers , quittent l'ombrage des*
*myrthes amoureux, & des champs Elyfees pour les ho-*
*norer. Le Soleil eft defcendu du Ciel, pour afsifter à cefte*

*fefte, & les plus renômees Nymphes de Diane, ont quit-*
*té les bois, & la chaffe pour eftre de la partie. Seriôs nous*
*pas iuftement blafmez d'auoir peu de foing d'augmenter*
*la reputation que nous auons acquife, fi tandis que tout*
*l'Vniuersdefire d'y tefmoigner fa valeur, nous mefprifiôs*
*d'y faire paroiftre la noftre. Ie vous coniure d'oublier vos*
*anciennes quereles, & de vous vnir enfemble, pour me*
*conduire legeremêt dans vn Nauire aux bords où la Sei-*
*ne engloutit les eaux, & le nom de Marne. Ce Nauire*
*eft d'vn bois, qui croit au mont Olympe. Les ondes, les*
*flammes, ny la longueur du temps ne le peuuent confu-*
*mer. C'eft là que ie dois vn iour faire embarquer ce ieu-*
*ne Monarque, pour qui les Oracles ont predit tant de*
*merueilles, & fous voftre faueur le rendre feigneur de*
*l'vn, & de l'autre Hemifphere. Allôs doncques (ô chers*
*compagnons de mes entreprifes) rendre à la France*
*des marques de noftre vaillance, & de noftre adreffe,*
*& faire paroiftre à ceux qui deffendent le Palais de la*
*Felicité, qu'il n'y a que ceux de ma fuitte qui meritent le*
*nom des Cheualiers de la Gloire.*

Lors qu'elle eut acheué ces difcours, les quatre
Vents, qui auoient quitté leurs quereles, pour l'entendre, la remercierent de ce qu'elle auoit preferé
leur affiftance à celle de tant d'autres Deïtez en vne
entreprife fi honorable, & luy dirent, que s'ils faifoient profeffion de rechercher les occafions où
l'on acquiert de l'honneur, que celle dont elle leur
parloit eftant fi celebre, ils eftoient eftroictement
obligez de s'y treuuer. Et puis qu'vne fi prudente,

& si vaillante Deesse les reçeuoit en sa compagnie,
ils se promettoient que toutes les forces des Mortels n'estoient pas capables de leur faire resistence.
Qu'elle se disposast doncques de partir quand elle
voudroit. Quant à eux, il leur tardoit des-ja qu'ils
n'estoient sur la lice, pour luy faire paroistre que
leur valeur égale son iugement. Mais pendant
qu'ils se disposent de la côduire en Frâce, leur Prince
Æole s'appreste de les mener, & d'estre leur Mareschal de camp, lors qu'ils entreront dans la place
Royale, pour chastier la temerité des hommes, qui
osent s'attribuer vn tiltre, qui n'est deub qu'à la race des Dieux.

---

## COMME LA NAVIRE DE PALLAS

*est porté aux Isles des hautes aduentures, & de la*
*bataille où les quatre Vents se treuuerent.*

### CHAP. XI.

E vaisseau de Pallas fendoit les ondes de la Mer, & les Vents vnis ensemble, s'estoient mis à la pouppe,
enflants les voiles auec tant de faueur, qu'en peu de temps il vint
surgir en l'Isle des hautes auantures. C'est vne contrée, où les exercices de Mars se font mieux qu'en
autre part du monde. Ceux qui veulent viure apres

leur mort dans les hiſtoires, y vont eſpandre tous
les iours leur ſang, & y ſacrifier leurs vies. Le grand
Porus, Roy des Indes en a conquis vne grande partie, & mene vne guerre continuele contre les habitans de l'autre. A l'heure que les Vents y arriuerent Anaxandre ce renommé Cappitaine auoit
rangé en bataille ſes eſcadrons, pour les oppoſer à
ceux du braue Oronce Lieutenant du Roy Porus.
Deſ-ja les enfans perdus dreſſoient leurs eſcarmou-
ches, & l'artillerie commençoit a ioüer auec tant
de rauage, que pluſieurs rangs en eſtoient eſclaircis. Maints ſoldats, & maints Cheualiers y finirent
leurs iours, & principalement de ceux d'Anaxandre, que l'artillerie d'Oronce offenſoit cruelement.
En fin l'on vint à baiſſer les lances, & à coucher les
piques auec tant de bruiĉt d'vn coſté & d'autre,
qu'on n'entendoit plus les arquebuzades qu'on tiroit ſur les flancs. Zephyre voyant le meurtre qu'on
faiſoit des guerriers de ſon cher Anaxandre, demande ſes armes, & auec le congé de la Deeſſe, ſe
fourre parmy les plus eſpaix bataillons d'Oronce.
Vulturne qui a lié ſo ame auec la ſiéne d'vne eſtrein-
ĉte ſi ferme, qu'il n'y a que la mort capable de les
deſunir, le ſuit, & luy crie; Arreſte (cher amy) &
ne te precipite pas ainſi dans les dangers, ſans
auoir vn compagnon en ton auanture. Le
foudre n'eſcarte pas auec plus de violence les nuages, que Zephyre ouuroit de ſa lance les Eſcadrons aduerſaires. Vulturne jettant les yeux ſur

fon Compaignon , & s'eſtonnant de ſon extreme prouëſſe, s'arreſta , & creut que ſi leurs forces eſtoient joinctes enſemble,& que s'il ſe rengeoit
du parti d'Anaxandre , ils auroient peu de plaiſir à
combattre,pour la facilité qu'ils treuueroiét à def-
faire l'ennemy. Il ſe mit donques du coſté des Aduerſaires que la valeur de Zephyre commençoit
d'esbranler , & abbattant de ſa lance Cheualiers &
cheuaux,il arreſta la Victoire,qui ſe tournoit incertaine,tantoſt d'vn party, & tantoſt de l'autre. Puis
mettant la main à l'eſpée, il dónoit la mort,par tout
ou il portoit ſa main. Oronce voyant ce nouueau ſecours,reprend courage, & ranimant au combat ſes
eſcadrons,choiſit vne forte lance,& s'en va rencontrer Anaxandre,qui le voyant venir, pique auſſi ſon
cheual, de ſorte que les eſclats de leurs bois ayant
volé en l'air, ils ſe choquerét de heaumes, & deſcus
par telle force, que bien qu'ils ne perdiſſent les arçons, toutesfois ils ſe treuuerent ſi eſtourdis, qu'ils
en perdirét preſque tout ſentimét. Les deux Vents
du Nort, & du Midy arriuerent cependant au ſecours de Zephyre,& fendant la preſſe, renuerſoient
tout ce qui s'oppoſoit à leurs eſpées. Enfin la valeur
de Vulturne , qui auoit long temps tenu en balance le ſort des armes fut cótrainctede ceder à celle
de Zephyre,& de ſes compagnons, & à la prudence
incomparable du chef contraire. Oronce eſt forcé
de ſonner la tetraicte, & de ſe retirer auec vne gráde
perte dans ſon camp,fortifié de ráparts,& de foſſez.

Il

Il n'y a que Vulturne, qui voyant la fortune contraire, se retire à vn petit bois, proche du lieu ou la
bataille s'estoit donnee, resolu d'attaquer luy tout
seul le lendemain l'armee d'Anaxandre, & de la
mettre en routte. Des-ja il auoit delacé son heaume,
&attaché sõ cheual au pied d'vn arbre, pour serepo-
ser lors que Pallas y arriue, qui luy remonstre la
promesse que luy & ses cõpagnons luy auoient faicte, de la conduire en France, Qu'elle auroit subject de s'offencer s'ils ne demeurojent d'accord, &
s'ils n'acheuoient ce qu'ils luy auoient promis Qu'il
se resolut donques de la suiure, & de retourner à
leur Nauire pour acheuer leur voyage. Vulturne
qui ne reuere d'autres Deitez que celles de la guerre,
obeist a son commandement, & remontant à cheual reprend auec elle le chemin du port Ils n'eurent
long temps cheminé, qu'ils rencontrerent les Vents
du Nort, & du Midy, qui ayants veu comme Vulturne s'estoit desrobé de l'armee d'Oronce, l'auoiët
suiui pour prendre garde à ce qu'il auoit entrepris
de faire. Pallas leur commanda aussi de la suiure,
de sorte qu'en peu de téps ils arriuerent à leur vaisseau. Tandis Anaxandre qui auoit jetté les yeux sur
les hauts faicts d'armes de ces guerriers incognus
s'approcha de Zephyre, qui auoit delacé sõ heaume
Il le recognust aussi tost, & l'embrassa mille fois.
Il rendit graces au Ciel, de ce qu'il luy faisoit ceste faueur de reuoir ce ieune guerrier, que luy mesme a
instruict aux combats, & duict aux batailles, pour

k

eftre vn iour fucceffeur de fes charges, auffi bien
que de fa vaillance. Mais fi Anaxandre a fubject de
fe refiouyr, Oronce à bien occafion d'eftre en allar-
me. Il maudit la fortune , qui s'oppofe à fes def-
feings, & fe refoult à deloger de peur de receuoir
vne entiere deffaicte. Comme il eft en cefte refolution, vn grand bruict qui procede du camp d'Ana-
xádre fe faict ouyr par tous les lieux d'alentour. Eurymedon , & Lyfaran cheualiers renommez par
toute l'Afie , & vaffaux du Roy Porus excitoient
vne telle rumeur. Ils eftoient fils du Dieu du Gange , & de la Nymphe Calliree. Apres auoir acheué
maintes eftranges Aduantures, le defir de faire feruice à leur Prince , & de s'efpreuuer contre les Cheualiers d'Anaxandre les auoit amenez en ce lieu. Ils
y arriuerent lors qu'Oronce s'eftoit def-ja retiré
dans fon camp, & n'ayans peu fe treuuer à la bataille, attaquerent tous feuls l'armee d'Anaxandre, &
paffants à trauers, renuerferent & tuerent tout ce
qui voulut s'oppofer à leur force incroyable. Quád
ils furent arriuez aux ramparts du camp d'Oronce,
ils fe firent cognoiftre. Le Chef courut auffi toft
pour les receuoir auec mille fortes de complimêts.
Ayant auec luy deux fi braues guerriers, il ne redoute plus Anaxandre, ny fon nouueau fecours.
Le foir mefme ils prierent Oronce, qu'il leur fut
permis de deffier le lendemain deux des Cheualiers
d'Anaxandre afin de luy faire prefent de leurs teftes, pour premiere preuue de leur valeur. Le Chef

le leur accorda, & le combat s'en enſuiuit ainſi que nous verrons tout maintenant.

---

*DV CRVEL ET DANGEREVX combat qu'eurent Zephyre, & Vulturne contre Eurymedon, & Lyſaran & de ce qui en aduint.*

## CHAPITRE XII.

A Courriere du iour ouuroit les barrieres des Indes, lors qu'en vint aduertir Anaxandre qu'vn Herault d'armes demandoit permiſſion d'entrer au Camp & de parler à luy. Il commanda qu'on l'amenaſt. Le Herault entrant dans ſon pauillon, ſans autrement le ſalüer, luy tint ce langage. *Les Dieux veuillent accroiſtre tous les iours l'Empire du grand Roy Porus, & confondre ceux qui luy ſont rebelles. Eurymedon & Lyſaran les meilleurs Cheualiers du Monde, m'enuoyent pour deffier deux de tes Cheualiers. S'ils s'en treuue qui ayent le courage de les combatre, voila leur gage.* Ce diſant il jetta vne piece d'vn bas de ſaye, qu'Eurymedon luy auoit baillée. Zephyre ayant ouy le deffi de ceſt Herault, ſupplia Anaxandre de permettre qu'il luy fit reſponſe. Sa requeſte luy eſtant accordee, il reſpondit en ceſte ſorte : *Herault retourne à ceux qui t'ont enuoyé, & leur dis, que s'ils ſe fachent de viure, ils treuueront icy tout maintenant deux Cheualiers, qui*

*les tireront de ceste peine*. Au moins ce ne fera pas
vous ( refpond le Herault ) Vous eftes trop jeune,
pour auoir le courage de les attendre. Tu m'auras
en l'eftime que tu voudras ( dit Zephyre: ) tes inju-
res ne me fçauroient offenfer. Porte leur feulement
ce gage. Acheuant ce difcours il arracha le bord de
fon hoquetton, qu'il luy ietta pour gage. Le Herault eftant retourné au camp d'Oronce, rapporta
à luy & aux deux Cheualiers ce qui s'eftoit paffé au
deffy qu'il venoit de faire. Eurymedon, & Lyfaran
demanderêt incôtinent leurs armes, & montez fur
de grands cheuaux caparaffonnez de fatin de la
Chine fortirent à la campagne. Oronce portoit
l'efcu d'Eurymedon , & Armoran de Lyfterne fa
lance. Eurylas de la Tour d'argent , & Marfonde
portoient auffi, l'vn la lâce, & l'autre l'efcu de Lyfarã.
Zephyre eftoit d'autre part occuppé à s'armer, marry neaumoings de ce qu'Anaxandre vouloit hazar-
der fa vie, & luy feruir de fecond en ce combat. Il
croyoit que le Vent du Nord , ou celuy du Midy
reuiendroient au camp , & que l'vn ou l'autre l'af-
fifteroit en cefte action. Mais Pallas les auoit ra-
menez au vaiffeau, & auoit expreffement commandé au Prince Æole de ne les laiffer point fortir. Cependant elle tira à part Vulturne, & luy apprit le
danger ou fon cher Zephyre s'alloit expozer, luy
donnant congé d'aller au camp d'Anaxandre pour
eftre de la partie. Vulturne ayant remercié la Deeffe, depecha incontinent vn Efcuyer pour aduertir
fecrettemét Anaxandre du deffeing qu'il auoit pris

d'eſtre le ſecond de Zephyre. Ce grand Cappitaine, qui auoit veu le iour precedent les hauts faiſts
d'armes de ce jeune guerrier, receut vn extreme
plaiſir de ceſte nouuele, & en aduertit Zephyre, qui ſans autre de lay ſortit du camp, monté ſur vn cheual d'Eſpagne caparaſſonné de ſatin
vert, tout plein de lettres G G, où l'on voyoit
des cœurs rouges, en broderie d'or. Anaxandre portoit ſon Eſcu, & le genereux Lycidas du
Pont Vermeil, ſa lance. Quant ils furent arriuez
au lieu, ou les deux freres les attendoient, l'on vit
ſortir d'vne petite foreſt vn Cheualier armé de fortes armes blanches. Il eſtoit ſi diſpos & ſi adroiſt,
qu'il rauiſſoit les yeux d'vn chacun. Zephyre le recognut auſſi toſt pour Vulturne. Sur ces entrefai-
ſtes Eurymedon, & Lyſaran commencerent à prendre leurs lances, & leurs Eſcus. Le Cheualier aux
armes blanches ayant auſſi empoigné vne forte
lance que ſon Eſcuyer portoit s'en vint renger au
prez de Zephyre, qui auoit deſ-ja mis la ſienne en
l'arreſt. Eurymedon s'addreſſa à Zephyre, & Lyſaran à Vulturne. Leurs rencontres furent telles
qu'Eurymedon fut porté à terre grieuement nauré,
& Zephyre ſe treuua ſur l'herbe freſche: pendant
que Vulturne ayant fauſſé l'Eſcu, & le haubert de
Lyſaran, & renuerſé ce Cheualier, il fut ainſi rencontré de la lance de ſon Ennemy de telle roideur,
que force luy fut d'aller auſſi par terre. Ces quatre
Cheualiers la fleur de tous les Cheualiers du Mon-

de., s'eſtant releuez mirent la main à l'eſpee, & ſe
couurants de leurs Eſcus commencèrent à s'entre-
chamailler de coups ſi trenchants qu'ils en faiſoient
voler les pieces de leurs armes. Ce combat dura
quatre groſſes heures, ſans qu'on remarquaſt de
l'auantage d'vne part, ny d'autre : horſmis que Zephyre, & Vulturne, ſe monſtroient touſiours plus
frais, & plus legers : au lieu que les deux freres af-
foibliſſoient à veuë d'œuil. En fin Eurymedon deſ-
pitant tous ſes Dieux, de ce qu'vn Cheualier luy
donnoit tant de peine, jetta par terre le reſte de ſon
Eſcu, & prenant ſon eſpee à deux mains deſchargea
vn ſi furieux reuers ſur la creſte de l'armet de Zephyre, que s'il eut eſté autre que celuy de Pallas, qui le
luy auoit preſté en ce combat, il eſtoit en grand
danger de ſa vie. Le coup fut ſi demeſuré, que Zephyre fut contrainct de donner d'vn genoüil à terre. Mais il ſe redreſſa promptement en telle colere,
que ſe jettant ſur Eurymedon il l'attaignit ſi viuement qu'il luy fit donner des mains en terre, &
rompre les laqs de ſon heaume, de ſorte qu'il luy
ſortit de la teſte. Zephyre le voyant ſans armet,
redoubla ſon coup, & luy trencha le chef. Ayant
ainſi mis fin à ce combat il jetta les yeux ſur Vulturne, & vit qu'il auoit deſ-ja abbattu ſon Aduerſaire, & que ſans aucune pitié il luy trenchoit auſſi la
teſte. A l'inſtant les trompettes & les clairons commencerent à rezonner au camp d'Anaxandre. Tous
les Cheualiers accouroient pour les embraſſer. Le

Chef n'eſtoit jamais las de les careſſer, & de les bai-
ſer : au lieu qu'Oronce ſe retira dans ſon camp, &
& deſeſperé de voir jamais vn heureux ſuccez enſes
entrepriſes, enuoya le ſoir meſme au camp d'Anaxandre deux des plus notables de ſon armee pour
requerir vne treue de ſix mois. Elle luy fut accordee. Ceſte treue fut cauſe puis apres de la paix, qui
s'en enſuiuit. Tandis Zephyre, ayant laiſſé tant de
marques eterneles de ſa valeur en ceſte Iſle, qu'elles
occuperont les hiſtoires fideles à les raconter, prit
congé d'Anaxandre, & auec le valeureux Vulturne
alla retreuuer la Deeſſe Pallas, qui les attendoit dás
ſon Nauire auec les autres Vents. Ils cinglerent ſi
heureuſement, qu'ils arriuerent à la porte du Pauillon Royal, à l'heure que le Roy de l'Arabie heureuſe y entroit.

## DE L'ARRIVEE DES QVATRE
### *Vents au Camp de la Place Royale.*

### CHAP. XIII.

E ſon des trompettes des Quatre
Vents demádoit l'entree du Camp,
lors que les Barrieres leur ayát eſté
ouuertes l'on vit entrer leur Prince
Æole. Il portoit vn habit de toile
d'or couuert de broderie d'or & d'argent tout ſemé

de pierreries. Il auoit pour efcharpe vne large cheifne de diamants, & à fon chappeau vne enfeigne de
pierreries , auec le grand bouquet d'aigretes. Il
montoit fur vn cheual d'Efpagne enharnaché de
mefme eftoffe que fó habit. Só Efcuyer marchoit deuát, veftu de fatin noir, chamarré de clincant d'or.
Só cheual eftoit enharnaché de mefme eftoffe & de
pareil enrichiffement. Six Eftaffiers venoient apres
veftus de velours auec chauffes à bandes. Ils portoient des cappes a l'Efpagnolle , chamarrees de
clincant d'argent. Leurs coiffures eftoient des bonnets de velours noir, auec de grands pannaches,
blancs , & noirs. Quand ce Marefchal de Camp eut
faliüé les Iuges il mit pied à terre deuant l'Efchaffault de leurs Majeftez , & leur expofa comme les
quatre Vents d'Orient, & d'Occident : du Midy,
& du Septentrion, conduifoient la Deeffe Pallas
dans vn Nauire qu'elle leur venoit offrir, & que
pour ceft effect il leur fut permis d'entrer au Camp,
& de prefenter aux Cheualiers de la Gloire vn deffy
qu'il auoit en main. Leurs Majeftez luy accorderent ce qu'il demandoit, de forte que de ce pas il va
vers le Palais de la Felicité, & baille ce Cartel aux
Cheualiers, qui en deffendoient l'entree.

L E S

# LES QVATRE
# ROIS DE L'AIR
## AVX CHEVALIERS
### DE LA GLOIRE.

SÇACHEZ *Cheualiers, que la voix de l'Oracle, ou pluftoft la noftre qui vous a promis la
premiere entree du Palais de la* FELICITE,
*ne vouloit que fçauoir fi vous auiez tant de prefomp-
tion que de vous en iuger capables & de vanité que
de l'ofer dire; c'eft à nous qui renuerfons les villes & les
Prouinces à nous ouurir non feulement les portes de ce
Palais, mais encor à le ruiner quand il nous plaira, mais
pardonnant aux chofes inanimees nous voulons vous
faire aduoüer qu'eftant* LA BEAVTE *que vous reuerez & que nous adorons la mefme perfection & vne
diuinité vifible, nous meritons feuls d'en publier la gloire que nous fçaurons eftendre plus loing & plus promptement que vous ne pourrez pas faire.*

ZEPHYRE.
VVLTVRNE.
AVTAN.
AQVILLON.

I

Aussi tost que les Cheualiers de la Gloire eurent receu ce Cartel, & que le valeureux Æole, eut raconté aux Vents, ce qui s'estoit passé, ils entrerent en l'equippage que nous allons descrire.

## DE L'ORDRE QVE TINDRENT
### les Quatre Vents entrants dans le Camp.

### CHAP. XIIII.

LE genereux Lycidas du Pont Vermeil, Aide de Mareschal de Camp entra le premier, vestu d'vn habit de satin incarnat en broderie d'or. Son cheual estoit enharnaché de mesme estofte, & de pareille broderie.

Douze Trompettes le suiuoient. Ils marchoient trois à trois. Les trois premiers estoient vestus de satin jaune paille, de bleu, & d'incarnat couuert de clincant d'argent, & de bouquets en broderie. Les trois autres estoient habillez de satin gris de lin, & d'incarnat couuert de passement d'or. Les trois autres de velours violet couuert de clincant d'or. Les trois derniers de feuille morte, incarnat & ysabelle, en broderie d'argent. Chacun auoit de grandes aifles d'aigrettes en dos.

Apres venoient douze cheuaux, & vingt & quatre Estaffiers. Chaque cheual estoit mené par deux Estaffiers, auec des escharpes de taffetas seruant de

refnes. Les vnes eftoient de gris de lin, & d'incarnat : les autres de jaune paille, de bleu, & d'incarnat : & les autres de feuille morte, d'incarnat, &
d'yfabelle. Ces cheuaux eftoient caparaffonnez, a
fçauoir trois de fatin jaune, couuert de clincant
d'argét, & de bouquets en broderie d'argét. Les autres trois de fatin gris de lin, & d'incarnat chamarré
de clincant d'or, auec de la broderie d'or. Les caparaffons des trois autres eftoient de velours violet
en broderie d'argent, bordé d'hermines. Et les trois
fuiuants de fatin de feuille morte, d'incarnat, &
d'yfabelle, couuerts de clincant d'argent, & de
pareille broderie. Pour les vingt & quatre eftaffiers
ils eftoient habillez de mefme eftoffe, couleur, clincant, & broderie. Chacun auoit des aifles d'aigrettes, & pour coiffure des bonnets, auec force plumes & aigrettes.

L'on vit marcher puis apres douze Pages, trois à
trois, portants des lances auec des banderoles de
taffetas gris de lin & incarnat : jaune paille, bleu, &
incarnat : & de feuille morte, incarnat, & yfabelle.
Ils eftoient veftus de pareilles couleurs de fatin en
broderie d'or & d'argent, & leurs cheuaux eftoient
caparaffonnez de mefme que leurs habits. Chaque
Page auoit des aifles d'aigrettes au dos.

Apres venoit vn Nauire, ouurage admirable, &
induftrieux. Les voiles eftoient de taffetas jaune, incarnat, bleu, & gris de lin. Les cordages eftoient
moitié or, & moitié foye. Tout le corps eftoit do-

ré , & argenté. Ce Nauire flottoit fur vne Mer de
toile d'argent bleue. Le mouuement des Ondes y
eftoit fi bien exprimé , que l'art égaloit la Nature.

Douze Tritons fe iouoiét parmy les flots de cefte Mer , à l'entour de ce Nauire. Ils auoient chacun vn cornet à bouquin dont ils fonnoient fort
melodieufement. La Deeffe des armes & des lettres eftoit affife à la pouppe du vaiffeau. Elle eftoit
armee d'vne cuiracine, & d'vn halecret d'argent. En
l'vne de fes mains elle tenoit vne lance argentee, &
en l'autre vn Efcu ou l'on voyoit depeinct le chef de
la Gorgonne.

Les Vents qui faifoient voguer le vaiffeau à pleines voiles , cefferent de fouffler, fi toft qu'il fut paruenu au deuans l'Efchaffault du Roy , & de la Reine , pour donner loifir à la Deeffe de chanter ces
vers.

*Le Deftin tout-puiffant , qui la Terre modere*
*D'vn ordre limité ,*
*Aux vaillances du Fils , aux vertus de la Mere*
*Prommet l'Eternité.*

*Ie veux donner au Fils mon courage , & mes armes*
*Pour le faire admirer ,*
*A la Mere accordant , ma prudence & mes charmes*
*Pour la faire adorer.*

## MOTIN.

La Mer, ou ce vaiſſeau flottoit demeura calme,
& ne ſe hauſſa plus, que pour éleuer le Nauire, &
pour l'approcher de leurs Majeſtez, afin qu'elles
entendiſſent plus diſtinĉtement la douceur de ceſte Diuine voix. Si toſt que Pallas eut fini de chanter les vers precedents, elle preſenta ceux cy au Roy
& à la Reine.

*'Eſt moy qui ſuis l'honneur des lettres & des Armes,*
*l'auance la vertu ie luy donne des charmes,*
*Pour apprendre aux mortels d'vn beau nom deſireux*
*A perter leur courage aux deſſeings genereux.*
*Ainſi i'ay faiĉt baſtir la nauire fameuſe,*
*Qui du Phaſe eſtranger coupa l'onde écumeuſe,*
*Quand le premier de tous l'auantureux Jaſon*
*Importuna Neptune & conquiſt la Toiſon.*
*Mais ceſte autre Nauire a toute eſté formee*
*Du bois de la Foreſts obſcure de ramee,*
*Que le haut mont Olympe en ſes valons cherit,*
*Seul bois qui dans la flamme & dans leau ne perit.*
*Ie conduis ce vaiſſeau que le Ciel fauorable*
*Deſtine à la Beauté d'vne Reyne admirable,*
*Qui rend, mettant la Paix entre deux Nations,*
*Toute gloire ineſgale à ſes perfeĉtions.*
*Reine dont les vertus au monde neceſſaires*
*D'vne eternelle amour ioignent les aduerſaires,*

l iij

*Faisant contre nature ensemble demeurer*
*Les vents unis ensemble affin de l'adorer.*
  *Ces quatre Roys de l'Air dont la puissance est telle*
*Qu'elle va surpassant toute force mortelle,*
*Ont finy leur discord, & se sont faicts amis*
*Pour vous Auguste Reine à qui tout est promis.*
*Ces freres indomptez quand le ieune Monarque,*
*Vostre Fils, remplira de guerriers ceste Barque,*
*Allant s'assuiettir des Empires nouueaux*
*Le feront triompher des terres & des eaux.*
  *Et portant deuant luy la Mort & la victoire,*
*Le rendront couronné de bon-heur & de gloire,*
*Comme aians les premiers par le fer merité*
*D'entrer dans le Palais de la* FELICITE'.
*Puis haussant iusqu'au Ciel vos grandeurs memorables*
*Vos noms contre les ans deuiendront perdurables*
*Engrauez par les mains de la Diuinité*
*Sur le front du Destin & de l'Eternité.*

## MOTIN.

Lors que leurs Majeſtez les eurent leus. Les Vents laſchants leurs halleines pouſſerét en vn clin d'œuil le vaiſſeau au bout de la lice, deuant l'Eſchaffault de la Reine Marguerite, ou il s'arreſta, de meſme que deuant celuy de leurs Majeſtez, pour le meſme ſubiect.

Quatre Eſcuyers venoient apres le Nauire. Celuy de Zephyre eſtoit veſtu de ſatin gris de lin, & d'incarnat tout couuert de broderie, & de Paſſe-

ment d'or : celuy de Vulturne de fatin iaune paille,
bleu, & incarnat en broderie d'argent : celuy de
Borée de velours violet en broderie d'argent, auec
vn bord d'hermines : & celuy de l'Autan, où vent
du Midy, de fatin de feuille morte, incarnat, & yfabelle, couuert de clincant & de broderie d'argent.
Chacun de ces Efcuyers portoit la lance & l'Efcu ou
les armes de la maifon de fon Maiftre eftoient depeinctes.

## ARMES DES MAISONS DES QVATRE VENTS.

*Les Armes de Zephyre font de Chaftillon, Comte
de Colligny, Admiral de Guyenne. Il porte de gueules
à vn Aigle efployé d'argent, coronné & membré d'or.*

## ARMES DE LA MAISON DE VVLTVRNE.

*Les armes de Vulturne font du Marquis de Beuue-
ron, qui eft de l'Illuftre maifon de Harcourt, dont eftoit
iffu le braue Cheualier Tancrede. Il porte de gueules à
deux faces d'or.*

## ARMES DE LA MAISON DE BOREE.

*Les armes de Borée font de Boucard. Il porte vn gi-
ron d'argent, & de gueules, de fix pieces : armes de la
maifon d'Ampierre.*

## ARMES DE LA MAISON DE L'AVTAN.

*Les armes du Vent du Midy, font de Ballagny. Il porte Efcartelé. Au premier & tiers d'azur à vn Loup rampant d'or. Au fecond & quart d'or, à vn befan de gueules : armes de la maifon de Montluc.*

Apres ces Efcuyers marchoit le genereux Æole leur Marefchal de Camp, accouftré & fuiui de mefme que nous l'auons defcrit au commencement de cefte entrée. En paffant, il jettoit aux Dames ces beaux vers, de la part de Vulturne.

---

# Vulturne Vent de Leuant.

## AVX DAMES.

E viens d'ou le foleil nous luit
Si toft qu'il eft forty de l'onde,
Celle par qui ie fuis au monde,
De fes rayons chaffe la nuit :
Le plus foudain traict du tonnerre
Ne peut ma viteffe efgaller :
On me tient par toute la terre
Le plus grand Monarque de l'air.

L'Aurore en des climats diuers,
Dont les habitans font contraires,
A voulu feparer mes freres

Pour commander à l'Vniuers :
Elle qui m'ayme d'auantage,
Pour ne m'eflongner de fes yeux,
Faict dans l'enclos de mon partage
Le iour qu'elle met dans les Cieux.

C'eft là que l'oyfeau fans pareil
Prend naiffance en la fepulture :
Quand fon corps franc de pourriture
Eft allumé par le Soleil :
C'eft moy qui la flamme faicts prendre
Au tour du bucher odorant,
Et fouflant fa feconde cendre
Ie le fais renaiftre en mourant.

En cefte Court où faict feiour
Des beautez la plus adorable,
De qui la grace incomparable
M'a faict fentir les traits d'Amour :
L'ardeur de ma flamme inuifible
M'a follicité de m'armer,
Pour maintenir qu'il n'eft loifible
A d'autres qu'à moy de l'aymer.

Iadis contre les arbriffeaux
Ie foulois employer ma rage,
Ou bien excitois quelque orage
Pour faire la guerre aux vaiffeaux :
Ie brifois leurs mafts & leurs voiles
Quoy que fift l'art des matelots,

*Et les pousois iusqu'aux Estoilles*
*Dessus des montagnes de flots.*

*Mais quand i'ay sçeu que les Mortels*
*Osoient commettre ce blasphéme,*
*D'aymer celle à qui les dieux mesme*
*Doiuent esleuer des autels :*
*Laissant l'air & les ondes calmes,*
*Mon cœur de vengeance irrité,*
*Ne veut plus gaigner d'autres palmes*
*Qu'à punir leur temerité.*

*Quand les trouppes de mes riuaux*
*Tous luisans d'armeures superbes,*
*En nombre qui passe les herbes,*
*Couurent les plaines de cheuaux :*
*C'est où i'exerce mes conquestes*
*Ie terrasse leurs bataillons,*
*Comme ie fay les blondes crestes,*
*Des bleds semez dans les sillons.*

## D'INFRAINVILLE.

Les Monarques de l'Air suiuoient leur Prince Æole. Zephyre estoit vestu de satin gris de lin, & incarnat, en broderie, d'or & d'argent. Il auoit des aisles d'aigrettes, & sa coiffure estoit enrichie de plumes & de pierreries de prix inestimable. Son cheual estoit caparassonné de mesme estoffe, & de pareil enrichissement que son habit. L'accoustremét

de Vulturne, eſtoit de ſatin jaune, incarnat, & bleu,
couuert de broderie d'argent. Celuy de Borée de
violet, de blanc, & de jaune, en riche broderie d'or.
Et celuy du vent du Midy de feüille morte, d'incarnat & d'yſabelle. Leurs cheuaux eſtoient caparal-
ſonnez de meſme eſtoffe que leurs habits.

Quatre autres Eſcuyers venoient apres. Chacun
portoit vn Eſcu, où la Deuiſe de ſon Maiſtre eſtoit
peincte.

Zephyre Vent d'Occident, auoit pour corps de
ſa Deuiſe, vn grand feu ſoufflé par vn Vent : l'ame
eſtoit compriſe en ces paroles :

## IE L'ALVME, ET IE L'ESTEINS.

Ie croy que ce braue Caualier par ceſte Deuiſe
vouloit dire, qu'il ne ſe laiſſe pas tranſporter de
telle ſorte à ſa paſſion, qu'à meſure qu'elle eſt allu-
mée, il ne la puiſſe bien eſteindre, s'il y eſt obligé
par la raiſon.

Le corps de la Deuiſe de Vulturne vent d'Orient,
eſtoit vn foudre conduict par vn vent : L'ame,

## OV IE VEVX.

Ce gentil Caualier vouloit teſmoigner, que ſa
valeur eſt de la nature du foudre, qu'en quelque lieu
que le deſir de la Gloire le pouſſe rien ne luy faict
reſiſtance.

La deuiſe de Borée, Vent du Septentrion, eſtoit
vn Ciel à demy ſerain, & à demy couuert de nua-

m ij

ges, où l'on voyoit deux Vents : l'vn d'vn cofté, & l'autre de l'autre, auec ces paroles.

## COMME IL NOVS PLAIST.

La Deuife du Vent du Midy eftoit vn grand laurier deraciné, & ébranlé par vn Vent, auec ces paroles.

## POSSVM NEC FVLMINA POSSVNT.

Ce Caualier, qui auoit faict preuue de fa valeur en tant de duels, & de rencontres, fut bleffé à mort trois ou quatre iours auant que l'on commençaft ces magnificences: mais nous n'auons pas pourtant laiffé de le mettre icy, puis que ces Compagnons qui s'eftoient auffi treuuez à cefte rencontre funefte, entrerent au Camp, de mefme que s'il y eut efté prefent.

Aprez que cefte partie eut faict le tour du Camp, elle fe rangea à la main droicte prez le Palais de la Felicité, en fuitte des autres, qui y eftoient entrez au parauant. Tandis vn grand bruict de Trompettes annonce la venuë d'vne autre partie. Ce font les Nymphes de Diane, qui cherchent leur Maiftreffe, & qui defirent d'efpreuuer leurs lances contre les Cheualiers de la Gloire.

# ENTREE DES
## NYMPHES DE DIANE.

*DES ADVENTVRES DE LA*
*valeureuse Nerinde.*

### CHAP. XV.

L A Nymphe Nerinde à qui Diane
apprit des sa tendre jeunesse, la
maniere de bien tirer de l'arc, de
manier vn cheual, d'emporter le
prix d'vne iouste, de lancer vn jaue-
lot, & de percer d'vn espieu de
part en part les ours, & les sangliers, venoit vn
iour de poursuiure vn cruel Satyre, qui auoit forcé
vne Dame dans la forest de Calydon. Le trauail que
ceste guerriere valeureuse auoit pris en ceste pour-
suitte l'inuitant à se reposer, elle mit pied à terre, &
ayant attaché son cheual au pied d'vn arbre delaça
son heaume, qu'elle mit pour cheuet soubs sa teste.

m iij

Le fommeil commençoit à luy fermer les yeux, lors
qu'elle s'eueilla en furfault au bruict d'vne voix lamentable, qui faifoit retentir les lieux d'alentour.
Elle reprit promptement fon armet, & detacha fon
cheual, fauta legerement deffus, fans mettre le pied
à l'eftrieu : & puis empoignant fa forte lance, qu'elle auoit fichee a terre, elle piqua deuers le fon de
ces plainctes. C'eftoit vne belle Damoifelle affife
aux bords d'vne cloire fontaine, qui arrachoit fes
blons cheueux, & qui profera ces paroles. *Helas
cruele & volage Fortune, ne feras tu iamais laffe de
perfecuter la belle Nerec? Ne te deuois tu pas contenter
des trauerfes que tu luy auois données, fans vfer encores
de cefte recharge pour l'accabler du tout? O Dieux,
pourquoy l'auiez vous pourueuë de tant de beauté, &
de tant de merite, s'il faloit que le cruel meurtrier de
fes plus proches parens, & l'homme qu'elle a plus en horreur, en eut la iouiffance?* Les foupirs & les fanglots
qu'elle tiroit à peine, du profond du cœur, inter-
rompirent fa complainte, pendant que Nerinde
mettant pied à terre, s'approcha & s'affit aupres
d'elle, & luy demanda le fujet d'vne fi grande douleur. A l'heure cefte genereufe Nymphe auoit la
tefte defcouuerte, de forte que l'autre hauffant les
yeux & l'ayant bien confideree, la recognut : car
elle l'auoit veuë lors qu'elle entra dans le Palais d'airain, malgré la refiftance des deux Geants, qui le
gardoient, & tira de prifon vn nombre infiny de
Cheualiers, & de Dames. O valeureufe Nerinde

( s'efcria pour lors cefte Damoifelle) fleur de beauté, & de proüeffe, & recours affeuré des affligez, ie
vous conjure, par la Deeffe que vous adorez, d'a-
uoir pitié d'vne dolente Damoifelle, qui a ce jour-
d'huy faict perte de fa maiftreffe, que le cruel Geant
Brandicard a volee, apres auoir deffaict vingt cheualiers qui la conduifoient. C'eft la belle Neree,
qui poffede autant de beauté & de bonne grace,
que vous auez de valeur, & de courage. Nerinde
qui auoit ouy fouuent loüer les perfections de cefte
Nymphe, & qui au rapport qu'on en faifoit, s'e-
ftoit renduë amoureufe d'elle, fans que l'imperfe-
ction du fexe la peut d'eftourner de ceft amour, ne
voulut s'informer plus auant du fuccez de cefte aduenture de peur que le delay, n'apportaft du preiu-
dice à la deliurance qu'elle deliberoit d'en faire.
Elle luy dit feulement qu'elle la menaft vers le lieu,
où ce Geant auoit pris fon chemin, pour luy faire
rendre conte de ceft outrage; Apres l'auoir montee
en crouppe, elles cheminent par vn fentier, qui
s'alloit rendre au Chafteau des Ennuis, où le Geant
fe tenoit ordinairement, & employerent tout le
iour, & vne grande partie de la nuict auant que d'y
arriuer. Ce chafteau eftoit bafti fur vne petite roche, du pied de laquelle fortoit vne belle fource. Nerinde y fit arrefter cefte Damoifelle, pendant elle
marcha vers la porte de cefte forterefle, où ayant
frappé, & appellé vn long temps, en fin vn homme
parut aux creneaux, & voyant Nerinde, dit: Qui

eſt ce miſerable, qui vient ce matin chercher la
mort. Laiſſons ce diſcours (reſpondit Nerinde)
& va dire au Geant Brandicard, qu'il y a icy vn
cheualier qui deſire de parler à luy. Ie le veux bien
(dit l'autre) mais ce ſera au deſpens de ta teſte, ſi tu
ne t'enfuis promptement. Il ne tarda pas long téps
qu'vn grand & demeſuré Geant ouurit vne feneſtre
d'vne des tours de ce chaſteau. Dy moy vn peu
(s'eſcria ce monſtre) vile creature, qu'elle autre
choſe, fors que la mort, penſe tu receuoir de moy?
Ce que ie veux (reſpond Nerinde) eſt que tu ceſſes
de commettre tant de cruautez, & que tu rendes
vne Dame que tu as volée, ou bien que tu deliberes
de me combatre. O Iupiter (s'eſcria le Geant) eſt il
bien poſſible qu'il ſe treuue tant de temerité parmy
ceſte chetiue race des mortels. Attens vn peu & ie
te chaſtieray de ta folie. Acheuant ce diſcours il s'en
alla armer, & ceignit à ſon flanc vn large & peſant
cimeterre. Auſſi toſt que Nerinde le vit ſortir, elle
mit pied à terre, & mettant la main à l'eſpee elle l'alla courageuſement treuuer. Le Geant luy deſchargea vn horrible reuers: mais elle ſautant a coſté cui-
ta le coup, qui tomba ſur vne colomne de marbre,
qui en fut miſe en pieces. La valeureuſe Nymphe,
ſans perdre temps l'atteignit ſi viuement au bras
droiſt qu'elle le luy couppa tout net. Brandicard ſe
mit alors à mugir cóme vn Thoreau enragé, pour
le voir priué d'vne main. Toutesfois empoignant
ſon glaiue de l'autre, il rua pluſieurs coups ſur Nerinde,

rinde, qui paſſoient tous en vain : car elle les euitoit
tous par ſa legereté, pendant qu'elle luy faiſoit ſentir iuſques au vif le trenchant de ſon eſpee. Le Geát
du tout deſeſperé, taſchoit de la ſaiſir, croyant de
l'eſtouffer : mais il ſe treuua bien éloigné de ſon conte. A meſure qu'il jettoit la main pour l'eſtraindre,
elle l'empoigna pareillement, & puis employant
ceſte force, qui ſurpaſſe celle de tous les Geants du
Monde, elle ſouleua Brandicard, & apres le jetta
par terre ſi rudement qu'elle luy fit rendre l'ame.
A peine acheuoit elle ceſt exploict, qu'vn autre Geát
arriua, accompagné de vingt Cheualiers. Nerinde
voyant venir ceſte trouppe, s'accoſte de ſon cheual,
ſaulte deſſus, reprend ſa lance, & puis pique contre
ce Geát, & l'atteint de telle roideur, qu'elle luy paſſe le fer tout au trauers de la capeline dont il eſtoit
armé, & par meſme moyen de la teſte. Elle ſe méle puis apres parmy les autres, auec vne ſi grande
furie, qu'en moins d'vne heure elle les mit tous à
mort, horſmis vn, qui ſe jettant à ſes pieds luy cria
mercy. Mene moy donques (dit elle) au lieu ou
la belle Neree eſt detenuë. L'autre obeïſt à ſon có-
mandement, & luy ayant fait mettre pied à terre, il
la conduict dans vne chambre, ou il treuue Neree,
qui les yeux baignez de larmes, & les genoux pliez
à terre, prioit les Dieux de la deliurer de ceſte captiuité, ou de luy donner la mort. Reprenez voſtre
ioye (luy dit Nerinde) ô belle Deeſſe. Le cruel qui
auoit eu la temerité d'attenter ſur vne ſi rare beau-

n

té, a receu le falaire qu'il meritoit. Neree tournant
la veuë vers elle, & croyant qu'elle fut vn Cheualier,
& non vne Nymphe, deuint si viuement atteinte de
sa beauté, que la blesseure en est incurable. Elles
commencerent de bruler d'vn pareil desir : mais bié
diuersement. L'vne est autant éloignee de l'esperá-
ce, que l'autre croit estre proche de la fin de ses
vœus.

Apres que la belle Neree eut repris sa viue couleur, pour le contentement qu'elle receut de sa deliurance, Nerinde se donna à cognoistre à elle, & luy
apprit ce qu'elle eut desiré d'ignorer tousiours, puis
qu'elle voit que le mariage qui se figuroit d'elle &
de Nerinde, est reduict en fumee. Elles ne laissét pas
pourtant de s'aymer tousiours, & auec tant de pas-
sió, qu'elles jurent entre elles, de lier ensemble leurs
affections, sans qu'autre y puisse jamais auoir part.
Elles demeurerent quelques iours au chasteau du
Geant, & puis prindrent le chemin de Rochebrune, maison où la belle Neree se plaisoit le plus, jou-
yssans de leurs chastes amours, jusques à ce que la
fortune jalouse de leur felicité, vint méler son amertume parmy ceste douceur, ainsi que vous sçaurez,
si vous prenez la peine de lire le chapitre suiuant.

## DV DEPART DE LA BELLE
*Neree, & des regrets qu'en fit Nerinde, & comme elle*
*& quatre autres de ses compagnes se preparent*
*pour aller au tournoy publié en France.*

### CHAP. XVI.

L A valeureuse Nerinde jouyssoit de la douce presence de sa Neree. Les rochers, les
fontaines, & les bois estoient les tesmoins
de leurs plaisirs, lors que la Reyne des Fleurs de Lys
enuoya vne belle armée pour secourir la Prouince
de Clarimene, où le Souldan des Parthes estoit entré, mettant à feu & à sang tout le pays.

Au bruict de ces nouuelles, Nerinde qui honore
ceste gráde Reyne, qui a partagé auec Diane l'Empire qu'elle a sur les Nymphes, se sent combattuë de
deux passions diuerses. De celle de l'honneur, & de
l'amour. Elle considere d'vne part, que si elle a
tousiours recherché les occasions pour rendre sa valeur cognuë par tout le monde, ceste-cy estant si
celebre, elle y doit employer ses armes, sans qu'vn
autre suject l'en puisse diuertir. D'autre part l'A-
mour s'offre à ses yeux. Ceste douce & violente tyrannie des esprits l'arreste, de sorte qu'elle demeure
incertaine, balançant tantost d'vn costé, & tantost
d'vn autre, comme vne nef agitee des deux vents

contraires. Neree qui voit le changement de son
humeur, en appréd à la fin le suject. Mais qui pourroit defcrire la douleur qu'elle en refsentit. Elle s'a-
bandonna aux plainctes, & aux regrets. Ses beaux
yeux verferent vn ruifseau de larmes. L'apprehen-
fion d'eftre feparee de fa Nerinde, eut efté feule capable de la faire bien toft mourir, fi la Nimphe ne
luy eut promis de quitter la gloire pour l'amour, &
de preferer pour ce coup le Myrthe au Laurier. Tá-
dis qu'elles reprenent leurs pafsetemps accouftumez, la fortune leur prepare vne autre trauerfe.
C'eft que la Mere de Neree arriue au lieu ou elles pé-
foient eftablir vn eternel Paradis, pour emmener fa
fille à la fefte qui fe celebroit à Orchomene, en l'hô-
neur de Diane, ou nulle perfonne ne pouuoit affifter, fi elle n'auoit trempé fes mains dás le fang hu-
main. Nerinde fçachant qu'elle deuoit eftre bié toft
priuee d'vne fi belle veuë, n'eut peu fupporter fans
mourir vn tel ennuy, fi fa Maiftrefse ne l'eut confo-
lee de l'efpoir d'vn prochain retour. Pour tefmoigner la douleur qu'elle en refsentoit, elle compofa à
l'heure ces beaux vers.

# REGRETS DE LA VA-
leureuſe Nerinde, ſur le départ de
ſa belle Neree.

ES yeux diſpoſez vous d'eſtre en aueuglement:
Vous ne verrez plus riē, puis qu'vn éloignemēt
   Me priue de Madame:
Prepare toy mon cœur à ſouffrir le treſpas :
Car il vaut mieux mourir, que viure & ne voir pas.
   Le Soleil de ſon Ame.

Bel aſtre qui paſſez auſſi prompt qu'vn eſclair,
En quel rang de ces feux, qui brillent dedans l'air
   Faut il que ie vous mette:
Ie penſois que ce lieu fuſt voſtre firmament:
Mais las! vous y luiſez (ô beaux yeux) ſeulement
   En forme de Comette.

Si ie pers maintenant ceſt Aſtre de beauté,
Que me ſert d'auoir veu luyre tant de clairté
   Dont veus eſtes pourueüe:
Quand Amour me fit voir les raiz de vos beaux yeux,
Pour mon contentement, ne valoit il pas mieux
   Que ie fuſſe ſans veuë.

O Ciel dont la rigueur ſans ceſſe me pourſuit,
Puis qu'vn iour ſi luiſant eſt ſuiui d'vne nuiĉt
               n iij

*Si funeste & si noire:*
*Quand l'honneur m'appelloit au secours estranger*
*Que ne me laissois tu chercher dans le danger*
*Une eternelle gloire.*

*Une mort honnorable eut fini mon destin:*
*I'eusse meslé mon soir auecques mon matin,*
*Et l'amere pointure*
*Des traicts qu'Amour depuis en mon sang a lauez.*
*Eut veu par ce moyen les malheurs acheuez*
*De ma triste auenture.*

*Mais las! ceste Beauté d'où procede mon iour,*
*Pour rendre mon tourment égal à mon amour*
*Destourna mon courage:*
*Poursuiure mon dessein qu'elle sceut empescher*
*Il me falloit auoir d'un Tygre, ou d'un rocher*
*La nature sauuage.*

*Enfin en ceste absence il me faut preparer,*
*Aux tourments qu'aux esprits faict là bas endurer*
*Le iuge inexorable:*
*Car si ne voir point Dieu c'est l'enfer proprement,*
*Loin de ma Deité i'auray pour Element*
*Un enfer miserable.*

*Si tost que ie verray l'eclipse de ses yeux,*
*Ie veux des aussi tost abandonner ces lieux,*
*Rien ne m'y sçauroit plaire:*

*Car hélas! quel plaisir sçaurois ie receuoir,*
*Quand ie seray priué d'adorer & de voir*
*Le flambeau qui m'esclaire.*

*Que le mal-heur pourtant s'obstine contre moy:*
*Iamais il ne sçauroit empescher de ma foy*
*L'Eternelle durée:*
*L'absence peut d'vn corps vn esprit delier:*
*Mais elle n'a pouuoir de me faire oublier*
*La Diuine Neree.*

Apres le depart de Nerée, elle fuyoit toute compagnie, & recherchoit les lieux les plus solitaires,
pour mieux s'y entretenir de la souuenance de ses
Amours. Vn iour comme elle se lauoit à la fontaine des Cyprez, voicy arriuer Dorille, Syluante, Melitée & Orinthie, quatre de ses plus cheries compagnes, qui apres l'auoir mille fois embrassée, luy apprindrent comme leur Maistresse Diane s'estoit dé-
robée de leur compagnie, & qu'apres auoir esté en
toutes les peines du monde de la treuuer, elles a-
uoient consulté les Oracles, & qu'ils leur auoient
appris qu'elle estoit allée en France pour y regir le
sceptre de cest Empire. Que pour cest effect elles la
cherchoient par tout pour s'y acheminer ensemble. Que le Dieu Pan estoit de la partie, désireux d'y
treuuer la Nymphe Syringue, que la Deesse y auoit
menée auec Nerée & autres. Qu'il venoit apres elles,
auec le rocher de Menale, qu'il faisoit marcher de

luy mefme, fuyuant le pouuoir que Diane luy en auoit donné.

Iamais nouuelle ne fut plus agreable à la belle Ne-rinde. Le plaifir qu'elle reçeut de reuoir fa Neree, par le moyen d'vne fi honnefte occafion, la fit refou-dre de partir fur le champ. Cependant Pan auec fon rocher arriue, comme nous verrons maintenant.

---

## DESCRIPTION DV ROCHER
### de Menale.

## CHAP. XVI.

E Rocher de Menale eftoit porté fur vn grand char. Il eftoit elabou-ré à la ruftique, & tout couuert de verdure. On y voyoit 12.e Niches. Du pied de chacune fortoit vne fô-taine par vne face grotefque do-ree. Au dedâs de chaque niche eftoit vn joüeur d'in-ftrumét à vét, habillé en pafteur, auec vne robbe de lame d'argét blâche. L'vn ioüoit du hault bois, l'au-tre du cornet à bouquin, & l'autre de la fleute, & du rebec. Ils auoient plufieurs bracelés de guirlan des de feüillages de chefne de fatin vert brodé d'argent. Le tour de la robbe eftoit parée de mefme. Au de-uant du Chariot eftoit le Dieu Pan couronné de fleurs, auec fes jambes de cheure. Il fonnoit du fla-geolet.

geolet. Au front du Rocher eſtoit Endymion qui
dormoit. Il y auoit au feſte trente lances de guerre,
auec des banderoles vertes. Au deſſoubs l'on voyoit
vn boccage verdoyant, ou pluſieurs oiſelets vole-
toient de branche en branche.

Lors que Pan eut apperceu Nerinde, il deſcendit
incontinent du rocher, afin de la ſalüer. Nerinde
luy rendit ſon ſalut, & puis luy & les cinq Nymphes diſpoſerent leur voyage, de ſorte qu'ils arriuerent à la porte du Pauillon Royal, lors que Pallas, accompagnee des quatre Vents, preſentoit ſon
excellent Nauire à la Reyne des François. Le ſon de
leurs trompettes leur ayans faict ouurir les barrieres du camp, l'on y vit entrer le genereux Cephale
leur Mareſchal.

Il eſtoit veſtu de noir en broderie, doublee de lames d'or, & releuees à fleurs. Vne riche cheſſne de
pierreries luy ſeruoit d'eſcharpe. Son chappeau
eſtoit tout couuert de diamants. Sa liuree eſtoit de
feüille morte. Il montoit vn Cheual d'Eſpagne enharnaché de meſme eſtoffe, & de pareil enrichiſſement que ſon habit. Six eſtaffiers marchoient à ſon
coſté, veſtus de feüille morte, tous couuerts de clinquant d'argent.

Quand il fut arriué deuant les iuges, il les ſalüa,
& puis s'approchant de l'eſchaffaut de leurs Majeſtez, il mit pied à terre, & leur demanda l'entree du
camp, pour les Nymphes de Diane. Sa demande
luy ayant eſté accordee, il s'achemina vers la Tente
des Tenants, & leur fit lecture de ce Cartel.

o

## Les Nymphes de Diane, Aux Cheualiers de la Gloire.

*E bruict des trompettes nous a fait quitter le silence de nos bois, ou nous fuyons la conuersation des hommes, parce qu'il nous seroit impossible de recognoistre tant d'imperfections qui les accompagnent, & leur permettre la vie. Nous auons dompté plus de Monstres que tous les Hercules du Monde n'en virent iamais : Et de tout temps exercees, aux montagnes & aux precipices, nous penetrons les lieux inaccessibles, & treuuons des voyes, ou il n'y en a point. Vous, que nous n'estimons estre les Chevaliers de la Gloire qu'à la façon de ceux qui se vantét de seruir vne Dame qui les mesprise : apprenez de nous, que nul ne peut sçauoir deuant sa fin, s'il doit auoir quelque entree au Palais de la Felicité : mais que vous en sçaurez bien tost des nouuelles, si vous prenez la resolution de nous combattre : aussi bien ne vous en pouuez vous desdire, sans aduoüer. Que Diane estant au dessus des loüanges humaines, on la reuere mieux auec le silence, qu'auec les paroles. Et que s'il faut rendre quelque tesmoignage à sa gloire, il n'appartient qu'à ses Nymphes de l'entreprendre. C'est elle*

qui pour *vn temps laiſſant l'arc* & *le carquois eſt venuë*
*ſouſtenir le ſceptre* & *la couronne de ceſt Empire. Tous*
*les Oracles l'ont obligee à fauoriſer de ſon aſſiſtance les*
*ieunes ans de ce grand Prince, que les deſtinees cheriſ-*
*ſent,* & *qui doit vn iour faire de tout le Monde vn ſeul*
*trophee. Nos ſeules beautez, des l'abbord, euſſent eſté*
*capables de vous faire ietter vous* & *vos armes à nos*
*pieds : mais nous les auons cachees, afin que tout l'hon-*
*neur de la victoire ſoit acquis à noſtre valeur.*

Apres il retourne vers les eſchaffaux de leurs Majeſtez, met pied à terre, & leur preſente ces vers, que
la valeureuſe Nerinde a compoſez.

*Diane ayant quitté la demeure des bois,*
*Nos cœurs que les Deſtins ſoubſmirent à ſes lois*
*Triſte de ſon depart attendoient ſa venuë*
*Et la croyoient au Ciel plus voiſin de la nüe*
*En ſon throſne argenté, qui preſide aux mortels,*
*Dont mainte gent l'adore en ſes ſacrez autels:*
*Enfin de ſon retour voyants l'heure trop lente*
*Pour alleger le mal d'vne ſi longue attente*
*Nous auons conſulté maints Oracles diuers*
*Afin d'apprendre d'eux quel lieu de l'Vniuers*
*Eſtoit ſi fortuné qu'elle y fit reſidence :*
*Il nous ont reſpondu qu'elle regnoit en France,*
*Et que là ſa vertu Diuine apparoiſſant*
*Iroit de plus en plus ce beau ſceptre accroiſſant.*
*Mais parmy leurs decrets qui flattoient nos oreilles*

*Le plus cher fut celuy qui predit les merueilles*
*D'vn Prince, qui deuoit du peuple Oriental*
*Dompter le chef superbe, & de son bras fatal*
*Luy rauir le Croiſſant enſeigne de Diane,*
*Que trop audacieux maintenant il profane:*
*Et tandis que les ans & les heureux deſtins*
*Luy reſeruent le prix de ſes riches butins,*
*Diane aura le ſoin de ſa ieuneſſe tendre,*
*Et d'oſter aux mutins les moyens d'entreprendre*
*Sur l'Empire des Lys qu'on ne verra fleſtrir,*
*Mais dans ſa iuſte main heureuſement fleurir.*
*Tels furent les propos tenus par les Oracles*
*D'vn ſens myſterieux, & de profonds miracles*
*Qui nous firent quitter nos chaſſes & nos reths,*
*Et le ſacré ſejour de nos chaſtes foreſts,*
*Pour venir adorer en ces belles contrees*
*Celle dont les vertus les rendent illuſtrees,*
*Et ſuiuant nos deuoirs, ioincts à nos paſsions,*
*Luy rendre les tributs de nos affections.*
*Arriuant en ces lieux on nous a fait entendre*
*Que cinq braues guerriers ſe vantoient de deffendre*
*L'entree du Palais de la Felicité,*
*Et maintenir auſsi qu'il n'eſt point de Beauté*
*Qui ſe puiſſe égaler à celle qu'ils reuerent,*
*Et que ſes actions à toutes la preferent,*
*Preſumants eſtre ſeuls qui puiſſent meriter*
*De ſeruir à ſa gloire & la pouuoir vanter.*
*Nous de qui les Deſtins rendirent aſſeruies*
*Les armes en naiſſant pour conſacrer nos vies*

*A la chaste Deesse, ayants sceu ce discours*
*Venons pour terminer leur audace & leurs iours,*
*Ou leur faire aduoüer qu'autre lieu ne merite*
*Ce tiltre Glorieux, que celuy là qu'habite*
*Diane, à qui l'on doit tous les honneurs ceder*
*Comme par elle seule on les peut posseder,*
*Que si d'vn vain orgueil ils ont voulu pretendre*
*De publier son los, nous leur ferons apprendre*
*Qu'aspirant à l'honneur qu'on nous doit reseruer,*
*Le crime ne s'en peut que par leur sang lauer,*
*Et leur soudain trépas doit estre le salaire*
*Que ne peut éuiter leur dessein temeraire.*

Lors qu'il eut presenté ces vers à leurs Majeſtez,
il retourna au meſme inſtant vers les Nymphes, &
on les vit entrer en c'eſt ordre.

## DE L'EQVIPPAGE DES NYMPHES
### de Diane.

### CHAP. XVIII.

ELEAGRE, aide de Mareſchal de Camp, entra le premier. Il eſtoit monté ſur vn grand courſier enharnaché de ſatin verd, tout couuert de clinquant d'argent. Son habit eſtoit pareillement verd, en broderie d'or, & ſon chappeau paré d'vn grand pannache, auec force ai-

grettes, ou brilloit vne riche enſeigne de diamants.

Dix Trompettes le ſuiuoient veſtus pareillement
de ſatin verd, ſemé de croiſſants en broderie d'argent. Et leurs cheuaux eſtoient caparaſſonnez de
lamettes d'argent vertes.

Aprez venoient ſeize Pages habillez de ſatin verd
decouppé à iour, en feüillage de cheſne, & en croiſſants, ſur de la lame d'argét bláche, &tous couuerts
de clinquant d'or:leurs cheuaux eſtoiét caparaſſonnez de meſme que leurs habillements. Chaque Page portoit vne lance auec des banderolles vertes.

Et apres ces Pages marchoient vingt eſtaffiers veſtus en chaſſeurs à l'antique. Leurs robbes eſtoient
de ſatin verd, parſemees de croiſſants en broderie
d'argent, & de boüillons en forme de chemiſe au
hault du bras,& au bas des cazaques de lames d'argent. Leurs bras, & leurs cuiſſes eſtoient couuertes de ſatin couleur de chair,&ils portoient des bottines vertes. Leur coiffure eſtoit de ſatin verd, couuerte de guirlandes, de branchages & de feüilles de
cheſne. Ils auoient chacun vn cor argenté en bandoliere, en broderie d'argét,& vn eſpieu verd,& argenté : qui auoit vn croiſſant au bas de ſon fer. Ils
menoient en main des cheuaux caparaſſonnez de
lames d'argent blanches, auec de la broderie en
feüillage de cheſne. Le fonds eſtoit de ſatin verd, &
argent ſemé à pluſieurs croiſſants d'or.

Cinq Eſcuyers les ſuiuoient, montez ſur beaux

cheuaux d'Efpagne, caparaffonnez de fatin verd,
touts couuerts de lamettes d'argét vertes , & d'vne
riche broderie en croiffants. Ils eftoient veftus de
fatin verd decouppé à jour en feüillage de chefne,&
tous couuerts de clincant d'or , & de croiffants fur
de la lame d'argét blanche. Chacun de ces Efcuyers
portoit vne lance de guerre , auec des banderoles
vertes, où l'on voyoit diuerfes chiffres, & diuers
croiffants d'argent. Ils auoient au bras gauche l'efcu, ou les deuifes des Nymphes eftoient peinctes.

La deuife de Dorille Nymphe Hamadriade , qui
faict fa demeure dans les efcorces d'vn arbre , eftoit
vn arbre verd , auec ces mots.

C RESCIDO DEL LLANTO Y VERDE DE
ESPERANÇA.

Le corps de la deuife de Nerinde Nymphe Najade,
qui fe plaift dans le criftal des fources & des ruif-
feaux , eftoit vn fleuue. L'ame confiftoit en ces
paroles.

DE LA MAR Y DE MIS OIOS.

La deuife de Syluante Nymphe Dryade, qui habite les bois, & les forefts, eftoit vne foreft, dont
les arbres touchoient de leur cime les nuës : auec
ces mots :

## DEL SVELO AL CIELO.

La deuife d'Orinthie, Nymphe Oreade, qui fe
tient aux Montagnes, eftoit le mont Olympe, auec
ces paroles :

## NI RAIO, NI ARROIO.

Le corps de la deuife de Melitée, Nymphe Nap-
pée, qui vit dans les prairies, eftoit vn pré où l'herbe
Lunaire eftoit reprefentée, & au deffus vn croiffant.
L'ame eftoit en ces mots :

## DE SVS RAYOS MI ESPERANÇA.

L'on vit entrer apres ces Efcuyers le Rocher de
Menale, en la mefme forte que nous l'auons cy
deffus defcrit au commencement de cefte partie.
Le Dieu Pan eftoit en la plus grande des grottes,
d'où couloit vne claire fource. Il auoit vne couronne de Pin fur la tefte. Ses cheueux eftoient longs &
efpais. Il tenoit d'vne main vne houlette, & de l'autre vn rebec. Endymion y eftoit pareillement,
ainfi que nous auons def-ja dit.

Apres marchoient cinq cheuaux caparaffonnez
de riche broderie d'argent, releuée comme de l'orfeurerie. Ils portoient aux chanfrains de grandes aigrettes, & des plumes blanches, & vertes, couuertes de papillottes d'or, & d'argent. Ils eftoient menez,

nez, chacun auec deux Estaffiers, par des cordons
d'or, d'argent, & de soye verte, où pendoient des
houppes, des franges & des crespines de mesme.

Cephale leur Mareschal de Camp venoit aprés
suiuy & accoustré de mesme que nous l'auons descrit cy-dessus. En passant il iettoit ces vers aux Dames, que Nerinde a composés pour la belle Nerée.

## LA NYMPHE NERINDE,
### AVX DAMES.

Ce n'est pas sans raison que l'element de l'onde
Fut autrefois nommé le principe du monde:
Car tout ce que les Dieux entr'eux ont de plus beau,
Tire son origine & son lustre de l'eau:
De l'eau nasquit iadis la belle Cytheree,
Mere de mille amours en tous lieux admirée:
Et dans l'eau tous les iours le pere des clartez,
Lauant sa cheuelure, entretient ses beautez.
Mais ni le clair Soleil, ny la belle Cyprine
Ne furent iamais veuz sortans de la marine,
Pareils à la beauté, qui d'vn plus grand renom
A pris du Dieu Nerée, & l'Empire & le nom.
Beauté que d'vne voix les Tritons ont esleuë,
Et dont Neptune craint la puissance absoluë,
Estimant que ses yeux peuuent tout consumer
Puis qu'ils ont desia mis le feu dedans la mer.
Auiourd'huy i'ay quitté les campagnes humides,
Moy qui suis la premiere entre les Nereides.

P

*Penſant que ſon beau nom des mortels ignoré*
*Ne fuſt pas comme il eſt en ſes lieux adoré:*
*I'ay deſiré de rendre vne preuue à ſa gloire,*
*Et ſignaler mes vœuz d'vne belle victoire,*
*Mon cœur qui ne ſçauroit vn moment oublier*
*Ses parfaites beautez, cherche à les publier:*
*Mais ſur la terre autant que ſous l'onde azuré*
*Ie voy de toutes pars qu'on reuere Nerée,*
*Ie voy qu'en ceſte Court les plus rares eſprits*
*Eſleuent ſon merite, & luy donnent le prix:*
*Qu'il n'eſt rien de ſi beau qui ne luy rende hommage,*
*Et que les plus grands cœurs adorent ſon image.*
*La Deité des eaux digne de tant de vœux,*
*O contraires effects! s'introduit par des feux,*
*Par des feux toutesfois qui conſeruent la vie,*
*Dont l'ame ſans mourir eſt mille fois rauie,*
*Par qui les champs de fleurs & d'herbes ſont couuerts,*
*Et qui ſans doute ſont l'ame de l'vniuers.*

Apres le Mareſchal de camp venoit le Chariot
des cinq Nymphes. Il eſtoit fait à l'antique, tout
embelly par dehors de trophees d'armes, & de
chaſſe. Les deux coſtez eſtoient enrichis de baluſtres d'or & d'argent, comme de meſme le deuant,
& le derriere. Et pour ornement l'on y voyoit ſur
le haut de tous les coſtez des Sphynges d'or, ayants
de grands panaches, & des aigrettes. Tout l'entour
du bas de ce chariot eſtoit paré de ſatin verd enrichy de franges d'or, où pendoient des campanes
de ſoye verte, d'or & d'argent. La hure du grand

fanglier que Meleagre mit à mort en la foreſt de
Calidon , paroiſſoit ſur le haut de l'amortiſſemēt
du derriere. Les degrez eſtoient d'argent. Lon y
voyoit aſſiſes les Graces & les Muſes. Les vnes châ-
toient:les autres ioüoient du luth,de la lire,du vio-
lon , & autres inſtruments. Au plus haut de ces degrez paroiſſoient les Nymphes. Leur ſiege eſtoit
paré de ſatin vert , en fueillages de broderie d'or.
Elles portoient vne robbe de ſatin verd toute
couuerte de broderie d'or & d'argent. Sur leurs
coiffures flottoient de grands pannaches verts &
blancs couuerts de papillottes d'or & d'argent.
Leurs brodequins eſtoient blancs, auec de la broderie d'or. Leurs eſcharpes eſtoiét de meſme couleur, & de pareille broderie. Elles auoient chacune
la trompe d'or en eſcharpe. Le deſſus du Chariot
eſtoit embelly de feſtons,de moulures, & d'autres
ornements d'or, & d'argent. Les roües eſtoiét d'argent,& les eſſieux d'or.Il eſtoit tiré par huict Cerfs,
dont les cornes eſtoient dorees, & les pieds argen-
tés. Ils eſtoient caparaſſonnez de ſatin vert, en riche broderie d'or & d'argent.

Vingt Eſtaffiers, veſtus comme les precedants
accompagnoient ce chariot: dix de chaque coſté.

Cinq Nymphes habillees en Eſcuyers venoient
apres. Leur habit eſtoit de ſatin verd, chamarré de
clincant d'argent. Chacune portoit l'Eſcu, où les
armes de la maiſon de ſa Maiſtreſſe eſtoient peintes.

# ARMES DES MAISONS DES
## NYMPHES. DE DIANE.

LEs armes de *Nerinde* sont de *Sainct Luc*. Il porte es-cartelé. Au premier *&* quatriesme d'argent à vn cheuron d'azur, chargé d'onze bezans d'or. Au second d'azur freté d'or. Au troisiesme aussi escartelé. Le premier est de gueules à vne face d'or, *&* au chef eschiqueté d'or, *&* d'azur. Au second d'hermines escartelé de gueules à cinq croizilles d'or. Au troisiesme de gueules à deux bars adossez d'or, *&* quatre treffles d'argét. Sur le tout d'azur *&* d'or en faces sciees de trois pieces, qui sont les armes de la maison de *Cossé*.

Les armes de *Dorille*, sont de *Schombert*. Il porte d'argent à vn Lyon my-party de sinople, *&* de gueules.

Les armes de *Syluante* sont de *Crequi*. Il porte escarte-lé. Au premier, *&* quatriesme de gueules à vn creq, qui est vne herbe appellee *Nymphee*. Au second *&* troisies-me d'azur à fleurs-de-liz sans nombre.

Les armes d'*Orinthie* qui estoit le Marquis de Rhosny, & celles encores de *Melitee* : nom qu'a-uoit pris le Coronnel d'Ornano se perditét en vne auanture que ie vous reciteray à la suitte de ce Ro-mant. Lors que ie les auray recouurees, i'en fai-ray part à la posterité.

Lorsque ceste partie eust fait le tour du Camp, elle se rengea apres celle des quatre Vents, pour faire place à vn autre, qui par le son de ses Trom-pettes desire de faire son entree.

# DE L'ENTREE
# DES CHEVALIERS
## DE L'VNIVERS.

*COMME AMADONTE, ET*
*Zalcandre treuuent vn Nain attaché au*
*pied d'vn arbre.*

### CHAP. XIX.

Madonte & Zalcandre Cheualiers de qui la gloire eft cogneuë
par toute l'Europe, incontinent
apres leur naiſſance furent rauis
d'entre les bras de leurs parens, &
nourris en diuers lieux, par des
perſonnes qui eurent le ſoing de leur faire apprendre toutes ſortes d'exercices vertueux. Quand ils
furent en âge de porter les armes, ils ſe reſolurent
d'en aller apprendre le meſtier en l'eſcole du plus
digne Maiſtre, qui en fit iamais profeſſion. C'eſt la
qu'ils contracterent vne amitié ſi eſtroiɕe, qu'ils

Q

ne pouuoient eftre feparez l'vn d'auec l'autre. Le
peu de cognoiffance qu'ils auoient du lieu de leur
origine leur fit prendre le nom de CHEVALIERS
DE L'VNIVERS, & fous ce tiltre glorieux ils mirent fin à plufieurs hautes, & perilleufes auantures. Vn iour eftants paruenus au pied des Pyren-
nees, en intention d'aller en Efpagne chercher
quelque occafio pour employer leurs armes, ils apperceurent vn Nain tout nud attaché au pied d'vn
arbre, le corps tout couuert des marques de coups
qu'il auoit reçeus. Le nom de Leontide que ce ma-
l'heureux inuoquoit en fon affliction les obligea
de s'approcher de luy pour les fecourir. Apres
qu'ils eurent couppé les cordes dont il eftoit attaché, il leur conta comme LEONTIDE, le Prince
le plus genereux, & le plus accomply qui foit fous
le Ciel, ayát refolu auec quatre autres de fes Compagnons de fouftenir vn Tournoy à la Court du
Monarque des François, l'auoit enuoyé auec onze
autres Nains en diuerfes contrees pour conuier
tous Cheualiers defireux d'honneur d'y venir
combattre: mais qu'il auoit rencontré vn Cheualier fi fort ennemy de la gloire du Prince Leontide, qui apres auoir leu le deffy qu'il portoit, indi-
gné de ce que luy & fes Compagnons s'attribuent
vn tiltre qu'il ne croit appartenir qu'à luy feul, il
l'auoit mis en ce piteux eftat, afin qu'il rapportaft à
fon maiftre le peu de compte qu'il faifoit de fa valeur: & qu'il les fupplioit de la part de ce Prince

dont le nom eſt cogneu par tous les climats du
monde, de venger l'iniure qui luy auoit eſté faite.
Amadonte & Zalcandre apres auoir appris que le
Cheualier s'appeloit Brauorát le ſuperbe, ils rompirent le deſſein qu'ils auoient faict de paſſer les
Mons, & ſe mirent à pourſuiure Brauorant par le
chemin que le Nain leur monſtra pour le chaſtier
de ſon inſolence. Apres qu'en vn long & dangereux combat ils eurét mis à mort ceſt orgueilleux
auec deux de ſes freres. Le deſir d'eſpreuuer leur valeur contre les Cheualiers qui ſouſtenoient le
Tournoy, dont le Nain leur auoit fait recit, les
fit acheminer en France, & entrer à Paris auec l'e-
quippage que nous vous deſcrirons maintenant.
Voicy Lindamart leur Mareſchal qui vient demá-
der le Cáp. Il eſtoit veſtu de ſatin incarnat en broderie d'or. Le harnois de ſon cheual eſtoit de meſme eſtofe & de pareil enrichiſſement. Six Eſtafiers
le ſuiuoient veſtus de ſatin bleu chamarré de clincant d'or. Ils eſtoiét veſtus à l'Eſpagnole. Leurs ca-
pes eſtoiét doublees de lames d'or bleu. Lors que
ce Mareſchal fut pres de l'eſchafaut des Iuges il les
ſalua, & s'approchant de celuy de leurs Maieſtez, il
mit pied à terre & leur demanda l'entree du Camp
pour les Cheualiers de l'Vniuers. Sa demande luy
ayant eſté accordee il leur preſenta ces vers ſeruant
de reſponce au Cartel des Tenans

Q ii

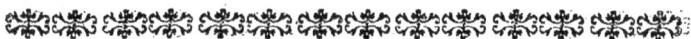

# LES CHEVALIERS
## D L'VNIVERS,

AV SOVVERAIN MONARQVE DES
François & à l'Imperatrice sa mere.

*V*perbes Deitez dont le sceptre puissant
Va les vastes pays d'Occident regissant,
Et dôt le nô terrible aux peuples de l'Aurore
Par tout le rond entier de la terre s'adore:
Vrais images viuans du Cesar de nos Rois,
Si vos heureux regards temperent quelquesfois
L'orgueil maiestueux qui vos fronts enuironne,
Ores fauorisez le dessein que nous donne
L'ardeur de tesmoigner par l'effort des combats,
Qu'aux Cheualiers Tenans icy n'appartient pas
De disputer le prix de si digne victoire,
Moins de porter encor le tiltre de la Gloire.
A nous seuls qui auons trauersé tant de mers
Couru tant de pays, roulé tout l'Vniuers,
Pour rendre de nos faicts la suitte memorable
A nous seuls appartient ce tiltre fauorable:
Et si la force en doit donner le iugement,
Contre eux nous ne voulons que nos bras seulement.
Ce grand char triomphant (la figure du monde)
Qu'on veit porter dans soy le Feu, la Terre & l'Onde,
Le Ciel, & les saisons, les iours & les moments,

C'eſt le plus glorieux de tous les monuments
Qu'à vos pieds nous pouuons ſuperbement conduire,
Vray pourtraict recourcy de voſtre grand Empire,
Car ſi tout icy bas tremble deſſous vos loix,
Là haut tout retentit au tumulte des voix,
Qui de tous les endroicts des Prouinces eſtranges
Pouſſent dedans le Ciel vos ſupremes louanges.
Il ne reſte qu'à veoir ſi l'œuure de nos mains
Doit rendre nos diſcours veritables ou vains:
Mais lors qu'au moindre eſclair de vos flammes luiſantes
Le bruit d'vn milion de trompettes ſonnantes
Du combat attendu le ſignal donnera,
Sans doute noſtre addreſſe icy teſmoignera
(Si quelque cheualier à nos armes s'oppoſe)
Qu'en nous le dire & faire eſt vne meſme choſe.

## DE L'EQVIPPAGE DES
### Cheualiers de l'Vniuers.

## CHAP. XX.

Ozaran de Roche peinte, aide de Mareſchal de Camp entra le premier. Il eſtoit
richement veſtu & bien monté.
Huict trompettes le ſuiuoient veſtus de taffetas

iaune de gris de lin & d'incarnat chamarré de clincant d'or, & femé de foleils entre les clincans.

A pres marchoient huiƈt Eſtafiers veſtus de
meſmes couleurs & de pareilles eſtofes, & ſemez
de Soleils côme les habits des Trompettes. Ils menoiét en main quatre cheuaux. Les deux premiers
eſtoient tous couuerts de gyrets en broderie d'or à
iour. Ils eſtoient rebrodez d'vne broderie d'argent
de ſoye gris de lin. Les deux autres auoiét de grâds
caparaſſons de toile d'or, tous femez de rayons
faits de broderie d'or, de meſme que les precedéts.
Huiƈt Pages venoient apres. Ils portoient pour
coiffure des bônets de lames d'argét tous couuerts
de Soleils d'or, & chacun auoit vn grand pânache
incarnat. Leurs habits eſtoient pareils à ceux des
Trompettes, leurs bottines blanches, & leurs bas
de foye incarnat, & leurs cheuaux eſtoient caparaſſonnez de toques d'argent figurees. Ils eſtoient
ſuiuis de deux Eſcuyers veſtus de ſatin iaune incarnat & gris de lin. Leurs cheuaux eſtoient caparaſſonnez de meſme eſtofe, & tous couuerts de
Soleils d'or.

Quatre Nains venoient apres veſtus de meſme
que les Pages. Ils eſtoient montez ſur des cheuaux
caparaſſonnez de pareille eſtoffe, & de ſemblable
enrichiſſement.

A pres marchoit vn grand Char à l'antique. Les
coſtez eſtoient releuez en boſſe, où l'on voyoit les
douze maiſons du Soleil. Sur le plus haut du deuât

de ce chariot eſtoit la Deeſſe Latone, couronnee
de laurier. Elle tenoit à la main vne fleur de liz. Le
Printemps, l'Eſté l'Automne, & l'Hyuer, paroiſſoient aux quatre coings, en la ſorte qu'on les depeint. Ces quatre ſaiſons ſouſtenoient vn grand
globe celeſte, tout ſemé d'eſtoiles. Le Zodiaque
y eſtoit naïuement repreſenté. Il y auoit au deſſus
de ce globe vne couronne d'or enrichie d'emerau-
des, de rubis, de ſaphyrs, & de turquoiſes. Ceſte
couronne finiſſoit en vne grande fleur de lys de
diamants. Les quatre Elements ſeruoient de roüe
à ce chariot. Six cheuaux pies attachez tous de
front le menoiét. Leurs harnois eſtoient des chaiſnes d'or. Le Cocher auoit vn habit de toque d'or.

Ce Chariot eſtoit ſuiui du Mareſchal de Camp
équippé de meſme que no⁹ l'auõs cy-deſſus deſcrit.

Deux Eſcuyers marchoient apres. Ils portoient
les Eſcus où les deuiſes de leurs Maiſtres eſtoient
peintes.

## DEVISES DES CHEVALIERS
### DE L'VNIVERS.

L A Deuiſe d'Amadonte eſtoit vne Nuë claire
& luiſante qui enuironnoit vn Soleil auec ces
paroles :

QVIEN SE ME OPPONE ME CORONA.

Le corps de la Deuiſe de Zalcandre eſtoit vne
grande flamme ardante : L'ame eſtoit en ces mots :

MAS ARDOR QVE L'VMBRE.

Incontinent apres ces Pages, l'on vit paroiſtre les Cheualiers de l'Vniuers. Ils eſtoient veſtus de toile d'or en riche broderie, leurs coiffures eſtoiẽt en pyramide, de toile d'argent en broderie, parees de grands bouquets de plumes de heron, accompagnees d'autres plumes blanches, incarnattes, & gris de lin. Six Eſtafiers veſtus de toques d'argent marchoient à leurs coſtez.

Deux autres Eſcuyers venoient apres, portans chacun vne lance, & vn Eſcu, ou les armes de leurs maiſons eſtoient peintes.

*Les armes d'Amadonte ſont de Fiat. Il porte de gueules à vn cheuron facé d'argent & d'aZur à trois Lyons rampants d'or: les deux d'enhaut ſe regardants, l'vn à dextre, l'autre à feneſtre, & celuy d'en bas à droiĉt.*

*Les armes de Zalcandre ſont d'Arnaud. Il porte d'aZur à vn cheuron d'or. Au bas vn rocher d'or: à deux palmes d'argent.*

Quand ceſte partie euſt faiĉt le tour du Camp, elle ſe rengea apres les Nymphes de Diane, tandis que les Neuf Conquerants aduertiſſent par le ſon de leurs Trompettes les Cheualiers de la Gloire de ſe preparer au combat.

# L'ENTREE
## DES NEVF
### CONQVERANTS.

*DE L'ENTREPRISE DES CESARS*
*fur les Enfers, & de ce qui en aduint.*

### CHAP. I.

Ercure fuiuant la charge qu'il a de conduire les Efprits des Heros dans les champs Elizees, & d'empefcher auec les charmes de fon Caducee, que Rhadamante ne ne les retienne point dans la fale pleine de fouffre, & de fumee, accompagnoit l'ame d'vn Baron, à qui la Parque auant le temps ordonné par les loix de Nature auoit couppé la trame de fes iours. Defia ce Meffager des Dieux, eftoit defcendu dans ceft efpouuantable precipice qui eft en Laconie, entre le Mont Tenare, & le Promon-

S

toire de Malée, lors qu'vn bruict extraordinaire
paruint à ſes oreilles. Il s'arreſte, & en demande
la cauſe à des ombres qui fuyoient. *Fils de Iupiter*
*& de Maye* (ce dit l'vn de ces Eſprits) *ſi tu ne veux*
*perdre la liberté, ie te conſeille de reuoler promptement au*
*Ciel, & de raconter à ton Pere que Pluton n'a plus de-*
*commandement dans les Enfers.* Neuf Romains qui iadis firent de toute la terre vne ſeule Prouince, non contens
de iouyr des delices, que les Demy-Dieux reſſentent dans
ces belles campagnes, où l'Empire des ſaiſons n'exerce point
ſa rigueur, ont aſſuiecty le Royaume des Morts, & forcé
Proſerpine à leur en faire hommage. Ny le Chien à triple
teſte, ny les Serpents, ny les Dragons, ny les Furies, n'ont
peu empeſcher leur inſolence. Et comment auroient peu les
Fureurs arreſter vn effort ſi violẽt, puis que la Mort meſme n'a peu s'eſchapper de leur rage. Ie l'ay veuë la cruelle
trainee par ſes cheueux de coleuures, & forcee de rẽdre la
vie à ces Conquerants. Maintenãt reueſtus de leurs corps,
ils s'appreſtent de repaſſer le fleuue de Styx, & par meſme
moyen rompre les loix des Deſtinees. Leur ambition eſt ſi
grande, qu'ils ont reſolu d'entaſſer encores montagnes ſur
montagnes, & d'aller conquerir le Ciel. Pour faciliter
leur entrepriſe ils dreſſent leurs machines, & mettent en
beſongne tous les forgerons d'Enfer. C'eſt le bruict, qui
faict reſonner ces voultes tenebreuſes, entrailles de la terre. Ie t'en dirois dauantage, mais c'eſt aſſez que tu en ſça-
ches le ſubiect, & puis qus tu penſes à tes affaires. Pour
moy qui ſuis l'ame de Gradaſſe, qui iuſques icy n'auois iamais veu la peur que ſur le front de mes ennemis. Ie vay

*auec mes compagnons, Mandricard, Iſolier & Sacri-*
*pant me cacher dans vne cauerne, attendant que ceſt ora-*
*ge paſſe,& que nous ayons effacé par ceſte penitence la hô-*
*te d'auoir eſté vaincus.*

Il acheuoit ſon diſcours, lors que la crainte ſai-
ſit l'ame de Mercure. Le ſouuenir d'Encelade, &
de Typhee luy fait dreſſer les cheueux. Briaree qui
iettoit cent roches tout à la fois contre le Ciel luy
reuient en memoire. En fin il préd vn peu d'aſſeu-
rance, & comme il eſt prompt aux inuentions, il
regarde d'vn & d'autre coſté, & voit vn Cyprés,
dont il couppe vne branche, qu'il change en vn
rameau d'oliue, & l'attache à ſon Caducee. Aprés
il marche au petit pas vers vn pont que les Conquerants faiſoient baſtir, pour deſormais rendre
le fleuue d'Acheron plus aiſé à paſſer. Iules Ceſar,
& ſes Compagnons y eſtoiēt pour l'heure animāts
les ouuriers, & leur promettans de dignes recom-
penſes. Quand leur entrepriſe d'oſter à tous les
Dieux la poſſeſſion de leur Empire fut reſoluë,
ils commencerent l'execution par le Roy de
l'Erebe. Tous les Manes au ſeul bruiƈt de leur
Nom mirent les armes bas. Il ſe treuua ſeulement
vn petit nombre de quelques ames plus valeureu-
ſes, qui ſe rengerent en bataille, pour la deffence
du ſceptre des tenebres. Qui euſt alors veu Iules
Ceſar leur donner la chaſſe, & abbattre ces Eſprits
tenebreux, ſans doute il euſt auſſi toſt iugé que ſa
force n'eſt pas au rang de celle des humains. Le

Portier d'Enfer, & les Furies fuyoient au deuant de
luy comme fait vn cheureuil au deuant d'vn cruel
& affamé Lyon. Ny le Roy d'Arger, ny le fils d'A-
grican, ne peurent resister à sa force incroyable.
Ce fut luy qui fit tomber de peur à Pluton le sceptre de fer qu'il tenoit à la main, & qui prenant la
Mort par ses cheueux de serpents, la força de re-
donner la vie à luy & à ses Compagnons. Les autres Conquerants abbattoient tout ce qui se ren-
controit deuant eux, & nul de ces maudits Esprits
n'auoit pas le pouuoir d'arrester leur vaillâce. Vne
ame seule, descenduë depuis quelques iours au
Royaume des Morts, & presque encores inco-
gneuë à Pluton, fut celle qui s'oppiniastra plus
long temps au côbat, & qui en rendit l'issuë dou-
teuse. Elle s'estoit saisie du sceptre que la Peur
auoit arraché des mains de ce pauure Roy, & faisoit des merueilles pour la deffence de sa couronne. Coriolanus qui iusques à l'heure auoit mespri-
sé de combattre tout le reste des esprits iugeant
cestuy-cy seul meriter la gloire d'estre vaincu par
ses mains, pria Iules Cesar, qui s'apprestoit pour le
dompter, de luy en laisser faire le chastiment. Le
combat qu'ils eurent fut assez long, tant pour le
courage de l'ennemy, que pour l'auantage qu'il
auoit auec le sceptre de fer. Mais le Rommain
s'ennuyant d'vne telle resistence, se ietta sur luy furieusement, & l'ayant estreint de ses bras, d'vne
force pareille à celle dont Hercule, osta la vie au

Geant Anthee, il luy fit choir les armes de la main, & aduoüant fa deffaite, le recognoiftre pour fon vainqueur. Apres que l'ardeur du combat fut vn peu refroidie, la gentileffe de ceft efprit donna du defir à noftre Conquerant, de fçauoir quel rang il auoit tenu parmy les viuants, & comment il demeuroit fans nom parmy la vile tourbe des ombres, Il luy refpondit en cefte forte: Sçachez mon vaincœur (puis que n'ayant point de cognoiffance de vous, ie fuis contrainct de vous donner ce nom) que les Dieux ayáts eftably les Roys pour eftre les viuantes images, qui reprefentent aux hommes la fouueraineté de leur puiffance, afin que deformais il n'y ait perfonne, qui ofe fe foubftraire de leur obeyffance, ils ont commandé à la Renommee de mettre dans les mains de l'Oubly les noms de ceux, qui auront feulement efté foupçonez d'auoir voulu attenter fur leurs couronnes. Vne Ifle que la belle Thetis fepare d'auec le refte du Monde, me donna naiffance, & ma vertu m'efleuant au def-fus de tous ceux de mon pays, m'approcha bien-toft aupres de la Reine de cefte Ifle. La beauté & la vaillance, dont la Nature m'auoit efté liberale, me donnerent foudain la poffeffion de fon cœur. Ie deuois viure content le refte de mes iours d'vne fi heureufe fortune, fi les hommes fçauoiét cognoi-ftre leur bien. Mais ayant efté enuoyé Ambaffa-deur pour ma Maiftreffe, vers vn Roy, qui com-mãdoit à vn peuple enfermé dans noftre Ifle, l'ad-

mirable beauté que ie vis luire dans le visage de la
Reine de ce peuple voisin, m'arrachant le souuenir de ma Maistresse, me força de la recognoistre
comme la Reine des beautez, & à qui toutes les autres du monde doiuent hommage.

Quand ie feus de retour en mon pays, ma Reine
eut quelque soupçon que ie l'auois effacee de mon
cœur, ou plustost que les puissants charmes de ceste Diuine Beauté auoient forcé mon ame à se
soubmettre sous ses loix: car il n'est rien de si caché que la ialousie ne le face descouurir à l'œil des
Amants. Ma froideur, & mon mespris en eurent
bien tost confirmé la doute. Ma Reine iustement
offencee, n'osant pas me charger du crime, qui
nuisoit à sa reputation, souffrit que les emuleux de
ma gloire, m'accuserent d'auoir desiré sa couronne, & auant que la haine eust fait place à l'Amour
ils luy firent signer l'arrest de ma mort. Ils en pro-
curerét l'execution à son desceu. Ainsi en ma plus
belle saison ie perdis l'vsage de la lumiere, & vn
mesme iour enferma mes os, & mon nom dans le
tombeau. L'onde de Lethe l'a effacé de ma memoire, & rien ne m'est resté que le souuenir de ma fortune, afin qu'il fust mon continuel supplice. Mais
puis qu'on void icy le fonds de la pésee, vous pouuez clairement voir dans la mienne, que ie tiens la
cause de ma mort si estimable, qu'au lieu de re-
gretter la perte de ma vie, ie benis à toute heure
l'heureux iour qui me dõna la gloire de l'em-

ployer pour vn fi digne fubiект. Le pouuoir de ma
Deeffe s'eftendroit par ce moyen iufques en ces
lieux, où elle conuertit en delices ce que Minos
auoit preparé pour eftre mon eternel tourment. Il
n'y a pas long temps que i'ay veu ma premiere
Maiftreffe fous les myrthes amoureux, au lieu deftiné pour les ames que l'Amour a feparées de leur
corps. Ie l'appellay plufieurs fois par fon nom, &
la fuiuis affez long temps: mais elle deftourna
toufiour: ſa veuë, & fon chemin de moy.

Ainfi finit fon difcours ceft efprit, & les loüanges qu'il donnoit à cefte Beauté, toucherent fi viuement l'ame de Coriolanus, que perdant le fouuenir de la conquefte du Ciel, il prit foudain le
vieil Caron par la main & le forceant de le repaffer
au dela du noir fleuue, il fe treuua en ce monde où
nous viuons, voifin d'vne ville fituée dans des Ma-
rez, & arrozée d'vn des plus beaux fleuues de la terre. Les habitans du pays l'appellét Arateles. Apres
qu'il euft vn peu accouftumé fes yeux à voir la lumiere du Soleil, qu'il n'auoit veuë de long temps,
il recognent par plufieurs anciennes marques de
cefte ville, qu'elle auoit efté cómandée par fes Anceftres. Cela le conuia de s'y arrefter, pour y dreffer fon equippage, afin d'aller ioindre puis apres les
autres Conquerants, qui fe preparoient apres auoir
gaigné l'Empire des Enfers, d'attaquer les Dieux,
& de les chaffer de leur Throfne celefte. Mais
comme il eftoit preft de partir, le fouuenir de la

Beauté de qui ceſt Eſprit auoit raconté tant de perfections le forcerent, à l'aller voir, ainſi que nous
verrons en vn autre lieu. Cependant nons retour-
nerons à Mercure.

## COMME MERCVRE FAICT
*tant par ſes belles paroles, qu'il deſtourne les Con-*
*querants d'attaquer les Cieux, & les incite*
*d'aller combattre les Cheualiers*
*de la Gloire.*

### CHAP. II.

L'heure que Mercure arriua prés
du Pont que les Conquerants faiſoient baſtir, il s'addreſſa à eux &
leur tint ce langage :

*Braue race de Mars, qui n'auez*
*iamais treuué de nation au monde aſ-*
*ſeZ puiſſante pour reſiſter à voſtre valeur, quel ſubiect*
*vous ont donné les Dieux d'entreprendre ſur leur Empi-*
*re? Qu'eſt deuenu maintenãt le Zele de voſtre Religiõ, lor*
*que dans Rõme l'on adoroit trois ou quatre mille DeiteZ*
*ſans les Pennates, & les Dieux Tutelaires? VouleZ vous*
*perdre le tiltre de la pieté que vous aueZ conſeruee par*
*tant de ſiecles, pour acquerir en vne heure le ſurnom*
*d'Athees? Ne vous reſſouuient-il plus que la pluſpart*
*de vous tire ſon origine des Immortels, & que par conſe-*
*quent ce ſeroit trop d'ingratitude de faire la guerre à ceux*

*qui vous*

qui vous ont donné naiſſance? S'il a faim de la gloire vous
poſſede, quelle plus grande gloire pouuez vous acquerir,
que d'aller maintenãt en France chaſtier l'orgueil de ceux
qui s'attribuent vn nom qui n'appartient qu'à vous ſeuls?
Vne Reine la plus belle, & la plus vertueuſe Princeſſe du
monde y marie ſon fils auec l'Infante des Eſpagnes. Pour
honorer ce mariage, cinq Cheualiers ont entrepris de garder la porte du Palais de la Felicité, que le grand Henry
fit baſtir. Ils publient par tout qu'autre qu'eux ne merite
d'en faire l'ouuerture, comme ſi les Deſtins leur en reſeruoient la premiere entree. C'eſt là que vous deuez tourner vos armes & faire paroiſtre que ſi iadis eſtans mortels, vous auez rangé ſous vos loix tout le rond de la terre, maintenant que vous auez dompté la Mort, vous eſtes
capables de raualer l'orgueil de ceux, qui prenants le tiltre d'inuincibles gaignent des lauriers auant que de combattre, & par ce moyen vous rendrez dignes des bonnes
graces des Louys, de qui les Dieux, les hommes & tous
les Elements embraſſent le ſeruice.

Lors que les Conquerants oyent les raiſons de
Mercure, & qu'il leur monſtre le Cartel de Cheualiers de la Gloire ils rompent ſoudain l'entrepriſe d'attaquer les Cieux, & prenent reſolution de
venir en France. Pour y paroiſtre en vn equipage
digne de leur grandeur, ils s'auiſent de s'aider de
l'induſtrie de Dedale. Ils le cherchent par tout
l'Enfer, & en fin ils le treuuent dans vne grande
cage d'airain. Minos qui l'auoit condamné à ce
ſupplice, en auoit la clef, & de peur qu'il ne s'enuo-

T

lat, comme il fit autrefois en Crete, il ne s'en fioit
qu'à luy mefme. Les Cefars brifent cefte dure prifon, & auec la liberté luy promettent de grandes
recompenfes, pourueu qu'il les affifte de fes inuentions. Ceft Artizan leur dreffe de fa main quatre
chariots triomphants & magnifiques, que nous
vous defcrirons tantoft, lors qu'ils entreront au
Camp de la place Royale.

## COMME CORIOLANVS VA
*treuuer la Princeffe Artemife, & de ce*
*qui luy aduint*

### C H A P.  XXI.

Es delices que Coriolanus gou-
ftoit dans Arateles, euffent efté
capables d'y arrefter vn efprit libre, & d'y faire couler des fiecles
comme des iours, fi l'amour de la
belle Artemife, que l'Efprit luy
auoit fi dignement loüée, ne l'euft forcé à prendre
le chemin de l'Ifle fortunee, où cefte Beauté commande. Nom qui luy eft impofé à bon droict, puis
que fon peuple eft fi heureux de voir le fceptre qui
le regit, dans les glorieufes mains de la Reine de
tous les braues cœurs. Le genereux Romain, à
fin que le bruit de fa valeur le fift defirer à la Court

de cefte belle Princeffe, rechercha les plus hautes
aduentures dont cefte Ifle eft remplie, pour les
acheuer. Il en depeupla plufieurs Monftres, & entre autres il mit à mort deux horribles Geants, fei-
neurs de l'Ifle Noire, qui pilloient & rauageoient
la Prouince d'Artemife. Le peuple fe voyant deliuré de cefte cruelle tyrannie, ne parloit que de
luy, & difoit tout haut, que c'eftoit quelqu'vn des
immortels, qui foubs la forme d'vn homme eftoit
defcendu du Ciel pour punir l'arrogance de ces
fuperbes. Lors qu'Artemife euft ouy conter à Claribelle fa coufine, que ce Conquerant auoit de-
liuree de la prifon, où fes deux Geants l'auoient
enfermee, la ieuneffe, la grace & la beauté de ce
Cheualier, qui auoit pris le nom de Leobel, le
defir de le voir s'augmentant, elle fit en forte,
que Claribelle l'amena en fa Cour. Leobel demeura extrememenr eftonné lors qu'il apperceut cefte
rare beauté. Il auoit veu, durant vn fi long feiour
qu'il auoit fait aux champs Elizees, toutes les perfections des fiecles paffez, & au recit de l'Efprit il
s'eftoit imaginé vne Beauté encores plus excellen-
te: mais treuuant à ce coup fon imagination fur-
montee, par l'effect, il croyoit que fes yeux offuf-
quez par quelques charmes, luy reprefentaffent
vne chofe impoffible. Il demeura quelques iours
en cefte Ifle, où ce rauiffement luy euft ofté le fouuenir de retourner vers fes Côpagnons, fi Mercure par de iuftes raifons ne l'en euft arraché. Apres

T ii

que ces braues Rommains eurent rompu l'entreprife d'attaquer les Dieux, & qu'ils firent deffeing
d'aller au Tournoy que les Cheualiers de la Gloire
deuoient fouftenir, ils s'eftonnerent de l'abfence
de Coriolanus, fans lequel ils auoient deliberé de
ne point partir. Comme ils en demandoient des
nouuelles, la Sybille de Cumes leur apprit le féiour
qu'il faifoit en l'Ifle Fortunée, de forte qu'il y def-
pefcherét le Meffager des Dieux pour l'en retirer.
Mercure l'ayant treuué, & voyant comme il auoit
chágé en chaifnes, & en parfums les armes qui fouloient eftre fon feul ornement, il l'aborde, & le
touche iufques au fonds du cœur auec ces paroles.
*Eft-il bien poffible, que tu perdes icy tes iours en feruitu-*
*de, tandis que tout le monde combat pour acquerir de la*
*Gloire, qui te fut autrefois plus chere que la vie? Iules*
*Cefar, & tes autres Compagnós mefprifants la conquefte*
*du Ciel, t'attendent pour paroiftre auec toy en vne des*
*plus hautes entreprifes que l'Honneur aift iamais fait nai-*
*ftre. Lis ce Cartel, & tu y verras comme dans vn beau*
*criftal la honte que tu fais à ton ancienne reputation.*
Acheuant ce difcours il luy baille le Cartel des
Cheualiers de la Gloire, que ce Conquerant n'euft
pas pluftoft lû, qu'il rompit les douces chefnes
qui l'arreftoient, & fe fit porter par Mercure au
lieu où fes Compagnons l'attendoient. Les voicy
tous maintenant à la porte du pauillon Royal, qui
par le fon de leurs Trompettes demandent qu'on
leur ouure les barrieres du Camp, & qui defpef-

chent Vrfinio leur Marefchal pour en requerir
l'entree. Il auoit vn pourpoinct de fatin noir en
broderie double de toile d'argent. Les boutons
de fon pourpoinct eftoient de gros diamants. Ses
chauffes à bâdes de mefme fatin, & de pareille broderie. Il portoit en efcharpe vne riche cheifne de
diamants, & fur fon chappeau vne enfeigne de
pierreries , & le bouquet de plumes de heron accompagné d'aigrettes. Il eftoit monté fur vn cheual d'Efpagne enharnaché de broderie de toile
d'or & d'argent. Son Efcuyer bien veftu, & bien
monté le fuiuoit. Huict Eftaffiers marchoient à
fon cofté veftus de fatin iaune paille, tout couuert
de clincant d'argent. Quant il fut prés de l'efchaffaut des Iuges il les falua, & puis s'approchant de
celuy de leurs Maieftez, il mit pied à terre, & apres
vne grande reuerence leur expoza comme neuf
Empereurs Rommains, apres auoir régé fous leur
pouuoir tout le rond de la terre, & fubiugué l'Empire des Enfers, auoient forcé la Mort à leur rendre la vie, pour venir chaftier ceux qui s'attri-
buoiét le tiltre de la Gloire, & pour employer deformais leurs efpees au feruice du grand Roy des
François, afin de le faire abfolu Monarque de tout
le mõde. Que pour ces raifons il leur pleut de leur
permettre d'entrer fur la lice. Sa demande luy eftát
accordee, il remercia leurs Maieftez, & apres alla
vers la Tente des Tenants, & leur fit voir ce Cartel.

# CARTEL DES NEVF

## CONQVERANTS, AVX

### VSVRPATEVRS DE

#### LEVR GLOIRE.

HEVALIERS, ceste grande entreprise que voſtre Cartel a publiee
par tout le môde, les Deſtins l'ont
reſeruée à nos ſeules armes. Elles
vous feront facilement aduoüer,
que comme la Beauté qui vous inſ-
pire ce glorieux deſſeing eſt ſans pareille, auſſi
eſt-il ſans doute que toute autre bouche que la
noſtre eſt profane la voulant loüer, & tout autre
cœur indigne de l'adorer. Toutesfois vous auez
ſagement fait d'adreſſer les coups de noſtre lance
contre voſtre quintaine. Car au lieu de Cheualiers
de la Gloire, nous vous aurions fait ceux de la
honte ſi on en peut receuoir d'eſtre vaincus de
nous.

IVSLES CESAR, AVGVSTE, VESPASIEN,
TRAIAN, SCIPION L'AFFRIQVAIN,
P. ÆMILE, M. MARCELLVS, CORIO-
LANVS, C. MARIVS.

Pendant qu'apres la lecture de ce Cartel les Che-

ualiers de la Gloire se preparent à soustenir l'effort
des armes des neuf Conquerants, ce Mareschal de
Camp retourne vers l'eschaffaut de leurs Maiestez
& presente ces vers à la Reine.

## LES NEVF CONQVERANTS.

### A LA REYNE.

### STANCES.

R*Eyne dont la Prudence a sauué de l'orage*
*Le vaisseau de l'Estat prest à faire naufrage,*
  *Et merité d'auoir l'Empire des humains:*
*Nous sortons maintenant du centre de la Terre:*
*Nous ces braues Heros: ces Aigles des Romains,*
*Qui par tout eslançons le foudre de la guerre.*

*Aprés auoir borné d'vne valeur estrange,*
*Nostre Empire Latin, de l'Ibere & du Gange,*
  *Nous auons subiugué celuy-là des Enfers:*
*Et la Mort qui iadis nostre ame auoit rauie,*
*Elle-mesme craignant de mourir par nos fers,*
*A forcé le Destin à nous rendre la vie.*

*Desia suiuant les pas du fameux Encelade*
*Nous estions preparez à donner l'escalade,*
  *Et surprendre le Ciel pour en chasser les Dieux,*
  *Quand le bruict d'vn Cartel semé de vaine gloire,*

Nous fit abandonner l'entreprise des Cieux,
Comme nous repaſſions le Fleuue à l'onde noire.

Cinq braues Cheualiers (s'il faut croire au langage)
Rendants de leur valeur eux-meſmes teſmoignage,
 Menacent de la mort les plus vaillants guerriers,
Et flattans leur eſpoir de choſes impoſſibles,
Auant que de combattre ils gaignent des lauriers,
Sans qu'ils perdent iamais le tiltre d'inuincibles.

Princeſſe qui n'auez au monde de pareille,
Dont le clair iugement paſſe toute merueille,
 Et ſçait rendre à chacun ce qu'il a merité:
Permettez qu'à vos yeux, au Theatre de France,
Nous puiſſions chaſtier ceſte temerité,
 Qui repaiſt leur eſprit d'vne fole eſperance.

Lors que noſtre valeur, qui toute autre ſurmonte,
Aura peint ſur leur front ou la mort, ou la honte,
 Nos bras victorieux redoutez des mortels
Vous iront conquerir le Ciel, la Terre, & l'Onde:
Ainſi comme les Dieux vous aurez des Autels,
Et ſerez deſormais Reine de tout le Monde.

DE ROSSET.

Quand il euſt pris congé de leurs Maieſtez, il
reprit le chemin de la porte du pauillon Royal,
pour y faire entrer les Conquerants en ceſt equippage.

DE

## DE L'EQVIPAGE DES
### neuf Conquerants.

## CHAP. XXII.

Ccuole Aide de Marefchal de Camp entra le premier. Il eftoit veftu de fatin incarnat couuert de paffement d'or. Le harnois de fon cheual eftoit de velours de mefme couleur, auec pareil enrichiffemement.

Quinze Trompettes le fuiuoient veftus de fatin incarnat, tout couuert de clincant d'or, auec du paffement de fatin noir. Leurs cazaques eftoiét de mefme fatin incarnat chamarrees de pareil clincant, auec des flammes pendantes autour du faye, de la cazaque, & des manches. Leur coiffure eftoit à l'Albanoife enrichie de bouïllons, feftons, bouquets, & lamettes d'argent, & d'vne aigrette au deffus. Leurs cheuaux eftoient caparaffonnez de velours incarnat, & de lamettes d'argent à carreaux, ayants de grands panaches & des bouquets d'aigrettes.

Horatius Coclès, & Sergius, ces deux braues & inuincibles foldats Romains les fuiuoient. Chacun portoit à la main gauche vne grande targue,

V

où eſtoit peint vn grand Aigle : à la droite vne pique, auec vne grande banderole , ou l'on voyoit
ces lettres, S. P. Q. R.

Mitridates & Tigranes Rois d'Aſie , que les
Conquerants auoient autrefois vaincus, venoient
aprés. Ils porţoient la couronne ſur la teſte, &
auoient le ſceptre à la main , la pointe tournee en
bas, à la mode ancienne des Roys d'Aſie. Mithri-
dates eſtoit veſtu d'vne lögue robbe de toile d'argent. Sa cazaque eſtoit de toile d'or incarnate. Et
Tygranes auoit vne ſoutane de toile d'argent , &
vne cazaque bleuë.

Apres eux venoit vn grand chariot à l'antique,
traiſné par quatre Elephans. Il eſtoit enrichi au
deuant , au derriere , & aux coſtez de feſtons , de
moulures, & d'autres ornements. Au deuant & ſur
vn piedeſtal de cuiure argenté eſtoit la figure de
Nembrot. Ce grand veneur auoit vne grande
trompe de chaſſe ou bandoliere , & vn grand eſpieu à la main. Son habillemét eſtoit vne cazaque
rouge à l'antique, qui luy deſcendoit iuſques aux
genoux. Ses brodequins eſtoient d'eſcailles d'orfeurerie. A l'vn des coſtez eſtoit la Tour de Babel,
qui voiſinoit les eſtoiles. A l'autre coſté l'on auoit
repreſenté Porus Roy des Indes , qui faiſoit combattre vn dogue auec vn Lyon en preſence d'Alexandre le grand. Quatre Dauphins ſeruoient de
roües à ce chariot, afin de faire voir que les Conquerants eſtoient ſeigneurs de la Terre , & de la

mer. L'Afie eftoit affife au milieu du chariot. C'e-
ftoit vne Dame habillee à la Perfienne, ayant vn
Turban verd, auec des bandes de pierreries, & vn
grand crefpe qui luy defcendoit par derriere iufques aux talôs, qu'elle retrouffoit de la main droicte. Elle portoit au col vn riche carcant de pierreries. Sa robbe eftoit incarnate toute femee de pierreries. La manche de fa robbe eftoit bouffante par
deffus, & couppee en feuilles de chefne. Elle auoit
vn encenfoir à la main gauche, & attaché d'vne
cheifne d'or. Ce Chariot auoit encores trois enroulements, remplis de trophees d'armes de toute
forte. La Felicité en eftoit le cocher. Elle eftoit affife fur vn fiege pompeux, & tenoit à fa main droite vn caducee entortillé d'aifles, & de ferpéts. Elle
auoit en fon giron vne corne d'abondance, pour
monftrer qu'apres les trauaux, les peines, & les
diligences, l'on recueille les fruicts que l'on a tant
defirez.

Plancus, & Pifo, marcboient apres ce chariot,
veftus de mefme que Cocles, & que Sergius, &
portoient la pique & la báderole pareille à la leur.

Bogud, & Iuba Roys d'Affrique les fuiuoient,
veftus d'vne robbe iaune, auec vne cazaque de toile d'or noire. Ils portoient de mefme que les deux
autres Roys la couronne & le fceptre.

Vn autre grand Chariot les fuiuoit, tiré par quatre Lyons. Il auoit de mefme que le premier trois
enroulements. Celuy-là du milieu parouffoit plus

que les autres. Il estoit en forme d'vne tour carree. Tous estoient remplis de trophees d'armes. Sur le deuant du chariot, & dans vne Ouale de relief estoit Hercule. Il portoit sa massuë à la main, & vne grãde peau de Lyõ luy couuroit tout le corps. Derriere estoit la teste du grand Lyon de la forest Nemee. A vn costé du mesme chariot l'on voyoit encores le mesme Hercule, naïuement represẽté, combattant l'Hydre à plusieurs testes, qui vomissoit feux & flámes. De l'autre costé estoit l'histoire d'Andronique, tirant vne espine du pied d'vn Lyon. Le tout estoit enrichy de feuillages, de festons, de moulures, & autres ornements. Au milieu du chariot, & sur vn carreau de velours incarnat passementé d'argent estoit l'Affrique noire, & bazanee. Vn grand drap de lin luy descendoit sur le derriere iusques à my greue, & se ramassoit sur le deuant, luy laissant à descouuert toute la gorge, & l'estomac. Elle estoit coiffee d'vn voile attaché à l'oreille auec longue queuë, & portoit à la main droicte vne corne d'abondance pleine d'espics. La bonne Fortune telle qu'on la voit depeinte aux medailles d'Antoninus Pius menoit le chariot. C'estoit vne Dame qui auoit sur sa teste vn rameau de laurier & qui s'appuyoit de la main gauche sur vn timon : afin de mõstrer qu'elle gouuernoit les affaires des Romains & les faisoit triõpher de leurs ennemis.

Ce Chariot estoit suiuy de Labienus, & de Trebonius veftus comme les autres Romains.

Perfeus Roy de Macedonne, accompagné d'vn Roy de Thrace venoit aprés, les yeux fichez à terre.

Puis marchoit vn autre grand Chariot fait à l'an-tique comme les deux autres. Il eftoit traifné par quatre cheuaux blancs, & auoit auffi trois Enrou-lements. Celuy-là du deuant, & du milieu eftoiét tous femblables, remplis de trophees d'armes, comme efcus, lances, armets, cuiraces, efpees, flef-ches, & iauelots. L'autre qui feruoit d'amortiffe-ment fur le derriere, eftoit pareillement remply d'vne infinité de trophees, mais il fe releuoit par-deffus les autres, & eftoit enrichy de feuillages, de feftons, & d'autres ornements. Le dedans de ce chariot eftoit couuert de fatin incarnat, & bor-dé tout à l'entour de franges d'or incarnates. L'Eu-rope y eftoit affife dans vne chaire de velours in-carnat en broderie d'or. C'eftoit vne Dame d'ex-cellente beauté, qui portoit vne couróne Royale fur la tefte. Ses cheueux eftoiét efpars derriere. El-le eftoit veftuë d'vne robbe femee de fleurs de liz, & de trophees d'armes. Le corps eftoit en forme de hoqueton à efcailles. Les manches eftoiét à l'efpa-gnole, de toile d'argét. A fes pieds eftoit vn globe. De la main gauche elle tenoit vn armet réply de courónes qu'elle refpádoit: & de l'autre le Móde. Le dehors du mefme Chariot eftoit d'argét émail-lé de verd, d'azur, & d'or. Il y auoit aux deux coftez

*Defcrip-tion du Chariot de l'Euro-pe.*

V iii

pour ornement deux grandes harpies d'or, tenans deux trompettes. Quatre consoles le soustenoiét: deux de chasque costé. En outre il y auoit au derriere vne Ouale en relief, enrichie de palmes, & de lauriers, ou paroissoit Mars auec sa salade, & sa cuirace. D'vne main il portoit l'Escu, & de l'autre la lance. Au deuant estoit la teste de Gorgonne en-uironnee de couloeuures, de viperes, & d'autres serpents qui luy seruoiét de cheueux. L'Occasion menoit le chariot. Elle estoit representee de la sorte que Phydias la tailla. C'estoit vne Dame ayát vn voile à trauers, qui luy couuroit le deuant du corps depuis la ceinture en bas. Le reste estoit nud. Ses cheueux luy pendoient sur le front. Le reste estoit chauue & descouuert. Elle auoit des aisles aux pieds posés sur vne roüe, & tenoit de la main dextre vn razoir. Les cheueux tombants sur le front signifient qu'on doit preuenir l'Occasion, & l'attendre au pas, & non pas la suiure pour l'em-poigner, lors qu'elle nous tourne le dos, parce qu'elle passe legeremét, auec des pieds aislés, posés sur la roüe qui tourne tousiouis. Le rasoir qu'el-le tient à la main veut dire qu'elle est preste à tren-cher toutes sortes d'empeschements. Ie croy que les Conquerants vouloient dire par ceste figure, que les Romains estendirét leur Empire, par l'Oc-casion, qui s'offrit à eux d'absuiectir premieremét l'Europe auant que gaigner les autres parties du Monde.

Apres ces Chariots marchoient vingt & fept
cheuaux, caparaffonnez de fatin incarnat, femez
de fleurons de fatin noir, auec du paffement d'or.
Ils eftoient menez en main, auec des cordons de
foye incarnate feruant de refnes, par vingt & fept
Eftaffiers, qui portoient de grandes cazàques de
taffetas incarnat, ayant des manches de fatin noir,
couuert de paffement d'or. Leurs coiffures eftoiét
incarnattes, parées de guirlandes d'argent & de
foye, & garnies de plumes incarnates & noires, &
d'aigrettes.

Vingt & fept Pages les fuiuoient, portants chacun la toque de fatin incarnat, chamarree de clincant d'or, auec pannaches incarnats, & noirs, accompagnez d'aigrettes. Chacun auoit la iuppe de
fatin incarnat couuert de clincant d'or, auec paffepoil noir, & bouïllons de gaze d'or autour du
corps de la ceinture, & des hauts de manches, &
portoient le bas attaché de foye noire, & les bottines incarnattes. Leurs cheuaux eftoient caparaffonnez de fatin incarnat, chamarré de clincant
d'or, auec paffepoil noir. Autour des caparaffons
il y auoit des fleurons de fatin noir, enrichy de
clincant d'or, & de paffepoil de fatin incarnat, auec
des campanes d'or au bout des fleurons. Chaque
cheual auoit vn gràd pannache de plumes & d'aigrettes: & chacun de ces Pages portoit vne lance,
auec la banderole incarnate, où l'on voyoit vne
Deuife, dont le corps eftoit vn autel, & vn feu al-

lumé par deſſus auec vne main qui bruſloit dedans: L'ame conſiſtoit en ces paroles eſcrites en
lettres noires:

*Agere & pati fortia, Romanum eſt.*

Ceſar Rangiziere Eſcuyer de Iules Ceſar accompagné des autres Eſcuyers des Conqueráts venoit
apres. Ils auoient chacun le pourpoinct de ſatin
incarnat, couuert de clincant d'or. Leurs hauts de
chauſſes eſtoient de ſatin incarnat à bádes en broderie d'or, auec paſſepoil noir. Leurs bas eſtoient
de ſoye, noire: leurs bottes noires: & leurs eſperons
dorez. Leurs pannaches eſtoient de grandes plumes incarnattes & noires, auec aigrettes. Chacun
portoit l'Eſcu de ſon Maiſtre, où les armes de leur
maiſon & leurs Deuiſes eſtoient peintes,

## ARMES, NOMS, ET DEVISES
### DES CONQVERANTS.

LEs armes de Iules Ceſar ſont du Duc de Roüanois.
Il porte d'or à trois iumelles de ſable: armes de la maiſon de Boiſy. Sa Deuiſe eſtoit vn Aigle, qui voloit
vers vn Soleil, enuironné de tempeſtes, de foudres,
& d'eſclairs : auec ces mots:

NE MAT ARME, NE SPANT ARME.

Au deſſoubs

Au deſſoubs eſtoient ces vers grauez en letttes
d'or:

> Ie ſuis l'Aigle des amoureux
> Qui d'vn courage genereux
> M'eſleue par deſſus la nuë:
> Ie bruſle d'vn feu nompareil.
> Rien ne peut empeſcher ma veuë
> De regarder mon beau Soleil.

> Que le foudre de toutes parts,
> Que l'orage, & que les brouïllars
> Exercent deſſus moy leur rage,
> Touſiours les raiz de mon flambeau,
> Au lieu d'eblouïyr mon courage
> M'eſclaireront iuſqu'au tombeau.

> Quant à moy i'ayme beaucoup mieux
> M'eſleuer ainſi vers les Cieux,
> Que de m'areſter à la terre:
> Si ie meurs i'ay ce reconfort,
> Qu'au moins c'eſt l'eſclat d'vn tonnerre
> Qui ſeul me peut donner la mort.

F. D. R.

Les armes d'Auguſte ſont du Marquis de Nermon-
tier. Il porte d'argent à trois Alerions, & vn cheuron
d'azur. armes de la maiſon de la Trimoüille. Il auoit
pour Deuiſe vn Soleil: & ces paroles:

A TODOS YO. A MI NINGVNO.

X

*Les armes de Traian sont du Marquis de Sablé. Il* porte d'or escartelé de gueules à seize Alerions comme la maison de *Montmorancy*, & sur la croix de gueules, il y a cinq croizilles d'or.

*Les armes de Paulus Æmilius sont du Marquis de Courtenuaux.* Le corps de sa deuise estoit vne plante d'alloüés qui rédoit de la fumee dans vn brazier ardent. L'ame estoit en ces mots :

FLAMMA AVGEBIT HONOREM.

*Les armes de Marcus Marcellus sont du Baron de Nagy.* Sa Deuise estoit vn Basilic, auec ces paroles:

CON EL MIRAR.

*Les armes de Caius Marius sont du Comte de Maureuel. Il* porte d'or à vne bande crenelee d'azur : armes de la maison de la Baume. Le corps de sa Deuise estoit vn foudre qui renuersoit vne tour. L'ame,

OBSTANT NVLLA EVRENTI.

*Les armes de Coriolanus sont du Marquis de Bresfieux. Il* porte d'or cantonnees de deux girons d'argeant de sable, & de neuf vers d'azur de trois à trois par trois bandes de geules. Au cœur vn debris de char de gueules en chāp d'or. Au milieu de deux Eschiquiers d'or, & de sable. Le corps de sa Deuise estoit vn Lyon prest à combattre. L'ame consistoit en ces paroles:

Y MAS QVIEN LLEVA.

*Les armes de Scipion l'Affricain sont du Baron de Montglat.* Sa Deuise estoit vn quadran, & vne espee qui en marquoit les heures. Au dessus estoit vn Soleil, & ces mots.     QVANDO?

*Les armes de Vespasian sont du Baron de la Boissiere.*
Sa Deuise estoit vne Aurore, qui chassoit vne
chassee des Estoiles : auec ces paroles,
CEDANT ORIENTI.

La Machine venoit apres. C'estoit le Chariot
de la Victoire, fait à l'antique, de forme longue, & *Descrip-*
ressemblât aucunement vn vaisseau. Il estoit cou- *tion du*
uert d'vn daiz de toque d'or incarnate, & soustenu *Chariot*
par dix barres d'or. Sur l'amortissement estoit vn *de la Vi-*
Soleil, qui respandoit ses rayons par tout le Cha- *ctoire.*
riot, & à l'entour force bouquets d'or & de soye,
& de festons. A la pouppe l'on voyoit trois grands
degrez d'argent. Sur le plus haut degré estoit assise la Victoire. Vne ieune Vierge ayât des aisles d'or :
tenant de la main droicte vne guirlâde de laurier,
& de l'autre vn rameau d'Oliue, & ayant sous ses
pieds vn Aigle qui tenoit en sa griffe vne branche de palme. Elle auoit vne robbe de satin blanc,
& par dessus vn manteau iaune. Le Laurier, l'Oliue, & la palme, sont des marques d'honneur, & de
gloire. Les aisles monstrent qu'elle est prompte à
se tourner du costé des valeureux. L'Aigle signifie la mesme chose, & les Empereurs Romains la
portoient en leurs bannieres, afin de nourrir le
courage des soldats, de l'espoir de la Victoire. Sa
robbe blanche nous apprend que la Victoire doit
estre sans tache, & sans macule, & qu'il en faut vser
auec prudence, lors qu'on l'a obtenuë. Le second
degré estoit la place des NEVF CONQVERANTS.

Au plus bas de ces degrez eſtoit la Muſique, com-
poſee de hautbois, de violes, & de cornets à bou-
quins. Les coſtez de ce Chariot eſtoient enrichis
de baluſtres d'or, & de corniches remplies de feſtons, de feuillages, de trophees, & autres ornements. Le deuant du Chariot eſtoit vn enroulement, où-il y auoit des maſques & des feuillages. On y voyoit encores à coſté des comparti-
ments, qui pendoient entre les deux roües, ou paroiſſoient diuerſes figures feruants d'ornement.
Le meſme Chariot eſtoit paré d'vne infinité d'e-
ſtoiles qui rendoient vne grande ſplendeur. Vne
toque d'or gauffree pendoit en bas auec de grádes
campanes d'or. Ce Chariot eſtoit tiré par huiƈt
grands cheuaux, qui auoient de grands caparaſſons de brocatel d'or incarnat.

Vrſinio mareſchal de Camp, acouſtré & ſuiuy
de meſme que nous l'auons deſcrit au comméce-
mét de ceſte entree, venoit apres. Quád il fut prés
de l'eſchaffaut de leurs Maieſtez, il preſenta ces
vers au Roy de la part de Iules Ceſar.

---

# AV ROY.

E ſors de ceſte obſcure nuiƈt
Ou iamais le Soleil ne luiƈt.
 *Pour voir ce magnanime Prince*
LOVYS qui fera quelque iour

*De l'Vniuers vne Prouince*
*Ou par armes, ou par amour.*

*Bien que ie sois ce grand Romain*
*Qui par la force de ma main*
*   Ay subiugué toute la terre,*
*Ie vien pour receuoir sa loy*
*Sçachant que le Dieu de la guerre*
*La doit receuoir comme moy.*

*Desia l'Infidelle Croissant*
*Deuient si triste & pallissant*
*   Pour la conqueste qu'a ses armes*
*Vn fameux Oracle promet,*
*Que les Turcs en baignent de larmes*
*Le sepulchre de Mahomet.*

*Lors que son bras puissant & fort*
*Lancera les traicts de la mort,*
*   Et dissipera leur armee,*
*Ie veux a lors estre à mon Roy,*
*Ce qu'en la plaine d'Idumee*
*Renaud estoit à Godeffroy.*

*Prince l'vnique soing des Cieux,*
*Rare merueille de nos yeux*
*   Quel monarque se pourra dire*
*Estre en grandeur vostre pareil*
*Lors qu'on verra dans vostre Empire*
*Mourir & naistre le Soleil?*

F. D. R.          X iij

Et puis il donna encores ceux-cy à la Maiſtreſſe
du Prince des Eſpagnes.

## IVLES CÆSAR,
### A MADAME.

FRANCE tout l'orage à paſſé,
*Ne crains plus le vent courroucé,*
*Qui ſouffloit des hauts Pyrenees,*
*Que pourroit l'iniure du ſort,*
*Maintenant que ces Hymenees,*
*Ont mis noſtre Nef dans le port.*

*Princeſſe reſiouyſſez vous,*
*Aquerant vn ſi digne eſpoux*
*Vous calmez les flots de la guerre:*
*Mais quel heur doit-il poſſeder*
*S'il iouyt du fruict que la Terre*
*N'eſt pas digne de regarder.*

*Puiſſent de ce coupple amoureux*
*Naiſtre des enfans genereux*
*Qui rengent ainſi que leur Pere*
*Le nouueau Monde ſoubs leur loy,*
*Cependant que noſtre Hemiſphere*
*Sera pour les fils de mon Roy.*

Aprés les Pages venoient les NEVF CONQVE-
RANTS. Leur coiffure eſtoit en forme d'armet, Le

fonds eſtoit de toile d'or. Aux deux coſtez il y
auoit deux miroirs, enrichis tout autour de groſſes perles rondesOrientales de prix ineſtimable.Et
ſur la creſte l'on y voyoit des bouquets tous couuerts de brillants. Le reſte de la coiffure (comme
auſſi le cordon) eſtoit tout ſemé de feſtons de diuerſes couleurs, d'or & d'argent, d'eſmeraudes, de
iacinthes, & d'autres ioyaux precieux. Le grand
pannache flottoit deſſus, de plumes incarnattes,&
noires, ayant au milieu vne grande aigrette fine
en perfection. Ils portoient chacun vne cazaque,
dont le corps eſtoit de ſatin incarnat, bordé par
eſcailles de canetiles d'or. Les manches eſtoient de
ſatin noir en broderie d'or & incarnate, ſemee
d'eſtoiles de pareille broderie. Les hauts des manches eſtoient en façon de feuillages de cheſne pendantes, de ſatin incarnat, en broderie, & canetillé
d'or, auec des eſcailles autour de la manche, volan-
tes pareillement. Le bas de ſaye eſtoit de ſatin noir
tout couuert de broderie à bandes. Il y auoit ſur le
ſaye de grandes, & de petites feuilles de cheſne vo-
lantes, enrichies de broderie d'or, & de campanes.
Le fonds de leurs hauts de chauſſes eſtoit de ſatin
incarnat à bandes, en broderie & clincant d'or.
Leurs bas eſtoiét de ſoye noire, &leurs bottines incarnattes de broderie d'or. Leurs Cheuaux eſtoiét
caparaſſonnez de velours incarnat, tout couuert
de broderie d'or, auec vn paſſepoil noir. A l'entour des caparaſſons l'ó voyoit des fleurós de ſatin

noir auec de la broderie d'or, & vn paſſepoil de ſatin incarnat, & force campanes en pareille broderie, au bout des fleurons. Ces cheuaux portoient
chacun des plumes d'Auſtruche incarnates & noires, & au milieu deux grandes aigrettes.

Vingt-ſept Eſtaffiers marchoient apres. Ils
eſtoient veſtus de lógues robbes à la Romaine de
ſatin incarnat tout couuert de paſſement d'or.
Leurs manches eſtoient pendantes, de ſatin noir.
Leurs coiffures eſtoient de pareilles couleurs, accompagnees d'aigrettes dorees. Chacun auoit la
bottine incarnate, & l'eſpee doree au coſté.

Douze Haultbois les ſuiuoient veſtus d'vne
ſupraueſte incarnatte à l'antique. Chacun de ces
Haultbois auoit des chappeaux de lauriers entre-
lacés de palmes.

Ceſte pompeuſe & magnifique partie, ayant
faict le tour du Camp, LES NEVF CONQVERANTS,
s'appreſtoient à la ioutte, lors qu'on leur apprit,
que ſuiuant les loix ordinaires il faloit attendre
que ceux qui eſtoient entrés auant eux, eſpreu-
uaſſent premierement l'auanture du PALAIS DE
LA FELICITE', contre les Cheualiers qui en deffendoient l'entree. Cependant la nuict auec ſes
larges voiles vint coaurir la face de la Terre, de
ſorte que la partie fut remiſe à vn autre iour, où
vous verrés la fin de ces belles actions, ſi vous eſtes
curieux d'y aſſiſter.

# LE ROMANT

## DES

## CHEVALIERS

## DE LA

## GLOIRE.

## Troisiesme Iournee.

### DE LA QVERELE QVI

*suruint entre les Dieux à la place Royale*
*le iour des Courses.*

#### CHAPITRE PREMIER.

Oicy le iour qu'il faut decider par le sort
des armes le prix du Tournoy. C'est maintenant que tant de braues Cheualiers doiuent employer leur valeur & leur addresse pour

A

maintenir la reputation que la Gloire leur donne.
Almidor, Leontide, Alphee, Lyſandre, & Argante ont déia fait le tour du Camp, & armés de toutes armes, ils ſe font arreſtés deuant le PALAIS
DE LA FELICITE'. La Gloire eſt à l'vn de leurs
coſtés qui les anime, & qui leur met deuant les
yeux l'election qu'elle a faite de leur valeur. La Felicité eſt de l'autre qui leur promet la recompenſe
de l'eternité, pourueu qu'ils ne permettent point
l'entrée de ſon palais qu'à ceux qui le meriteront.
Mais cependant qu'ils attendent auec impatience
des Aſſaillans, les Princes, Ariſtée, & Oliuante de
Lauro, auec leurs Compagnons arriuent. Rozeleon le valeureux, Valdante, Belloglaiſe, & Riue-
gloſe viennent apres, ſans attendre Clarizel le Fortuné, ny Alberin le Courtois, qui pour quelque
auanture qui leur eſtoit ſuruenuë n'auoient peu ſe
rendre au au Camp, à l'heure qu'il s'y failloit treuuer. Les Amadis: Perſée: les Cheualiers de la Fidelité: les Cheualiers du Phœnix: les quatre Vents:
les Nimphes de Diane: les Cheualiers de l'vniuers: Iules Cœſar & les autres Conquerans les ſuiuent: Chacun ſelon l'ordre qu'il eſtoit entré les
deux iours precedens.

Le Soleil propoſe à ſon fils Ariſtée le lieu de
ſon extraction, & deſire qu'il face paroiſtre en vne
action ſi celebre & ſi remarquable qu'il merite dignement d'eſtre fils d'vn tel pere. Les exemples de
la valeur du Grand Henry à qui les Dieux ont don-

né seance parmy les Immortels se representent
deuant Rozeleon, & l'inuitent à se ressouuenir de
cést Heros qui luy a doné naissance. Vrgande &
Zirphée Reyne d'Argenes presentent aux deux
Amadis des armes enchantées, & les fournissent
chacun d'vne lance dorée qui a le pouuoir de mettre par terre tous les Cheualiers qu'elle touche.
Mars qui accompagne son frere le vaillant Persée,
pretend de luy faire gagner l'honneur de la iouste.
La Fidelité de qui le pouuoir est prodigieux & incroyable veut que ses Cheualiers ayent autant de
valeur que de cóstance. La Renommée vole à l'entour du Cheualier du Phœnix, & luy ramante-
uant les exploits & les conquestes dont il est venu
à bout, l'incite d'employer maintenant toutes ses
forces pour conseruer l'estime que l'on faict de luy
par tout le monde. Pallas enfle le courage des quatre Vents & leur promet de les couurir de son bouclier & de les rendre vaincœurs en ceste entreprise
comme elle a fait en tant d'autres. Diane est parmy
ses Nimphes qui leur remonstre de soustenir l'honneur qu'elles ont de seruir vne si grande Deesse, &
que c'est à elles non à d'autres de publier ses loüanges. Les Cheualiers de l'Vniuers, desirent de rendre tesmoignage à leur Prince, que leur valeur
égale leur reputatió. La Victoire est auec ses neuf
Conquerans tenant en la main vne coronne de
l'aurier qu'elle leur móstre comme la fin de la gloire où ils aspirent.

Vne rumeur s'esleue & court parmy le camp.
Iamais en la querelle de Pâris & de Menelaus il n'y
eut tant de noise parmy les Dieux. Les vns souste-
noient vn party, & les autres vn autre. Chacun
vouloit que les Cheualiers de sa suite essent l'honneur d'assaillir les premiers ceux qui defendoient
l'entrée DV PALAIS DE LA BELICITE'. Et pour
cet effect ils mettoient en auant leur grandeur &
leur pouuoir, & se reprochoient les vns les autres
leurs vices & leurs imperfections. Ie croy qu'ils en
fussent venus aux mains comme ils firent autrefois deuant Troye, si la Concorde sortant du PA-
LAIS DE LA FELICITE' ne leur eust mis deuât les yeux
le respect qu'ils deuoient à la grande Iunon qui
regit le Sceptre des fleurs de Lys : & ne leur eust
dit, que s'il y auoit entre eux quelque differend,
ils se deuoient retirer vers elle pour se ranger à ce
qu'elle en ordonneroit. Ses parolles eurent tant
de pouuoir, que toutes ses Deités s'acheminerent
dés l'heure mesme vers l'eschaffaut de sa Maiesté,
& apres luy auoir faict entendre leurs raisons, elle
voulut que le tournoy fust changé en courses de
quintaine & de bague, promettant au Cheualier
qui en gagneroit le prix, vn diamant de valeur inestimable qu'ils receuroit de la main de la Princesse Elizabeth. Prudent, & sage expedient que cette grande Reine treuua pour empescher la plus funeste & la plus deplorable iournée qu'on puisse escrire en lettres de sang dans vne histoire. Mais tan-

dis que ces Deités prenent congé de la Reine pour
retourner chacune vers ses Cheualiers, vn autre
bruit remplit tout le Camp. Le chapitre suiuant
vous en aprendra le suiet.

## DV COMBAT DES GEANTS
### *Baladan, & Dragonis, contre les deux Geants du Cheualier du Phœnix.*

## CHAP. II.

N O v s auons raconté cy-dessus
comme Cleōtee Roy de l'Arabie
heureuse, vainquit les deux espouuentables Geants, qui rompirent les Escluses du Nil, afin de
perdre toute l'Afrique. Vous les
auez veus suiure le Temple de la Renōmee, dont
ils estoient destinez les gardiens. Si tost que ces
deux Monstres eurent apperceu le grand Baladan,
& ses freres, vn desir d'espreuuer leurs forces con-
tr'eux les saisit de telle sorte, que voyans tous ces
Dieux & ces Cheualiers empeschez à leurs querelles, ils coururent le cimeterre à la main pour les
assaillir. Baladan, & Dragonis les receurent cou-
rageusement, l'vn auec son grand coutelas, & l'autre auec sa lourde masse. Baladan & l'vn des Ad-

A iii

uerſaires ruerent l'vn ſur l'autre à meſme temps,
vn ſi horrible coup, que le grand eſcu de l'vn ayant
eſté mis en pieces, le cimeterre luy ouurit la poitrine, de maniere qu'on luy voyoit toutes les entrailles: pendant que ſon coup qu'il auoit deſia
deſchargé auala l'eſpaule droicte de l'autre, & pe-
netra iuſques au foye. Dragonis & l'autre Geant,
s'eſtoient cependant attaints ſi furieuſement ſur
la creſte de leur capeline, que la teſte de l'vn fut eſ-
craſee, & l'autre euſt la ſienne fenduë iuſques aux
eſpaules.

La mort de ces quatre Geants troubla toute l'aſ-
ſemblee. Les trois autres freres coururent pour
venger leur mort ſur le Cheualier du Phenix. Mais
ils furent arreſtez par le vaillant Fouquerolles enſeigne des gardes du corps du Roy, & enfermez
dans le Palais de la Felicité, iuſques à ce que leur
colere fut vn peu refrenee. Almidor, & Cleonthée rencontrants vn ſubiect ſi à propos pour eſpreuuer leur proüeſſe, euſſent pareillement ac-
cóply leur deſir, ſi les Iuges du Camp ne les en euſſent deſtournez. Tandis qu'ils reſeruent l'effect de
leur enuie à vne autre ſaiſon, huict Trompettes
entrét au Camp, par la porte du Pauillô Royal. Ils
eſtoient veſtus de cazaques de ſatin vert, couuertes de clincant d'or & d'argent, & auoient des banderoles à leur trompetes, de meſme liuree. Quatre
Pages les ſuiuoient, habillez de velours vert, chamarré de pareil clincant. Leurs cheuaux eſtoient

caparaſſonnez de meſme eſtoffe, & de pareil enrichiſſement. Chacun de ces pages portoit vne lance verte, auec la banderole verte ſemee de flammes, où l'on voyoit deux deuiſes. Le corps de l'vne
eſtoit vne main qui arroſoit vn liz. L'ame conſiſtoit en ces paroles: SPES ET FORTVNA VALETÆ.
Tout le monde recogneut inconcontinent que
ceſte deuiſe parloit de Clarizel le fortuné, qui entroit maintenant au Camp ſous le nom de Sacridor. L'autre deuiſe eſtoit la fleur qui ſe tourne vers
le Soleil leuant, auec ces mots: INVITO RAPTORE
SEQVAR. Six eſtaffiers venoient apres veſtus de
meſme que les Pages. Ils menoient trois cheuaux
enharnachez de toile d'or gris de lin. Leur harnois
de teſte, leur poitral & leur croupiere eſtoient d'argent traict, couuert de plaques ſemees de rubis, &
de turquoiſes. Apres marchoient huict autres
Eſtaffiers, veſtus de meſme que les precedents.
Quatre autres Pages les ſuiuoient, qui portoient
encores chacun vne lance, auec la banderole, où
l'on liſoit ces mots: MVLTARVM QVOD FVIT
VNA TENET. Deuiſe d'Alberin le courtois, qui
entroit auec Sacridor ſous le nom d'Eraſte. Ie croy
que ce gentil, & genereux Caualier vouloit dire
par ceſte deuiſe, qu'apres auoir ſeruy pluſieurs
beautez, vne ſeule auoit eſté capable, par ſes perfections, de l'arreſter.

Le courageux, & gentil Cheualier Nicandre
leur Mareſchal de Camp les ſuiuoit. Il auoit vn ha-

bit de fatin tanné, doublé de vert, en broderie d'or,
Le harnois de fon cheual eftoit de mefme eftoffe
& de pareil enrichiffement. Il auoit fous le col la
queuë du cheual Marin, que ce genereux guerrier
mit à mort lors qu'il deliura la belle Filiftee, que
ce monftre vouloit deuorer Cefte queuë eftoit attachee auec des cordons de perles.

A pres luy venoient Sacridor, & Erafte, veftus de
toile d'or verte, en riche broderie d'or & d'argent.
Leurs cheuaux eftoient caparaffonnez de mefme
que leurs habits, & auoient de grands pannaches
fur la tefte, & fur la croupe, d'incarnat, de blanc &
de vert.

Leurs Efcuyers les fuiuoient, veftus de velours
verd, chamarré de clincant d'or. Ils portoient chacun l'efcu de fon maiftre, & vne lance verte femee
de chiffres d'or. Leurs cheuaux eftoient enharnachez de mefme eftoffe que leurs habits, auec de
la broderie d'or, & d'argent.

Quand ils fe furent rengés, le Prince Ariftee, auec
Oliuante de Loro, & fes compagnons allerent au
petit pas vers les Cheualiers de la Gloire, qui ayans
mis pied à terre s'eftoient affis à l'entree de leur riche pauillon, attendants que quel qu'vn vint pour
difputer auec eux le prix des courfes.

Ariftee s'approcha d'eux, & leur tint ce difcours.
Cheualiers voulez vous pas efpreuuer voftre a-
dreffe côtre la noftre, en la courfe de la quintaine,
puis que fa Maiefté ne veut pas que vous faciez
l'efpreuue

l'efpreuue de la force de noftre bras, en la ioufte
que vous deuiez fouftenir. Braue Prince (refpond
Almidor) nous fommes tous prefts de maintenir
la reputation que la Gloire nous dône : & fommes
bien marris de ce que nous ne pouuons faire effay
de voftre vailláce pluftoft que de voftre addreffe.
Ce difant luy & fes compagnons monterent legerement à cheual fans mettre le pied à l'eftrieu. Et
puis ayât pris chacú vne lance, Almidor fit bondir
fon cheual au commencemēt de la lice, & luy
donna des efperós. Le cheual part à mefme temps
comme vn foudre, & luy eftant au milieu de la
courfe couche fon bois, & fans le baiffer ny hauf-
fer donne dans la tefte du Sarrazin, & fait voler
les efclats de fa lance en mille pieces, & apres auoir
arrefté fon cheual s'en retourne vers fa téte, faifant
toufiours aller fon cheual à capriolles. Ariftee ne
s'eftôna pas pour vn fi beau coup. L'affeuráce qu'il
auoit de fon addreffe, luy fit courageufement em-
poigner vne forte lance, & piquer fon cheual auec
vne fi belle difpofition, que tout le monde en
eftoit raui. Il donne dans la tefte du Sarrafin au
mefme lieu où Almidor auoit donné, & puis retourne galamment au petit pas au lieu dont il
eftoit party. Mais qui pourroit dignement efcrire,
& en fi peu de paroles les beaux coups de tant
de braues Cheualiers. Qui eft-ce qui pourroit dignement reciter l'adreffe du gentil Prince Leontide, d'Alphee, de Lyfandre, & d'Argante. Quelle

Python me fournira d'affez belles paroles pour les
employer à la loüange d'Oliuante de Loro, de fes
compagnons, des Cheualiers du Lis, des Amadis,
& de Perfee. Serois ie bien capable de loüer dignement les Cheualiers de la Fidelité, celuy du Phenix, les Vents, les Nymphes, les Cheualiers de
l'Vniuers, & les neuf Conquerants. Il faut que
i'auoüe ma foibleffe, & que ie protefte feulement
à la pofterité, que ne pouuant bien defcrire ce que
i'ay veu moy-mefme de mes yeux, i'imite le pein-
ctre, qui couurit d'vn manteau la face d'vn grand
Roy, n'ayant peu viuemét reprefenter fa douleur.
Ainfi ie couuriray de mon filence le defaut de ma
plume, & me contenteray de vous reciter ce qui
aduint durant ces courfes.

## DV DIFFERENT QVI SVRVINT
*entre quelques Cheualiers pour la va-*
*leureufe Nerinde.*

### CHAP. III.

Andis que toute la fleur de la plus genereufe nation du monde a pour tefmoings
de fon addreffe, les yeux du plus grand
Monarque, & de la plus vertueufe Reine de l'Vniuers, la difpofition & la bonne grace de la valeu-

reufe Nerinde rauit les yeux des affiftans. Ayant
fait deux courfes, à fon rang, & s'eftant meflee parmy ces Cheualiers, elle hauffa fon armet pour
prendre l'air. Le Cheualier du Phenix n'euft pas
pluftoft apperceu ce beau vifage, qu'il fe fentit
viuement atteint de fes perfections. Il s'approcha
d'elle, & luy dit. Belle Nymphe encores que voftre
bras ne treuue rien d'inuincible, toutesfois fi i'a-
uois à vous combattre, ie redouterois bien plus
l'effort de vos beaux yeux, que celuy de voftre efpee. Ie defire d'employer deformais la mienne
pour voftre feruice, & par les tefmoignages que ie
rendray de ma valeur, meriter le tiltre de voftre
Cheualier, pourueu que vous l'ayez agreable. Elle
luy vouloit refpondre, lors que Vulturne, qui n'e-
ftoit pas moings allumé des rayons de ce beau Soleil, la deuancea, & auec vn defdain profera ces
paroles. Cheualier ie m'eftonne de voftre temerité, qui fans auoir efgard à ma valeur, ofe proferer
vn tel blafpheme. Ie vous prie de vous deporter
de cefte folle pourfuitte, autrement ie ferois contrainct de chaftier voftre prefomption, puis qu'il
n'y a que moy feul qui merite de feruir cefte
Nymphe. Comment (refpond le Cheualier du
Phenix) eftes-vous donques de ceux, qui croyent
que tout ce qu'ils imaginent eft veritable. Ie voudrois que nous fuffions defia au lieu, ou i'euffe le
moyen de vous guerir de cefte folie. Suiuez-moy
feulement (dit Vulturne) & nous verrons à l'ef-

preuue ce que vous sçauez faire. Acheuant ce
propos il se desrobe du Camp, & sort de la ville
par la porte sainct Anthoine. Cleontee le suit,
bien resolu de reprimer sa temerité. Ils picquerent
si viuement leurs cheuaux qu'ils arriuerent en peu
de temps à la fontaine des Meuriers. Nerinde
estonée de ceste querelle si soudaine, voulut courir apres : mais elle s'aduisa d'en aduertir premierement Zephyre, qu'elle chercha par le Camp, &
ne cessa iusques à tât qu'elle luy eut appris le combat que Vulturne alloit faire contre Cleothee, &
le grand dommage que tout l'Vniuers receuroit,
s'il faisoit perte de l'vn de ces deux Cheualiers, ou
de tous deux ensemble. Cependant qu'elle luy ra-
contoit le subiect de ceste querelle, Almidor qui
auoit tousiours les yeux sur le Cheualier du Phenix, pour treuuer quelque moyen de le deffier, vit
comme il sortoit du Camp, de sorte que prenant
en main ceste occasion il le suiuit. Zephyre, & Nerinde vindrent apres à course de cheual. Ie ne vous
reciteray pas pour le present le succez du furieux
combat de Cleonthee, & de Vulturne. Ie repren-
dray les courses de bague.

## DES COVRSES DE BAGVE ET
*autres choses dignes de recit.*

### CHAP. IIII.

I Amais vne action de resiouyssan-
ce ne se celebre, qu'il n'y ait tousiours parmy de la douleur. Les
Dieux ont pris plaisir de mesler la
douceur auec l'amertume, & la
Nature a voulu enfermer dans les
espines les plus belles fleurs. Le discours precedent
en rend tesmoignage, par vn cruel & dangereux
combat qui se prepare, si la Fortune qui a soin de
la conseruation de deux si vaillants Cheualiers, ne
les en destourne. Cependant qu'ils couret si librement à la mort, ceux qui sont à la place Royale, ignorants ceste funeste entreprise, se disposent d'emporter le prix qu'on doit receuoir de la
main de MADAME.

Apres que le Regiment des Gardes eut fait vne
grande salue de mousquetades, & que mille trompettes eurent remply tout le Camp de leur son, le
Prince Leontide prit vne lance, & se mettant dans
la carriere, il la passe auec vne infinité de gentiles-
ses, & puis tournát son cheual, il le piqua des espe-

B iii

rons & le fit courir d'vne legereté incroyable, &
couchant fa lance, la porta aufli ferme que fi fon
cheual ne fe fut point remué, & l'ayant mife en
l'arreft donna vne atteinte à la bague par le haut,
de forte qu'il ne fallit que de demy doigt à mettre
dedans. L'attainte fut aufli droite, que fi elle euft
efté faite auec vne fleche. Ayât paracheué fa courfe, il retourna vers fa tante au petit pas, auec affez
de regret de n'auoir pas mis dedans.

Le Prince Alphee, Lyfandre, & Argante coururent apres, auec toute la grace, & toute la difpofition que l'on peut imaginer en des Caualiers accomplis. Leurs attaintes furent pareilles à celle de
Leótide, fi ce n'eft qu'Argante paffa la lance par le
milieu de la bague, & l'emporta legerement, en
paracheuant fa carriere. A l'heure les trompettes
commençerent à refonner, tandis que le Cheualier retourna au petit pas vers le pauillion, auec
autant de ioye, que fes Compagnons auoient de
regret de ne l'auoir emportee.

Le Prince Ariftee courut apres auec toute fa
trouppe, auec non moins de grace, & de gétilleffe
que ceux qui les auoiét deuancez: mais il n'y eut
pas vn d'entre eux, que Lucidamor, & Rozeleo le
valeureux qui miffét dedás. Clarizel le fortuné, Alberin le Courtois, & leurs autres côpagnons vindrent apres. Et puis les Amadis, Perfee, les Cheualiers de la Fidelité, les Vents, les Nymphes, les
Cheualiers de l'Vniuers, & les Conquerants. Ia-

mais on ne vit tant de si belles courses ny de si
beaux coups: mais ceux que la Fortune fauorisa le
plus ceste iournee, furent Rozeleon, Argante,
Cleontin, & Lucidamor, qui de trois Courses mirent deux coups dedás. Leur egalité, & la nuict qui
suruint fut cause qu'on remit la partie au lendemain.

## COMME CLEONTEE ET VVLTVRNE
### furent separez de leur cruel & dange-
### reux combat.

### CHAP. IIII.

S I tost que Vulturne fut arriué à la
fontaine des meuriers il arresta
son cheual, & regardant derriere luy, il vit le Cheualier du Phenix qui le suiuoit à bride abba-
tuë. Vulturne sçachát qu'il auoit
à combattre l'vn des meilleurs Cheualiers du
monde, ietta les yeux sur ses armes pour voir si
rien leur defailloit, & puis mettant la main à l'espee il alla treuuer son Aduersaire, qui auoit desia
la siéne à la main, & qui se disposoit de l'assaillir.
Les coups qu'ils se donnerent furent tels qu'ils en
faisoient voler les pieces de leurs escus & les mail-
les de leurs harnois, de sorte que la chair nuë pa-

roiſſoit en pluſieurs endroiƈts, d'où l'on voyoit
decouler leur pur ſang. Eſtant en ces termes, eſ-
chauffez comme deux fiers Lyons, Almidor de
qui le cheual alloit comme le foudre, arriuant au
lieu où les Cheualiers combatroient, ſe mit à crier
au Cheualier du Phenix, & luy tint ſe langage.
Cleonthee, vous n'ignorez pas le ſermét que i'ay
fait à ma Maiſtreſſe, de luy faire preſent de l'eſpee
que vous portez. Deliberez-vous de quitter le differend que vous auez auec ce Cheualier, & de deffendre vos armes. Almidor(reſpond Cleōthee) ie
ſuis preſt non ſeulemét de conſeruer l'eſpee que ie
porte: mais encores de vous oſter celle de Godefroy, que ie veux pédre pour trophee au plus haut
arbre de la foreſt du Soleil. Ce diſant il deſchargea
vn ſi furieux reuers ſur la creſte de l'armet qni fut
autrefois au bon Roger, qu'il l'eut mis en pieces s'il
n'euſt eſté enchanté. Almidor luy rendit bien toſt
ſon change, car il luy rua vn ſi peſant coup de ſa
bonne eſpee, qu'il en fit voler vn quartier de ſon
eſcu qu'il auoit mis au deuant. Comme ils vouloient continuer, Vulturne prioit Almidor de ne
paſſer outre: mais de luy laiſſer acheuer le combat
qu'il auoit commencé auec le Cheualier du Phenix. Tandis Zephyre, & Nerinde arriuerent qui
voyants ces Cheualiers rechercher auec tant de
paſſion la fin de leur vie, ſe mirét en deuoir de les
ſeparer, arreſtans tantoſt l'vne, & tantoſt l'autre.
Toutesfois ils ne peurent ſi bien faire, qu'Almidor ne

dor ne se iettast furieusement sur le Cheualier du
Phœnix & ne luy ruast vn tel coup, de ceste main
tant redoutee par tout l'Vuiuers, qu'il estoit en
grand danger de sa vie, si la valeureuse Nerinde
n'eust mis son escu au deuant. La roideur du coup
fut si demesurée, que l'espée ouurant l'escu descendit sur la cuisse de la Nymphe, où elle fist vne
legere playe. La genereuse Nymphe voyant ainsi couler son sang, perdit toute patience, de sorte
qu'ayãt ietté par terre le reste de son escu elle prist
son espee à deux mains, & de ceste force incomparable qui eut ouuert vne montaigne, elle des-
chargea sur la creste du Prince vn si foudroyant
reuers, que sãs les armes enchãtees elle eust mis en
pieces & luy & son cheual. A mesme temps mille
estincelles parurent aux yeux d'Almidor. Et cõme
il s'appareilloit de la véger. Cleontee & Vulturne
qui auoiẽt veu couler le sang de celle pour qui ils
espuiseroiẽt toutes leurs veines trãsportez de fureur se ruerẽt encores chacũ sur Almidor si rudement, que bien que l'enchantemẽt resistast à leurs
glaiues, neantmoins le sang commencea à luy
couler par les yeux & par les oreilles. En fin ayant
presque perdu tout sentiment il eust laissé choir sa
bonne espee, si elle n'eust esté attachee à son bras
d'vne petite chaine d'or. Ils eussent redoublé leur
charge, si Zephyre ne se fust mis entre deux, & si
le cheual du Prince, qui a quelque espece de raison humaine ne l'eust emporté legerement par la

C

campagne, & par la viſteſſe ſauue ſon Maiſtre du
plus grand d'anger qui luy puiſſe iamais arriuer.
Nerinde vouloit courir apres lors qu'elle apperceut Clorize, l'vne des Damoiſelles de Neree, qui
s'arrachant les cheueux, & pleurant amerement,
luy apprit qu'vn parent de Brandicard auoit volé
la belle Neree, par la plus gande trahiſon du
monde, & que ce traiſtre venoit de gaigner la foreſt des Landes par vn chemin qu'elle luy môſtra.
Au rapport d'vne ſi triſte nouuelle, Nerinde quitta ſoudain le côbat d'Almidor, & ſe mit à piquer
ſon cheual vers ceſte Foreſt. Cleontee & Vulturne courent incontinent apres, tandis que le Prince ayant repris ſes eſprits & regadant à l'entour de
luy, fut bien eſtonné de ne voir plus les Cheualiers
qui l'auoient ſi mal traicté. Il apperceut ſeulement
le valeureux Zephyre, qui s'eſtant approché de
luy, pour l'aſſiſter luy apprit l'auenture qui eſtoit
ſuruenuë, & comme ces Cheualiers venoiét d'entrer dans la Foreſt des Landes. Le Prince qui eſtoit
tout bouillant de colere, & qui auoit reſolu de ſe
venger d'eux, courut incontinent apres à la trace.
Zephyre donna pareillement des eſperons à ſon
cheual, & le ſuiuant afin de les ſeparer, s'ils en-
troiét encores au combat. La ſuitte de noſtre Romant vous apprendra la fin de ceſte Auanture, &
les glorieux faits d'armes du valeureux & gentil
Caualier Zephyre, & des autres que nous auôs laiſſé au Camp de la place Royale, où nous irons reprendre les courſes de bague.

*COMME ZAIDE GAIGNA LA bague apres l'auoir long temps diſputee. Et de l'embraƷement du Palais de la Felicité.*

## CHAP. V.

Es braues Cheualiers s'eſtants encore aſſemblez pour voir à qui la fortune dóneroit le prix de la bague, s'efforceant de faire paroiſtre leur addreſſe aux yeux de ce grand Monarque pour qui leur valeur doit conquerir vn iour l'Empire de l'Vniuers.

Le Prince Leontide ne s'y trouua point. Vne auanture eſtrange, que nul autre que luy ne pouuoit mettre à fin l'en auoit deſtourné. Les proueſſes incroyables qu'il y fit ſont reſeruées, pour la ſuitte de noſtre hiſtoire, où vous verrez les plus grands exploicts & les plus genereuſes entrepriſes, qu'on ait iamais acheuees par la force des armes. Tandis nous reprendrons nos courſes & vous dirons que le Regiment des Gardes ayant fait comme les iours precedents, vne gráde ſalue de mouſquetades, & vn grand bruit de trompettes ayant remply tout le Camp, le valeureux Prince Alphee priſt vne lance, & s'eſtant mis dans la carriere, don-

na des esperons à son cheual, & puis couchant son
bois emporta legerement la bague. Ayant paracheué sa course il retourna vers son pauillon, pour
attendre ce qui arriueroit aux courses de ceux qui
deuoient courir apres luy. Lysandre ayant couru
auec non moins de grace & de dexterité l'emporta pareillement. Autât en fit Argante. Mais qu'est-
il besoing que ie vous descriue particulierement
toutes ses courses? Il n'en fut iamais de telles. En
fin Oliuante de Loro, Clarizel le fortuné, & le
courageux Zaide osterent tout espoir aux autres
de la gaigner. L'on auoit desia couru quatre fois,
& ces trois renommez Cheualiers l'auoient tousiours emportee, lors que le Prince Oliuante se mit
pour la cinquiesme fois dans la carriere, & partât
auec vne promptitude semblable à celle d'vn es-
clair, coucha sa lance droicte comme vn traict,
& puis la passa legerement dans la bague. Tout le
peuple fist à l'instant vn grand cry, estôné de l'heur
& de l'addresse de ce Cheualier. Ce dernier coup
n'estonna pas pourtant Clarizel le fortuné. Il se
mist au commécement de la carriere, & puis tournant aussi viste que le vent coucha son bois au milieu de sa course, & le passa dans la bague de mesme qu'auoit desia fait le genereux Prince Oliuante
de Loro. Zaide sans perdre l'esperance de gaigner
le prix, arriue cependant à l'entree de la carriere,
où ayant tourné son cheual d'vne vitesse incomparable, couche sa lance, & puis emporte la bague

gue comme de couſtume. O Dieu (diſt àlorslaReine) quelle ſera la fin de tout cecy! Cependant que tout le monde attent auec impatience de voir qui gaignera le prix ſi long temps debattu, Oliuante de Loro s'eſtant mis pour la ſixieſme fois à la carriere, & ayant couché ſon bois auec la meſme grace & dexterité qu'auparauant, donna à coſté de la bague qu'il mit par tetre, Clarizel le fortuné vint apres, & luy donna vne atteinte par le bas, droiﬅ comme vn traiﬅ. Le renommé Zaide ayant veu ces deux derniers coups, ﬂotttoit entre l'eſperance & la crainte, reſolu neantmoins de ſe laiſſer mourir de regret, ſi le ſort ne le fauoriſoit. *O belle Doris* (diſt àlors ce genereux guerrier tout baſſement) *veillez guider ce dernier coup, & rendre victorieux vn Chenalier, qui n'a iamais trouué auenture difficile à acheuer lors qu'il a inuoqué voſtre nom.* Acheuát la priere qu'il addreſſoit à ſa Maiſtreſſe, il prit ſa láce, & eſtant arriué au commencement de la carriere, il profera à haute voix ces mots: *Voicy le coup* (Chenaliers) *qui vous tirera de la peine que vous prenez à courir ſi ſouuent.* Ce diſant il ﬁt bondir ſon cheual haut d'vne toiſe, & l'ayant mis dans la carriere, il le ﬁt partir auſſi promptement qu'vn eſclair. Il coucha puis apres ſa lance, de ſi bonne grace, qu'il en rauit tous les aſſiſtans, & la paſſa dans la bague, auſſi viſte, & auſſi droiﬅ qu'vne fleſche deſcochee de la main d'vn puiſſát Archer. Au meſme temps, vn coup de tonnerre ſe ﬁt ſi grand & ſi horible,

que la terre en trembla dix lieuës à l'entour. LE
PALAIS DE LA FELICITE', fut à l'heure mefme emporté en l'air par la Magicienne Dragontine auec tant de rumeur, de fumee, d'efclairs, & de
foudres, qu'il fembloit que tout le monde deuft
retourner au principe de fa confufion. On voyoit
vn million d'eftoiles tomber du Ciel, auec tant de
bruict que les plus affeurez en eftoient efpouuantez. Les Demons que cefte execrable forciere auoit
employez à la ruïne de ce fuperbe & magnifique
Palais, paroiffants en l'air, hideux, & efpouuanta-
bles, deplorants le mal'heur qui leur doit arriuer
par l'vnion des deux plus puiffantes couronnes de
la Chreftienté, & ne pouuants exercer autre vengeance, ils bruflerent en l'air les lettres M. L. A. P.
& E. couronnees qui paroiffoient à l'entree du Palais. Comme la fumee, & les brouillards qui fortoient de la bouche de ces Demons fe rendoit
toufiours plus efpaiffe, on vit fortir vne claire lumiere du cofté du Midy, qui de fes rayons, chaffa
toutes ces tenebres, & à l'inftant on apperceut le
valeureux Zaide, à qui Vrgande, & Zirfee faifoiét
prefent d'vn heaume, d'où procedoit cefte fplendeur. Si toft que le Cheualier l'eut mis en tefte, il
perdit fa lueur, retenant vne couleur doree. Zaide les ayant remerciez, s'en retourna vers le Prince
Ariftee chef de de la partie des CHEVALIERS DV
SOLEIL, auec la ioye que peuuent imaginer ceux
qui fe font trouuez en telles actions. Le Prince le

prit à l'inſtant par la main, & l'ayant preſenté à
leurs Maieſtez, il receut le riche diamant deſtiné
pour le prix de ceſte victoire, de la main de la Maiſtreſſe du Prince des Eſpagnes.

## F I N.

# SVITTE DE L'HISTOIRE
# DES CHEVALIERS
## DE LA GLOIRE.

OV SOVS DES NOMS EMPRVNTE'S
est contenuë la verité des plus memorables auantures arriuées depuis les magnificences de la Place
Royale, iusques à l'accomplissement des deux
Mariages, & au retour de leurs Majestés.

---

## COMME LE PRINCE ALMIDOR
courant apres le Cheualier du Phenix & ses compagnons trouua vne Auanture memorable.

## CHAPITRE I.

E Prince Almidor estoit si courroucé de ce qui luy estoit arriué contre
la Nymphe Nerinde, & les deux
Cheualiers qui l'auoient suiuie,
qu'ayant appris de Zephire le succez de leur soudain depart, il mar-
cha incontinent à la trace, resolu de faire vne cruelle
vengeance. Il fit doncques sentir les esperons iusques au sang à son bon cheual, de qui le poil est sem-

A a

blable à celuy de Rabican, & qui estant conceu de feu & de vent comme ce coursier du frere d'Angelique, outre son incroyable vistesse eust couru sur le fil d'vne espee. Zephyre craignant ce qui pouuoit succeder de ceste Auanture, & se representant comme ce valeureux Prince, qui ne trouua iamais rien d'inuincible en toutes ses entreprises, veut s'attacher encores au combat contre trois Cheualiers qui en valeur & en courage n'ont gueres au monde de semblables, court aussi apres luy, afin de l'assister de sa trenchante, & redoutable espée. Mais bien que son cheual eust autrefois esté choisi parmy cent autres dans l'Escurie du grand Anaxandre qui en fit vn present à ce Cheualier, apres que luy & Vulturne eurent vaincu Eurymedon & Lysaran, ainsi que vous auez veu en la premiere partie de ceste Histoire, & qu'il fut extremement viste, & fort propre pour la iouste, toutesfois il ne pouuoit aller si legerement que celuy du genereux Almidor, ne le deuançast d'vn grand espace.

Ce digne successeur de Godeffroy eut bien tost attrappé le Roy de l'Arabie heureuse, & les autres deux, si deux Cheualiers de fort bonne mine, & montés l'vn sur vn grand cheual bay, & l'autre sur vn genet, ne l'eussent arresté au milieu de sa course. Voyans venir le Prince auec tant de haste, ils en voulurét sçauoir le sujet. C'est pourquoy l'vn d'eux s'opposant à la rencontre luy cria de loing, Arrestés vous Cheualier, nous voulons sçauoir pourquoy vous courez de la sorte. Almidor fasché de l'importunité

de ces guerriers, & tout enflambé encores de colere,
pour l'indignité qu'il croyoit auoir receuë, ne fit
gueres d'eftime de ces paroles. Ce que voyant l'autre
qui l'attendoit au paffage, ietta la main fur la bride
du cheual du Prince, croyant l'arrefter de force, puis
qu'il ne pouuoit de paroles.   Mais à mefme temps
qu'il fe faififfoit de la bride du meilleur cheual du
monde, Almidor dédaignant de mettre la main à
l'efpee, defchargea vn fi horrible coup de gantelet
fur la crefte de ce peu courtois Cheualier, que le cafque, quoy qu'il fuft de fine trempe, ne peut le ga-
rantir de n'aller à terre, tout pafle, & fans aucune
couleur, iettant par le nés & par les yeux de gros gru-
meaux de fang. Son compagnon ayant apperceu ce
coup efpouuentable, ne laiffa pas de coucher fa lance & de fondre fur Almidor, de qui il perça l'efcu de
part en part.   Mais la lance eftant trop foible pour
fauffer la cuirace, qui fut jadis à Mandricard, vola
en mille pieces, fans que le Prince bougeaft de la
felle, non plus que fi l'autre euft hurté vne montagne
de bronze.

Almidor qui auoit mis la main à l'efpee luy en
defchargea en paffant vn tel coup, que fi elle ne fe
fuft euanrée il euft fendu ce Cheualier iufques aux
arçons. Neantmoins il ne laiffa pas de luy eftourdir la
tefte de telle forte, que l'autre cheut à la renuerfe fans
aucun mouuement.   Quand le Prince fe fut deliuré
de ceft empefchement, il pourfuiuit fon deffein,
courant toufiours fur les traces de fes Aduerfaires,
iufques à tant qu'il fe rendit à vn lieu où il y auoit

Aa  ij

deux chemins tous deux fort battus, si bien que la
doute de prendre l'vn pour l'autre le fit arrester. A-
pres qu'il eut peu balancé en luy-mesme quel des
deux il deuoit prendre, il suiuit celuy de la main
droicte, qui sembloit estre le plus grand, & le plus
battu, & enfin arriua sur vn costau delicieux, d'où
l'on descouuroit vne belle plaine. Au fonds de ce
tertre il apperceut encores vn grand & cruel combat
de trois Cheualiers qui faisoient teste à dix grands
Geants, & à plus de deux cens hommes armés. Le
Prince s'approchant de plus pres recogneut le Roy
de l'Arabie heureuse, & ses compagnons, qui par leur
incroyable valeur rauissoient les yeux de ceux qui
les pouuoient voir. Il ietta encores les yeux sur vn
Char traisné par six grands Cheuaux que deux autres
espouuentables Geants gardoient, & dans ce Char
estoint certaines belles Dames, qui arrachoient leurs
blonds cheueux, outrageoient leur estomac, & pleuroient amerement. Almidor touché d'vn costé de
compassion, & de l'autre amoureux de la valeur de
ces Cheualiers, oublia l'outrage qu'il auoit receu, &
comme le plus magnanime Cheualier du monde,
resolut aussi tost de les secourir. Il donna doncques
des esperons à son Coursier, & l'espee à la main atteignit de premier abord Malabrun cousin de Brandicard, auec tant de puissance sur la creste de sa capeline, que sa grosse espaisseur n'empescha pas qu'il ne
luy mit la teste en deux. La mort du plus mauuais
garçon de la trouppe renforça le courage des trois
valeureux Guerriers, qui ayans recogneu ce nouueau

fecours fe depécherent bien toft chacun d'vn Geant,
pendant que le valeureux Almidor en fendit vn autre par le faux du corps. Le Roy de l'Arabie heureufe en perça vn autre d'outre en outre, & Nerinde
& Vulturne en enuoyerent à mefme temps deux au
Royaume de Pluton. Almidor monté fur fon bon
cheual eftoit entré cependant fur le gros de la trouppe, & fe ruant tantoft fur ce cofté, & tantoft fur ceft
autre en mettoit à mort, ores dix, & ores vingt. Ses
compagnons en faifoient éclipfer, & en priuoient
de vie vn pareil nombre. Autant de coups qu'ils dé-
chargeoient, c'eftoient autant de morts qui tomboient de cheual. Quelquefois le valeureux Prince
en combattant tournoit fes regards & les iettoit fur
ces trois Cheualiers, & voyant leur valeur digne d'e-
ternelle memoire, difoit en luy mefme qu'à peine
pourroit-on treuuer au monde trois autres pareils
de force & de courage. Mais Cleonthée & fes deux
compagnons eftoient pareillement tous rauis de la
vaillance incroyable de ce Prince. Ils s'arreftoient par
fois, & contemploient fes horribles coups, qui ne
tomboient iamais en vain. L'on euft dict que le fer
que fa trenchante efpee atteignoit eftoit compofé
proprement de papier, & non de metail. Tandis le
valeureux Zephyre arriua encores à leur fecours, &
fe meflant parmy la plus grande foule de ces ennemis commence d'ouurir auec fon efpee les cafques,
& de fendre les cuiraffes. Il mit à mort deux Geants, &
fit tant de proüeffes, qu'à bon droict il aquiert la reputation de l'vn des meilleurs Cheualiers du monde.

Enfin ces cinq Guerriers qui exerçoient à l'enuy leur
vaillance au grand dommage de ces mal-heureux,
apres auoir priué de vie tous ces Geants, mirent en
defroute toute ceste trouppe. Il ne restoit de meilleures armes à ceux qui fuyoient le mieux que celles
que l'on porte aux talons. Heureux qui auoit vn
bon cheual. L'amble ny le trot n'y seruoyent de rié.
Et ceux qui n'auoient point de monture, esprou-
uoient alors à leurs despens, combien le mestier des
armes est triste lors que l'on l'exerce à pied. Le cháp
estant demeuré aux vainqueurs le Roy de l'Arabie
heureuse, Nerinde & Vulturne osterent leurs casques, & vindrent remercier Almidor, du secours
qu'il leur auoit donné, & le prierent d'oublier ce qui
s'estoit passé auparauát entr'eux. Le Prince qui auoit
desia resolu d'estre leur amy les embrassa amoureu-
sement, au grand plaisir de Zephyre qui craignoit le
renouuellemét de leur querelle, & par mesme moyé
la perte de quelqu'vn de ces dignes Cheualiers. Cependant les Dames qui estoient dans le grand Chariot se voyans hors du pouuoir de ces monstres, a-
uoient mis pied à terre, & esleuans les yeux au Ciel,
le remercioient de ce secours inesperé. La valeureuse Nerinde ayant descouuert les beaux yeux de sa
Nerée sauta soudain de cheual, & courut l'embras-
ser. Leurs deux bouches demeurerent long temps
collées ensemble, & leurs ames estoient demy-fol-
les de ioye. Toutesfois par ce que le Soleil commençoit de cacher ses rayons dans le sein de son ancienne
nourrice, il fallut qu'on se disposast de déloger de

ce lieu, fi l'on ne vouloit auoir pour couuerture le
pauillon du Firmament, & pour compagnons tant
de morts, qui faifoient dreffer les cheueux à ces belles Dames. Ils prindrent doncques le chemin de
Mont-le-hery proche d'vne petite lieuë du lieu, & y
arriuerent vne heure apres, où nous les laifferons repofer, & reciterons ce que l'on faifoit à la Court.

---

## COMME APRES QVE ZAIDE

### *eut gaigné le prix des courfes, l'accompliffement*
### *des mariages fut differé par vne Auanture*
### *qui furuint à la Court.*

### CHAP. II.

ENDANT que la Court ne parle que
de feftins, de bal & de tournois, &
que la grande Reine des Fleurs de
Lys fe prepare pour l'accompliffement des deux mariages, pour qui les
Oracles ont predit tant de merueilles, vn Courrier
trouble la refiouyffance publique. Le Duc de la
contrée que le fleuue du Mince baigne, & Prince de
cefte ville à qui la mere d'Ocnus donna fon nom,
faict entendre à la fage Parthenie, par vn Courrier,
que le Prince des Montagnes releuées s'eft jetté fur
fa prouince, mis à feu & à fang tout fon païs, & affie-
gé Mont-fort. Ces nouuelles toucherent viuement
l'ame de cefte grande Reine. Le Duc de Mince eft

ſon neueu, & par ce moyen elle eſt obligée de le ſe-
courir.    Le Prince Leontide, qui eſt yſſu de la race
des Dieux de ce beau fleuue, & de la Nymphe Manto, informé encores de l'aſſiſtance que ſon parent a-
uoit de ſa valeur, prit ſoudain la poſte, & d'vne incroyable viſteſſe ſe rendit dans cinq ou ſix iours dás
Mont-fort, où il entra apres auoir faict vne grande
boucherie des ennemis.    La preſence de ce genereux Cheualier fut ſi ſalutaire à toute la Prouince,
que luy ſeul arreſta les conqueſtes de l'ennemy, &
luy fit aduoüer que la reputation de Leontide, quoy
que grande, & eſpanduë par tout le monde, n'egale pas meſme ſa valeur. Cependant toute la Court eſt
en rumeur pour l'abſence de ce gentil & genereux
Prince, & tous ſes amis ſe diſpoſent de l'aller ſecou-
rir. Mais principalement le valeureux & inuincible
Prince Oliuante de Loro, qui ſans doute euſt effacé
la gloire de tous ſes ayeuls, ſi le deſtin luy euſt accordé plus de iours. Ce jeune Cheualier dreſſe par commandement de ſa Majeſté vne trouppe de braues
guerriers, & partant de la Court prent le chemin de
Marſeille en intention de faire repentir le Prince des
Montagnes releuées, du rauage qu'il faiſoit aux terres de ſon voiſin. Comme le valeureux Oliuante de
Loro menoit ſes trouppes vers le riuage de la Prouë-
ce, le deſir de s'eſprouuer tous les iours en quelque
nouuelle Auanture eſtoit ſi puiſſant en ſon ame,
qu'il ſe déroboit par fois ſecrettement de ſes gens, &
apres auoir rempli tous les lieux d'alentour de ſes
dignes exploicts, ſe rendoit inſenſiblement aux
                                                    ſiens

fiens, fans qu'à peine l'on fe fuft app erceu qu'il en
euft efté abfent.Mais vn iour lors que le Soleil redõ-
noit à noftre Hemisfere fa clairté accouftum ée, il
oüit vne grande plaincte qui procedoit d'vne foreft
prochaine. Le genereux Cheualier courut incontinent vers le lieu d'où procedoit ce cri, en intention
de fecourir ceux qui fe trouueroient auoir befoing
de fon affiftance. Eftant plus proche de cefte voix
qui fe plaignoit, il en peut clairement entendre le
fon, & les paroles que l'on proferoit.

C'eftoient deux belles Nymphes, habillées en
Efcuyers, & veftuës de fatin verd, chamarré de clinquant d'argent, qui arrachans leurs blonds cheueux,
& plombans de coups leur fein d'albaftre, euffent
efmeu les rochers mefmes à la compaffion. Oliuante
touché de pitié s'approcha de ces defolees, & leur demanda le fubiet de leurs plainctes. Ces deux Nymphes ayans ietté les yeux fur la bonne mine de ce
Guerrier, & iugeans aux armes dorées & enrichies
de pierreries d'ineftimable valeur qu'il eftoit quelque grand Prince, & quelque excellent Cheualier,
vouloient ouurir la bouche pour luy declarer leur
trifte & funefte Auanture, quand vn autre bruict
procedant du cofté gauche leur fit tendre les oreilles. Mais ils n'eurent pas long temps demeuré en
cefte action, qu'ils apperceurent vn gentil Cheualier,
monté fur vn grand Cheual d'Efpagne, caparaffon-
né de fatin verd, & tout couuert de lamettes d'argent verte, & d'vne broderie d'argent & de foye
verte en croiffants. La Cotte d'armes de ce Chéua-

lier estoit de satin verd decouppé à iour en feuïllage
de chesne, & tout couuert de clinquant d'or, & de
croissants sur de la lame d'argent blanche. Vn Escuyer bien monté marchoit deuant luy sa lance au
poing, où l'on voyoit quelques chiffres & quelques
croissants d'argent, & tenant au bras gauche vn Escu, où estoit figuré le Mont Olympe, & au dessous
ces mots en Espagnol. NI RAIO NI AR-
ROIO.

Les deux Nymphes esplorées recogneurent soudain ce Cheualier, où plustost ceste valeureuse
Nymphe habillée en Cheualier, de sorte qu'elles en
ietterent vn cri meslé d'allegresse & d'amertume. Le
Prince Oliuante la recogneut pareillement, & elle
aussi ce genereux Cheualier, de sorte que haussant la
visiere elle courut pour le saluër. Vous deués sçauoir
que c'estoit la belle & genereuse Orinthie, l'vne des
quatre Nymphes de Diane, qui auoient paru au
camp de la place Royale auec la pompe, & la splendeur que vous aués veuë en leur partie magnifique
& triomphante. Lors qu'elle eut disputé long temps
le prix de la course contre le valeureux Oliuante de
Loro, & contre l'heureux Zaide, le sage Magicien
Zyrphee luy apprit que la maudite & execrable Dragontine, ennemie de la Noblesse de France, & ia-
louse de l'accroissement de cest Empire, outre plusieurs indignités qu'elle auoit exercées contre plusieurs grands Cheualiers qui s'estoient rendus à cette feste memorable, pour honorer les alliances de la
France auec l'Espagne, auoit suscité le cruel Maga-

nor, seigneur d'vne Isle, voisine de l'Isle de Thule,
lequel s'estât fortifié au sômet d'vn haut rocher proche de prouins, alloit courant la campagne, pillant
& mettant à mort vne infinité de Cheualiers. Que
ce meschant homme, assisté de plus de cent autres
mauuais garçons, ayant rencontré celle qui luy seruoit d'Escuyer, auec la Nymphe qui sert sa copagne
Melitée, leur auoit osté les escus qu'elles portoient,
& où les armes des maisons de ces deux valeureuses
Nymphes estoient depeintes. Cest aduis de Zirphée
toucha si viuement l'ame de la gentile & valeureuse
Orynthie, qu'elle se resolut de partir incôtinêt, pour
exercer les effects de sa iuste colere sur ce voleur, &
pour venger l'affront qu'il auoit faict à l'vne de ses
Damoiselles. Oliuante de Loro apres auoir embrassé la Nymphe Orynthie, luy offrit son assistance en
vne si digne occasion, & tous deux suiuis des deux
Nymphes, que leurs Escuyers monterent en crouppe, prindrent le chemin du lieu où se retiroit ce voleur apres auoir commis mille brigandages. Nous
les laisserons pour le present, & dirons cependant
ce qui se faisoit en vne autre contrée.

## DV SIEGE DE MONT-FORT.

*Des proüeſſes admirables du Prince Leontide, &*
*comme il reuient à la Court aprés que*
*la Paix eſt faicte.*

## CHAP. III.

E Prince des Montagnes releuées ayant appris que le Prince Leontide s'eſtoit ietté dedans Mónt-fort, fit aſſembler au conſeil tous les plus vaillans chefs de ſon armée, pour deliberer ſi l'on deuoit donner l'aſſaut à ceſte ville, ou bien rauager le païs. Tous, preſque, furent d'opinion qu'il deuoit employer maintenant toutes ſes forces pour la priſe de ceſte ville. Et qu'il y auoit de l'apparence que le Prince Leontide ne s'y eſtoit point ietté dedans, ſans eſpoir d'eſtre bien toſt ſecouru. Que ſi l'on attendoit le ſecours il ſe falloit reſoudre, qu'on ne ſçauroit aiſément emporter ceſte place. Ces remonſtrances fondées ſur vne grande raiſon eurent tant de pouuoir, que le Prince des Mótagnes releuées fit ſoudain faire la monſtre generale de toute ſon armée, & apres ramaſſer vne infinité d'eſchelles de tous les lieux d'alentour. Leontide qui par des eſpions qu'il auoit touſiours à l'armée de l'ennemy eut aduis de ce deſſein, comme vn prudent chef d'armée, & autant qu'il eſt vaillant & courageux Cheualier, viſita incontinent les trenchées qu'il auoit faict faire, & les

remparts compofés de groffes mottes de terre, enfemble les baftions & les cazemattes dont toutes les
auenuës eftoient fortifiées. Cependant les ennemis
femblent des moufches importunes, qui auec vn
fon enroüé, & vn battement d'aifles viennent affail-
lir les douces reliques d'vn feftin. Ils rempliffent le
Ciel de leurs cris, & puis viennent pour commencer le cruel affaut. Les trouppes que le braue Leontide a difpofées, font cependant fur les murailles.
Ayants vn fi genereux Guerrier pour leur conduitte, elles ne font point d'eftime des menaces de leurs
aduerfaires : mais à coups de moufquets, de harque-
bufes, & de piques, & auec pierres, & feux d'artifice, repouffent les plus hardis, & les plus vaillans. Le
Prince des Montagnes releuées, digne fucceffeur de
ces braues Cattiens, qui ont jadis gouuerné le Sceptre de l'Empire, paroift le premier à la tefte de fon
armée, & anime fes gens au combat. La prefence de
ce renommé prince, qui feroit le plus grand des
mortels s'il eftoit auffi heureux que fage, & auffi fortuné que vaillant, faict que quand la mort rauit ores
ceftuy-cy, & maintenant ceftuy-là, il n'y a homme
qui refufe de remplir la place. Mais parmy ceux qui
veulent tefmoigner aux yeux de leur prince leur valeur, & leur courage, Soridan de Suze tient le premier lieu. C'eftoit vn Cheualier le plus fort, & le plus
renommé de toutes les contrées que l'Eridan baigne. Auffi il le fit bien paroiftre aux defpens de ceux
du Prince Leontide. Il planta vne efchelle, & monta
fur vn baftion, quelque refiftence que ceux de la

ville peuſſent faire, ſuiui d'vne trouppe d'autres vaillans hommes. Mont-fort couroit à l'heure vne gra-
de fortune d'eſtre pris, ſi l'eſchelle ne pouuant ſup-
porter tant de gens qui vouloient monter tous à la
fois, ne ſe fuſt rompuë. Mais Soridan pourtant n'en
perd point le courage. Suiui d'vne trenteine des plus
mauuais garçons de ſon regiment, il heurte, il renuerſe, il fend, il perce tout, & faict paroiſtre ſon extreme valeur. Vn cri confus s'eſleue de ce coſté, & il
n'y a nul qui s'oppoſe à la furie de ce Guerrier, ſi ce
n'eſt deux gentils Cheualiers freres. L'vn s'appelloit
Cleontin, & l'autre Argee, & vn lieu qui eſt à l'em-
boucheure du Roy des fleuues leur auoit donné naiſſance. Ces deux courageux Guerriers firent teſte à
Soridan. Mais leur reſiſtance ne dura gueres. Il en
fendit vn iuſques aux dents, & il perça l'autre d'outre en outre. Cependant le prince Leontide eſtoit
ſur le plus foible des remparts, où il auoit deſia mis
à mort tant d'ennemis, que les foſſez n'eſtoient pas
capables de les ſôtenir. Il auoit priué de vie Brandon,
Androſile, & Malambant, & ſi bien reprimé l'orgueil
des aduerſaires, que pas vn n'oſoit plus donner de ce
coſté. Comme il vouloit faire vne ſortie, & monſtrer
aux ennemis le peu de conte qu'il faiſoit de leurs efforts, il apprit le rauage de Soridan, & vit de loing le
carnage qu'il faiſoit de ſes gens. *O Dieu* (dit alors tout
baſſement ce Prince Religieux) *ne permettez pas que
la gloire de mes faicts ſoit auiourd'huy enſeuelie dans cette place. Et comme vous eſtes deffenſeur de l'equité, ren-
forcez mon courage, & ma main, et donnez moy le*

*poûuoir de vaincre ce superbe.* Acheuant ces paroles il
court vers le lieu d'où procede vn si grand desor-
dre. Quand ceux qui fuyoient le voyent paroiftre,
chacun reprend cœur, & le plus coüard de la trouppe en tournant la tefte menace de la mort Soridan.

Le Prince Leontide, & ceft Orgueilleux viennent cependant à fe ioindre. Soridan fut le premier
qui frappa de fon efpée fur le cafque du Prince. Le
coup fut defchargé auec tant de puiffance, que fi le
Prince euft eu vn autre armet en tefte, il eftoit en
danger de fa vie. Mais ce cafque que fon predecef-
feur Ocnus porta jadis, lors qu'il vint au fecours
d'Aenée, contre lequel Turne difputoit la poffeffion de l'Italie, & que la Nymphe Manto fit forger
dans les grottes du mont Lypare, le garentift de la
mort. Toutesfois il en fut fi eftonné qu'il chancel-
la d'vn cofté & d'autre, preft d'aller à terre. Mais côme vn arc fort & pefant, & compofé d'vn fin acier,
plus on le ploye & on le charge, & plus furieufement retourne-t'il quand on le defbande, & faict
plus de mal qu'il n'en reçoit: Ainfi le Prince Leontide fe redreffe bien toft, & prenant fa bonne efpee
à deux mains, atteinct auec tant de ruine l'efpaule
droicte de Soridan, que l'Efcu qu'il auoit oppofé à
cefte tempefte, & qui fut ouuert par le milieu, ny
la forte cuiraffe ne furent point capables d'empefcher que l'efpee n'entraft, & ne penetraft iufques à
l'eftomac, de forte qu'on luy voyoit toutes les entrailles. Ceft horrible coup efpouuenta de telle forte

ceux qui le ſuiuoient, qu'ils tournerent à meſme
temps le dos, & ſe ietterent des murailles en bas.
Mais bien peu de ces temeraires ſe ſauuerent. Ceux
qui ne ſe rompirent point le col par vn ſault ſi dangereux, furent aſſommez à coups de pierres, & de
groſſes pieces de creneaux qu'on leur rua. Tandis le
valeureux Prince Leontide ayant repouſſé de tous
coſtez l'aſſault de ſes aduerſaires, fit vne ſortie, où il
rendit des exploicts ſi grands, & ſi memorables, qu'il
contraignit l'ennemy de ſonner la tetraicte, & de ramaſſer toute ſon armee en gros, afin d'engloutir cette poignee de gens qui leur faiſoit tant de dommage. Lors que Leontide apperceut qu'il eſtoit temps
de regaigner la ville, il ſe contenta de ce qu'il auoit
faict, & ne voulut point haſarder dauantage ſes gens
qui auoient beſoing de repos.

    Le Prince des Montagnes releuees eſtonné de la
valeur de Leontide, & voyant que l'eſpoir de conquerir ceſte place de viue force luy eſt oſté, delibere
de l'auoir par famine. C'eſt pourquoy il la faict cein-
dre de trenchees, & loge ſes gens par toutes les auenuës, pendant qu'il enuoye querir vn nouueau ſecours. Mais à meſme temps le grand Pontife, qui
veille ſur les affaires des Chreſtiens, comme vn pa-
ſteur ſur ſon trouppeau, enuoye vn Legat, qui par
ſes remonſtrances ſceut ſi bien faire, que le Prince
des Montagnes releuees conclud vne trefue auec le
Duc de Mince, & puis vne paix s'en enſuit au grand
contentement du Prince Leontide, qui voyant l'E-
ſtat de ſon parent calme, & deliuré du grand orage
                                                    qui

quile menaçoit, reuient à la Court de la sage Parthenie, tout couuert de palmes & de lauriers, & auec
la reputation d'vn Prince, qui merite de porter quelque iour le Sceptre que la voix publique luy souhaitte tous les iours.

---

## DE L'AMBASSADE DU VA-
### leureux Prince Cleandre en Espagne.

## CHAPITRE IIII.

A PEINE le Prince Leontide estoit
reuenu des contrees où ses nobles
ayeulx regnerent jadis, & comman-
dent encores en titre de Souuerains,
que la grande Parthenie voulât donner accomplissement aux mariages
de Loüis & d'Anne; de Philippes & d'Elizabeth, de-
stina d'enuoyer, par aduis & deliberation de son sage Conseil, le Prince Cleandre, yssu de la braue race
de Godeffroy. Si ie voulois descrire icy particulierement le merite de ce Prince, il faudroit vn volume
tout entier, plustost qu'vn simple discours. Ie me
contenteray de dire que depuis le Paladin Roland,
la France n'a point veu vn Cheualier plus vaillant,
ny de meilleure mine. Sa contenance guerriere, quád
il est aux combats, feroit trembler de peur le Dieu
Mars, pendant que sa douceur gaigne les ames de
tous ceux qui le voyent hors des sanglans allarmes.

C c

Ce magnanime Prince ayant receu commandement
de leurs Majestés, pour aller en Espagne accomplir
ce que les Destins auoient resolu, dressa vn beau &
grand equippage digne de sa grandeur. Mais pendant qu'il s'apprestera pour vn voyage si honorable,
& desiré de tout le monde, il faut que nous repre-
nions le discours d'Oliuante de Loro, & de la
Nymphe Orynthie, qui vont au lieu où le brigand
Maganor exerce mille rauages, & commet mille
sortes de crimes.

Le Prince Oliuante, & la Nymphe Orynthie marchoient en diligence pour trouuer ce voleur, pendant qu'vne de ces Nymphes leur disoit que Maganor se tenoit en vne cauerne espouuentable, que
l'on voyoit au front d'vn haut rocher entre-
couppé, & presque inaccessible. Qu'on n'y pouuoit
monter que par vn petit sentier, que vingt hommes
armés gardoient incessamment, & qu'il estoit bien
difficile de les forcer : par ce que le lieu estoit si fauorable, qu'vn homme seul estoit capable d'enhaut, à
grands coups de cailloux, & de grosses pierres de
roche qu'il pouuoit faire rouler, de deffendre ce passage à plus de mille. Le valeureux Prince, & la genereuse Orynthie oyans ce discours ressentoient dans
leur cœur vn contentement incomparable. Ces genereux Guerriers sont si amoureux de la gloire, que
plus les Auantures qu'ils rencontrent sont estranges
& dangereuses, & plus ils sont desireux de les espreuuer.

Le genereux Prince Oliuante, & la gentile & va-

leureuſe Orynthie cheminerent long temps ſans
trouuer auanture digne de recit. Mais vn iour comme le Soleil commençoit de redorer la cime des mõ-
tagnes, ils ſe trouuerent à l'entree d'vne grande foreſt plantee de cheſnes & de ſapins, qui de leur hauteur ſemblent voiſiner les nues. Ils y entrerent par
vn chemin aſſez battu, & apres auoir marché iuſques au poinct que l'Aſtre du iour eſt plus proche
de noſtre Zenith, ils ſe rendirent à vne fontaine
qu'vn rocher deffendoit de l'ardeur de la ſaiſon. La
freſcheur du lieu, & la chaleur du iour les conuie-
rent de mettre pied à terre, & de s'y repoſer. Apres
auoir oſté la bride à leurs cheuaux, qui ſe mirent à
prendre leur paſture autour des riues molles, ils s'aſ-
firent aux bords de ceſte belle ſource. Mais ils n'y eurent point demeuré long temps qu'ils deſcouurirent
deux Cheualiers montés à l'auantage, & couuerts
d'armes dorees. Ils accompagnoient deux belles
Dames, & quand ils furent pres de la fontaine, &
qu'ils apperceurent le Prince & Orynthie, qui deſia
auoient lacé leurs caſques, & qui ayans remis la bride à leurs cheuaux, eſtoient remontez en ſelle, &
repris leurs lances de la main de leurs Eſcuyers, ils
les deffierent au combat. La couſtume qui ſe pratique parmy les Cheualiers errans eſt telle, que ſi
quelque Cheualier ſuiuant les Auantures eſtranges
conduit par le champ quelque Dame, il eſt obligé
de la deffendre à la pointe de la lance, & faut qu'il
s'expoſe au peril de la perdre, ſi quelqu'vn la luy veut
diſputer. Ces deux Cheualiers ne ſe ſoucioient gue-

res de ceste loy. Ils s'eſtimoient les meilleurs Cheualiers du monde. C'eſt pourquoy ils ne faiſoient point
difficulté d'aller tous les iours promener leurs Maiſtreſſes, meſme au trauers des lieux les plus dangereux, & iamais ils n'auoient rencontré Cheualier
à qu'ils n'euſſent faict perdre les arçons. Mais comme la fortune eſt incertaine & volage, & principalement au meſtier des armes, elle leur fit voir qu'il n'y
a gueres dauantage de fermeté en la poſſeſſion de
l'Amour, puis que ſes plus cheres delices ſont iuſtement comparables aux plus beaux iours de l'Hyuer, que l'on voit auſſi toſt changez qu'ils paroiſſent.

Ces deux Guerriers ayans doncques deſcouuert
le valeureux Oliuante auec la courageuſe Orynthie,
enſemble les deux Nymphes qui eſtoient auec eux,
ils s'approcherent, & puis l'vn d'eux leur tint ce langage: Cheualiers, ſi vous preferez la honte à la gloire
d'eſtre vaincus de nous, il faut que vous nous quittiez promptement les deux Damoiſelles que vous
conduiſez. Nos Maiſtreſſes ont beſoing de deux filles de ſeruice, & nous leur auons promis que les deux
premieres que nous rencontrerions en la compagnie
de quelques Guerriers, ſeroiét celles qui les ſeruirót.
C'eſt pourquoy ſi vous n'auez le courage de les deffendre côtre nous, laiſſez nous en faire à noſtre plaiſir, & puis allez vous en librement. Mais ſi la vie
vous eſt ainſi plus chere que l'honneur, ie vous conſeille encores de nous laiſſer la poſſeſſion de vos cheuaux, puis que ceux qui font choſe tant indigne de

l'Ordre de Cheualerie, meritent d'aller touſiours à
pied. Il acheuoit ce langage quand Orynthie, à qui
deſia le valeureux Oliuante auoit accordé la priere
qu'elle luy auoit faicte de reſpondre à ce ſuperbe, &
de combattre la premiere, luy fit ceſte reſponſe:
Cheualiers, ſi vous eſtiez auſſi vaillans & auſſi ſages,
que temeraires & mal appris, nous aurions ſubiect
de nous reſioüir. La gloire que nous receurions en
vous combattant ne ſeroit pas petite, ſoit que la fortune des combats, qui fauoriſe touſiours nos entrepriſes nous tournaſt le dos, ou bien nous monſtraſt
le viſage riant qu'elle nous monſtre ordinairement.
Toutesfois comme le Soleil luit indifferemment ſur
les bonnes & les mauuaiſes choſes, nous nous repre-
ſentons que les Cheualiers errans ſont ſubiects d'eſpreuuer de hautes & de baſſes Auantures. Nous
ſommes doncques tous preſts non ſeulement de deffendre celles qui vont auec nous : mais encores pour
punir voſtre temerité, & voſtre folie, de vous oſter
vos Maiſtreſſes, afin d'en faire vn preſent à nos Eſcuyers. Ie ne doute point qu'ils ne meritent mieux
que vous ne faictes, la gloire de les ſeruir, ſi l'on peut
iuger du peu de valeur d'vn Cheualier par ſa preſomp-
ption, de meſme que l'on iuge de ſa proüeſſe par les
apparences de ſa courtoiſie.

Ces deux Cheualiers ayans ouy la reſponſe d'O-
rynthie, furent tranſportés d'vne telle fureur, que
ſans dire autre choſe ils prindrent du champ, & puis
celuy qui auoit parlé ſi temerairement, vint fondre
à grande courſe de cheual ſur Orynthie, laquelle fai-

sât sentir les esperons à son bon Coursier, vint pareillement comme vn foudre atteindre son aduersaire
auec tant de violence, qu'apres luy auoir percé l'Escu il luy ouurit encores l'espaule, & le porta par terre
griefuement blessé. L'autre Cheualier voulant venger son compagnon, mit soudain la lance en arrest,
pour courir contre Orynthie, & pour la prendre à
despourueu : mais le valeureux Prince Oliuante de
Loro qui auoit l'œil sur luy, & qui à mesme temps
luy cria de se deffendre, fit que tous deux se vindrent
rencontrer auecques tant de bruit que la terre en
trembloit sous les pieds de leurs cheuaux. La lance
du Cheualier incogneu donna dans l'Escu du Prince,
& vola en mille esclats, sans qu'il remuast de la selle,
non plus que faict vn escueil planté sur le riuage, lors
qu'il est battu des vagues de la mer. Oliuante luy fit
bien sentir d'autre façon le coup foudroyant de sa
lance. Il luy perça de part en part l'escu, & l'enuoya
les pieds en haut si rudement à terre, que ce Cheualier se pensa rompre le col. Oliuante & Orynthie
ayans acheué leur carriere retournerent au petit pas,
& allerent trouuer les deux Damoiselles, à qui elles
tindrent ce discours : Belles Dames vous estes nostres,
puis que vos Cheualiers n'ont pas eu le pouuoir de
vous deffendre. Ce disant ils les prindrent par les
resnes de leurs hacquenees, & les vouloient mener
vers la fontaine, quand vn de ces Cheualiers, qui a-
uoit repris ses sentimens, se leua tout en sursaut, &
voyant que l'on emmenoit sa maistresse, se mist à
proferer de si pitoyables plaintes, qu'elles estoient

capables d'amolir la cruauté d'vn tigre. Ha! fortune
cruelle, difoit-il, m'auois-tu fi long temps tenu au
plus haut de ta rouë, pour me precipiter tout à coup
dans vn malheur dont ie ne puis me retirer que par v-
ne mort fanglante & tragique! Pourrois-je bien viure & voir poffeffeur de ma chere Cleonice vn autre
que moy! Puis que c'eft moy-mefmes qui ay mis au
hazard tout le bien que ie poffedois, & qui par ma
foibleffe l'ay perdu, il eft raifonnable que pour ex-
pier ce deffaut ie tourne la pointe de mon efpee côtre mon eftomac, & en perce mon cœur, indigne
de loger vne fi belle chofe. Il acheuoit ce difcours, &
plufieurs autres qui efmouuoient à la côpaffion, &
tefmoignoit qu'il auoit enuie de mettre en executiô
les effects de fon defefpoir, fi le genereux Prince O-
liuante de Loro qui auoit long temps erré dans la
mer orageufe de l'Amour, où bien fouuent ceux qui
ayment, recherchent pluftoft la tourmente que le
port, ne luy euft conferué la vie, par ces douces &
courtoifes paroles: Cheualier, encores que voftre
peu de courtoifie meritaft vn cruel traictemét: Toutesfois confiderant les excez où l'Amour nous porte le plus fouuent, & remarquant en vous quelque
chofe de bon, ie fuis content de vous rendre voftre
Maiftreffe. Mais à la charge qu'vne autre fois vous
ferez plus difcret & moins infolent enuers ceux que
vous ne cognoiffez point. I'eftime auoir tant de
pouuoir fur la volonté de mon compagnon, qu'il
remettra encores cefte autre Damoifelle à fon premier poffeffeur, pourueu que ce foit fous les mef-

mes conditions. C'est pourquoy viuez tous deux
asseurez pour ce regard, & resouuenez-vous desormais qu'il ne faut pas auoir si bonne opinion de soy-
mesme, qu'ō mesprise la valeur de ceux de qui l'ō n'a
point de cognoissãce. Ce Cheualier & son cōpagnon
qui s'estoit releué, & qui ne ressentoit pas moins
dans son ame de douleur, le remercierent mille fois
de son extreme courtoisie. Les Damoiselles qui
pleuroient amerement, comme celles qui aymoyēt
auec de la passion ces deux Cheualiers, en firent le
mesme, & puis le Prince & Orynthie leur ayans dict
à Dieu, reprindrent le chemin qui menoit à la cauerne de Maganor. Nous les laisserons en ceste resolution. J'entends vne voix qui m'appelle. C'est celle
du braue Zephyre qui me coniure de ne le mettre
point en oubli, mais de reciter les trauaux que Mars
& l'Amour luy donnerent à mesme temps, ainsi
que vous apprendrez au chapitre suiuant.

## DV VOYAGE QVE FAICT
### *Zephire en l'Isle des Hautes Auantures.*

## CHAP. V.

P ENDANT que le Prince Almidor, & les
autres dignes Cheualiers qui parurent au
Camp de la place Royale, ainsi que nous
auons d'escrit en la premiere partie de
ceste Histoire, goustent les delices de la Court du
grand

grand Monarque des Gaules , & que l'inuincible
Cleandre eſt en chemin pour aller conclure les heureux mariages , de qui les Sybilles ont predit tant de
grandes choſes , Anaxandre eſcript vne lettre à Zephire , & le coniure de ſe rendre en l'Iſle des hautes
Auantures, le pluſtoſt qu'il luy ſera poſſible. Ie vous
ay deſia dict en quelque autre part , que ceux qui
veulent viure apres leur mort dans les Hiſtoires fidelles , vont tous les iours ſacrifier leurs vies en cette prouince, qui eſt l'eſcole de Mars, & le vray Theatre de la guerre. Zephire ayant receu ceſte lettre dreſ-
ſa ſoudain ſon equipage, & ſe rendit douze ou quinze iours apres dans Mirabel, où pour lors le valeureux Anaxandre ſe tenoit. La trefue que luy & O-
ronce , Lieutenant du Roy Porus auoient faicte,
eſtant finie , il y auoit de l'apparence que la guerre
recommenceroit auſſi cruelle qu'auparauant. Toutesfois ces deux renommés Capitaines, ſoit qu'ils re-
doutaſſent la fortune qui les accompagne preſque
tous deux également en leurs entrepriſes , ou bien
qu'ils euſſent compaſſion de tant de ſang qui ſeroit
reſpandu, ſi l'on mettoit encores la main à l'eſpee, firent vne autre ſurſeance d'armes , attendant qu'il ſe
peuſt faire vne generalle paix entre les habitans de
ceſte ville , & le grand Roy des Indes. Durant ceſte
ſurſeance Oroce fit publier vn Tournoy à ſa Court,
où il eſtoit loiſible à tout Cheualier de quelque prouince qu'il fuſt, & de quelque Religion dont il fiſt
profeſſion, d'y entrer. Et pour prix du Tournoy
celuy qui feroit le mieux deuoit receuoir de la main

Dd

de l'Infante Clodomire , vne chaiſne de pierreries
d'vne valeur ineſtimable. Ce Tournoy fut doncques
publié à ſon de trompe par toutes les principales villes du gouuernement d'Oronce,& la Renōmee l'an-
nonça bien toſt par toute ceſte Iſle,& par les prouinces voiſines , de ſorte qu'vne infinité d'ames genereuſes abordoiét tous les iours de toutes parts à Mirabel , pour teſmoigner leur courage & leur valeur
en ce vertueux exercice , que l'on deuoit commencer vn mois apres ſa publication. Les vns s'y rendoiét
eſperans d'y gaigner la riche chaiſne:les autres pour
s'exercer en tous hauts faiɔts d'armes : & les autres
pour s'eſprouuer contre les plus renommez Cheualiers de l'Vniuers , & pour voir les Beautés qui vien-
droient honorer ceſte feſte.

Quand le iour que l'on deuoit commencer vn ſi
beau Tournoy fut venu, & qu'Oronce auec les Iuges du Camp furent à leurs eſchauffauts poſés à l'vn
des bouts de la lice , & la Princeſſe Clodomire au
ſien , & que les Trompettes eurent donné le ſigne
accouſtumé , on vit à meſme inſtant renuerſer hommes & cheuaux, & froiſſer lances auec tant de bruit,
qu'on n'euſt peu oüir le tonnerre. Douze ieunes
Cheualiers, des plus fauoriſez, & des plus fideles à
leur prince:braues & bien experimentez aux armes;
tous grands ſeigneurs , & yſſus des meilleures maiſons des Indes , accompagnez des plus renommez
Courtiſans d'Oronce, auoient faiɔt vne partie pour
eſtre les Tenans,& pour ſouſtenir tout vn iour, contre tous ceux qui ſe preſenteroient au lieu que l'on

auoit deſtiné pour la feſte. Mais en ceſte commune
allegreſſe ils faiſoient, en ſe joüant, ce que les mortels ennemis peuuent faire en vn cruel combat, horſmis que le vaillant Oronce les pouuoit ſeparer ſelon
qu'il luy plaiſoit. Tandis que l'on remarque en ceſte
action ceux qui ſont bien à cheual, & ceux qui ne
ſont gueres adroits, l'vn acquiert de l'honneur & de
la loüange, pendant qu'vn autre s'immole à la riſee
du peuple, & entend crier apres luy. Mais parmy
tant de braues Courtiſans qui ont pour teſmoins de
leur valeur & de leur addreſſe les yeux de l'vn des
premiers Capitaines du monde, vn ieune Cheualier
qui porte peint en ſon eſcrit, vn Pin qui flotte dans
vne Onde, rauit les yeux des aſſiſtans. Ce braue Cheualier faiſoit tant d'armes, que iamais il n'attaignoit
à plein aucun de ſes aduerſaires, qu'il ne luy fiſt vui-
der les arçons. Il fit de ſi grandes proüeſſes en peu
d'heures, & abbatit tant de Cheualiers, que chacun
fuyoit ſa rencontre. Auſſi tout le monde le loüoit, &
les Herauts publioient deſia hautement que le Cheualier du pin paſſoit tous les autres en valeur. Mais
vn bruit qui ſe fit à meſme tẽps entendre d'vn autre
coſté du camp, arreſta vn peu la gloire que l'õ luy at-
tribuoit. Vn Cheualier qui portoit vne cotte d'armes gris de lin & incarnat en broderie d'or & d'argent eſtoit entré en lice. Son cheual eſtoit caparaçon-
né de meſmes couleurs, & de pareil enrichiſſement
que ſa cotte d'armes. Ayant pris vne groſſe lance de
la main de l'vn de ſes Eſcuyers, il ſe meſla au plus eſpais de la trouppe des Courtiſans, auec tant de d'ef-

fort & de valeur, qu'auant que sa lance rompist, il
en porta six par terre. Et quand elle fut en pieces il
mit la main à l'espee, & renuersa tant d'hommes,
qu'en peu de temps il fit reprendre le courage aux
estrangers, & balancer la victoire. Les Herauts qui
publioient la gloire du Cheualier du Pin, commencerent à reciter tout haut celle du Cheualier, qui portoit pour liurees le gris de lin & l'incarnat, & qui
pour corps de sa deuise auoit peint en son Escu **vn
grand feu soufflé par vn vent,** & pour ame ces
paroles,

# IE L'ALLVME ET
## IE L'ESTAINS.

LA DISPOSITION de ce braue Cheualier, & sa valeur incroyable ayant esté re-
marquee du Cheualier du Pin, il resolut de
s'espreuuer auecques luy, croyant qu'il luy feroit
bien tost baiser la face de nostre ancienne mere. C'est pourquoy il empoigna vne grosse lance, &
ayant pris autant d'espace de terre qu'il luy en falloit
pour sa course il la mit en l'arrest, & deffia le Cheualier estrange qui auoit pareillement pris de la main
de l'vn de ses Escuyers, vne forte lance, mais plustost
vne grosse antenne. Tous les assistans ietterent alors
les yeux sur ces deux braues guerriers, qui couroient
auec tant d'impetuosité, qu'on eust dict que la terre
s'abismoit sous leurs pieds. Leurs fieres rencontres
furent telles : Le Cheualier du Pin atteignit auec tant

de violence fur le cafque de fon aduerfaire , que le
coup fit palir mille vifages. Mais quoy que la lance
fuft extrememenc dure & groffe, elle vola en pieces
iufques aux nuës , fans auoir efté capable d'esbranler celuy qui portoit le vent pour fa deuife , & lequel
fe tint fi ferme aux arçons, qu'il ne fe remua non plus
que fi l'on euft heurté vne colomne de metail. Mais
le Cheualier du Pin qui fut pareillement atteint au
cafque, eft tellement eftourdy de l'atteinte qu'il reçoit de fon aduerfaire , & laquelle eft fi violente
qu'elle feroit capable de mettre à bas vne môtaigne,
qu'il perd les efprits & les fentimens , pendant que
fon cheual l'emporte par le Camp. Tout le peuple
ietta alors vn grand cri , tandis que le Cheualier du
Vent, qui pourfuit fa victoire, porte encores par terre les Princes de la Tane & de Melinde , qui ce iour
la auoient faict des merueilles. Il renuerfe pareillement Amorat Prince de Therfante , & Hermophile
feigneur de Rochebrune. En fin il faict tant de vaillances, que tout le monde luy adiuge defia le prix.
Cependant le Cheualier du Pin reprend fes fentimés.
Il eft poffedé de tant de rage pour l'affront qu'il croit
auoir receu, que mettant la main à l'efpee il cherche celuy qui porte le Vent pour deuife, afin de luy
faire fentir les effects de fa fureur. Le bruit qui procedoit du cofté où le Cheualier du Vent ne trou-
uoit point de refiftance, fit que bien toft celuy du
Pin eut moyen de le ioindre. L'ayant apperceu il
court vers luy, & de premier abord luy tire vne telle
eftocade , que fi fon haubert n'euft efté plus dur

D d iij

qu'vn Diamant, le miracle euſt eſté bien grand s'il
euſt eſchappé de la mort. Le Cheualier du Vent,
pour ſe venger, pouſſa alors ſon bon cheual, & deſchargea vn ſi puiſſant reuers ſur la creſte de l'armet
de ſon aduerſaire, que ſi ſes armes n'euſſent eſté enchantees il euſt mis en pieces & luy & ſon cheual.
Toutesfois ce coup foudroyant luy fit donner du
menton contre l'arçon de la ſelle. Non content encores de cecy le Cheualier du Vent iettant ſon Eſcu
derriere le dos, prit ſa bonne eſpee à deux mains,
& rua vn coup & puis vn autre, de ſorte qu'il le ren-
uerſa ſur la croupe de ſon cheual, qui l'emporta par
le Camp tout eſtourdi. Cependant le Cheualier du
Vent, ſans s'arreſter dauantage à luy, paſſe outre, &
nul ne l'oſe preſque attendre, s'il n'eſt extremement
temeraire. Il perce, il fauſſe, il renuerſe tout. Il ne tiroit
iamais coup qu'il ne renuerſaſt vn Cheualier, & quelquesfois deux tout à la fois, en frappant de ſon eſpee & de ſon eſcu en meſme temps. Souuent il re-
mettoit ſon glaiue au fourreau, & puis empoignant
par le bras ou par le col ſes aduerſaires, les leuoit facilement de la ſelle & les iettoit à terre. Si ie voulois
deſcrire plus particulierement les proüeſſes qu'il fit
en ce Tournoy, le temps me faudroit pluſtoſt que
la matiere. L'extreme valeur du Cheualier du Pin, &
toute la vaillance de ſes compagnons ne peut empeſcher que le Cheualier du Vent, par le commun cõ-
ſentement, & l'applaudiſſement general du peuple,
ne luy donnaſt la gloire d'eſtre le meilleur guerrier,
tant des Tenans que des Aſſaillans. La nuict eſten-

doit defia fes larges voiles, & les Herauts inuitoient
chacun à quitter la meflee.  Le valeureux Oronce
fuiuy d'vne grande troupe de Nobleffe, & accompagné des Iuges du Camp, alla cependant à la rencontre du Cheualier du Vent, apres eftre defcendu
de fon efchaffaut. Le Cheualier l'ayant aperceu mit
foudain pied à terre, & fit vne grande reuerence à ce
grand Capitaine, fans toutesfois ofter fon cafque, par
ce qu'il ne vouloit point eftre cogneu. Oronce le prit
par la main, & le mena à la belle Infante Clarimonde,
de laquelle il receut la riche chaifne de pierreries, qui
auoit efté deftinee pour le prix du vainqueur. Apres
que le Cheualier du Vent eut remercié vne fi digne
Princeffe, & offert en peu de mots fon feruice au genereux Oronce, il fauta legerement fur fon cheual
que fon Efcuyer luy tenoit tout preft, & prit congé
de la compagnie, qui ne le voulut point forcer d'o-
fter fon cafque, voyant qu'il n'auoit point enuie d'e-
ftre cogneu. Nous quitterons pour le prefent cefte
matiere, & parlerons d'autre chofe.

## DV VOYAGE DV VALEVREVX
*Prince Cleandre en Espagné : Du succez de ses
Aduantures, et de la conclusion
des Mariages.*

### CHAP. VI.

LEANDRE, digne race des Noralis, & successeur de la vaillance aussi bien que de la courtoisie du renómé Godefroy, ayant esté destiné par
leurs Majestez, pour aller en Espagne mettre fin à la conclusion des
Alliances des deux plus puissantes Couronnes de la
Chrestienté, dressa, comme nous auons desia dict,
vn equipage digne de sa grandeur. Il partit de la premiere des Cités du monde, au temps que le Soleil
visitant la maison du Lyon, commence d'eschauffer
la terre de ses plus violentes chaleurs.    Suiuy d'vne
grande troupe de Cheualiers renommés, il trauersa
plusieurs prouinces, sans trouuer Aduenture digne
de recit, & enfin arriua au pied de ces Mótagnes qui
portent le nom de feu, & que la Nature a mises pour
barrieres à la France & à l'Espagne. Mais comme il
voulut passer outre, & poursuiure tousiours son
voyage, la meschante & execrable Dragontine,
qui

qui a touſiours trauerſé la gloire des Fleurs de Lys,
depuis le temps que le Paladin Rolād luy ruyna ſon
beau iardin, & desfit ſes enchantemens,ainſi que les
Hiſtoires nous apprennent, voulut encores s'oppoſer à l'accompliſſement de ces Mariages, preſageant
le mal-heur qui en doit arriuer aux Infidelles. C'eſt
pourquoy elle commanda à ſes Demons de baſtir
vne fortereſſe entre deux rochers,& iuſtement en vn
lieu où l'inuincible Cleandre deuoit neceſſairement
paſſer auec toute ſa troupe. Apres par la force de ſes
charmes,elle tranſporta en ce lieu certain Geáts les
plus eſpouuentables, & les plus puiſſans que la terre ait iamais produits.Tous eſtoient de la race d'Anthee,& ſi ſuperbes qu'ils meſpriſoient tout le monde. Outre leur force incroyable, Dragontine les a-
uoit frottés d'vne certaine eau qui ſe trouue en vn
valon de la montagne de Carene, laquelle a la vertu
de rendre les hommes inuulnerables.Et non contente de l'empeſchement que ces deux horribles Geant͛
pouuoient donner au Prince Cleandre, la Magicienne par ſes ſortileges auoit pareillement faict venir au
meſme lieu des monſtres les plus eſpouuentables de
l'Afrique, &entre autres vne beſte la plus prodigieu
ſe que l'on puiſſe imaginer. Depuis le ſommet de la
teſte iuſques à la ceinture, ce monſtre reſſembloit à
vn homme Sauuage, horſmis qu'au lieu de poil il a-
uoit de petites cornes, mais plus dures que des Diamants, leſquelles luy couuroient tout le chef. Ses
eſpaules, ſon eſtomac & ſes gros bras eſtoient tous
velus comme vn Ours:& le reſte de ſon corps eſtoit
E e

d'vn Dragon. Il eſt vray qu'il auoit des pates ſemblables à celles d'vn Griffon.

Lors que Cleandre, qui a touſiours recherché les
plus hautes & les plus perilleuſes aduantures du mõde, & qui croit que les Lauriers ſont d'autant plus
eſtimables, qu'ils ſont arroſez de ſang, & acquis auec
de la peine, euſt appris ceſte nouuelle, il reſolut incontinent d'aller combattre ces Monſtres, afin de
faire voir à toute l'Eſpagne que la reputation qu'on
luy donne, d'eſtre auſſi vaillant que le nepueu de
Charlemagne, n'egale pas meſme la gloire que la iuſte poſterité luy doit attribuer. Pluſieurs de ces dignes Cheualiers, qui le ſuiuoient en ſon Ambaſſa-
de, le voulurent accompagner en ceſte entrepriſe:
Mais luy qui ne voulut point auoir de compagnon
en la deffaicte qu'il eſperoit faire de ces Monſtres, fit
arreſter ſes gens aupres du lieu où jadis le Comte
Roland priua de vie tant de Sarrazins, auant que rendre à la Parque ce que tous les mortels luy doiuent.
Et ſi toſt que la courriere du iour commença d'an-
noncer aux Indes la venuë du Soleil leuant, Cleandre monta à cheual, & ſuiuy d'vn Eſcuyer ſeulement ſe rendit dans deux heures ſur vn petit coutau,
d'où l'on pouuoit voir à deſcouuert la fortereſſe que
les Demons auoient baſtie.

Ce Chaſteau eſtoit ſi beau & ſi merueilleux qu'il
ſeroit bien impoſſible d'en trouuer au monde vn pareil, ſoit pour la grandeur & la hauteur, ſoit pour l'artifice du baſtiment. Il eſtoit tout compoſé d'vne fine
pierre de jaſpe blanc, & quand les premiers rayons

du Soleil y donnoient, la splendeur qui en procedoit estoit si grande, qu'elle esblouïssoit les yeux de
quiconque le regardoit. Sa forme estoit carree, & à
chaque coing on y voyoit quatre belles & grosses
tours: leur cime finissoit en Pyramide, & elle estoit si
haute qu'elle sembloit voisiner les nuës. Entre l'espace des tours estoient les murailles enrichies de beaux
creneaux, & ces murailles estoient encores si hautes,
qu'vne fleche decochee de la main d'vn puissant Archer eust bien eu de la peine d'y paruenir. Outre ceste muraille ceste forteresse estoit encores ceinte d'v-
ne autre muraille extremement forte. Et à l'entour
l'on voyoit vn fossé large & fort profond, & au dessus vn grand pont, auec trois fortes Tours; deux à
chaque bout & l'autre au milieu. Ces Tours occu-
poient si bien la largeur du Pont, que quiconque a-
uoit enuie d'entrer au Chasteau, il falloit necessaire-
ment qu'il passast par ces Tours: Le genereux Prince
Cleandre, apres auoir quelque temps consideré ce
superbe edifice, ouurage des Demons, descendit par
vn petit chemin & arriua aupres du Pont, esmerueil-
lé de ceste forteresse admirable, que dans son ame il
estimoit estre imprenable. Mais ce qui le remplissoit
dauantage de merueille, c'estoit lors qu'il ne voyoit
personne. Toutesfois s'estant approché de plus pres
il paruint à la porte de la premiere Tour, composee
d'vn acier reluisant. Pres de ceste Tour estoit encores
vne place toute pauee de jaspe, & au milieu parois-
soient certains degrez par où l'on montoit en haut,
de la longueur d'vne pique. Là s'esleuoit vne grande

E e ij

Colomne de Porphyre, où vn Cor d'yuoire estoit attaché auec des cordons d'or, qui auoient des pendás enrichis d'escarboucles & de rubis. Les bords de ce Cor estoient dorez. Sa beauté, qui rauissoit les yeux de ceux qui le regardoient, conuia le prince Cleandre de le manier. Mais si ce Cor luy auoit auparauant semblé beau , il le treuua encores bien plus esmerueillable, lors que lisant les mots qui y estoient grauez, il apprit que c'estoit le Cor d'Almont, que son parent le valeureux Comte Roland gaigna jadis. Au dessous de ce Cor on voyoit encore vn rouleau de Porphyre auec ces paroles.

VOICI LE CHASTEAV DE LA SAGE DRAGONTINE. LES PORTES N'EN SERONT POINT OVVERTES A AVCVN, SI PREMIEREMNT IL NE SONNE DV COR.: MAIS QV'IL PRENNE GARDE A LVY: CAR IL R'ENCONTRERA DES PORTIERS CRVELS ET IMPITOYABLES QVI LVY DONNERONT LA MORT.

Ce courage genereux: ce braue Cleandre la gloire de son siecle , & l'enuie du futur, animé plustost de ces menaces, que destourné de sa resolution, empoigna soudain ce Cor, le destacha, & le mettant à la bouche commença à le faire retentir si hautement que non seulement le son fut entendu du Chasteau: mais encores de deux lieuës à la ronde. Au grand bruit de ce Cor, les grandes portes d'aciers'ouurirét impetueusement , & soudain il en sortit vn Geant

prodigieux, qui tenoit à vne main vn gros baſton ferré. A l'autre main il auoit vne chaiſne dont il menoit
attaché vn Serpent le plus eſpouuentable que l'on
puiſſe deſcrire. Depuis la poitrine iuſques au ſommet
de la teſte il eſtoit auſſi haut qu'vn homme à cheual.
Et il trainoit à terre vne queuë longue de quinze
pieds. Au reſte il en frappoit ſi rudement le paué, qu'il
le faiſoit tout trembler. Si toſt que le Geant fut ſorti
il deſtacha ceſte beſte horrible ; & ayant pris à deux
mains ſon baſton, marcha vers le Cheualier qui n'e-
ſtoit pas encores deſcendu des degrez. Ayant planté
vn de ſes pieds ſur le premier degré, & l'autre à terre,
il attēdoit le prince Cleandre, le baſton leué en haut,
auec vne ſi furieuſe contenance que la veuë en faiſoit horreur. Tandis l'eſpouuētable Serpent ſe voyāt
en liberté ſe mit à ſiffler horriblement, & à monter
par les degrez la bouche ouuerte. Elle eſtoit ſi grande qu'vn homme y ſeroit entré aiſement. Ses dents
eſtoient longues & tranchantes, & ie ne penſe pas
qu'autre que Cleandre n'euſt tremblé de peur, voyāt
vne ſi fiere beſte. Comme ce monſtre s'approchoit
de luy pour l'engloutir, il luy deſchargea vn tel coup
ſur la teſte, qu'il croyoit la luy auoir fenduë en deux :
Mais l'eſpee rebondit contremont, de meſme que ſi
elle euſt eſté de bois. Toutesfois la peſanteur du
coup fut telle, que le Serpent demeura aucunement
eſtourdy : De ſorte qu'il ne peut faire ſa priſe. Il ſe
redreſſa pourtant, & reuint pour attrapper le Cheualier, tandis que ce valeureux prince, eſmerueillé du
peu de mal qu'il auoit faict au Serpent, ſe retira der-

riere la Colomne, qui luy feruit de rempart , & puis
rua vn autre coup fur la tefte de ce fier Animal , auec
tant de force qu'il là luy fift baiffer iufques à terre. Le
Monftre fentant de fi rudes coups, entra en furie. Il
fiffloit fi horriblement, qu'on l'oyoit de toutes les
montagnes voifines, & fuiuoit le Cheualier tout autour de la Colomne. Cleádre qui fe feruoit de fa dexterité, ne ceffoit de frapper ce Móftre à grands coups
d'efpee, qui ne luy faifoient non plus de dommage
qu'auparauant. Le Geant fe tenoit à lors de pied ferme au bout des degrez, auec fon gros bafton, attendant que le Monftre iettaft en bas le Cheualier. Et cela arriua. Car comme Cleandre prenoit feulemét garde à la bouche du Monftre qui le pourfuiuoit auec
tant de furie tout autour de la Colomne , le prodige
leua fa longue queuë qui trainoit à terre, & en frappa
fi rudement le Cheualier par les efpaules, qu'il le fit
rouler mal-gré qu'il en euft les degrez. Et à peine fut-
il en bas , que l'impitoyable Geant luy defchargea
vn coup de fon bafton ferré auec tant de violence,
que ce bafton ayant donné fur le Cafque qui fut jadis à Mambrin, fe mift en deux pieces, pendant que
le Cheualier croyoit que fa tefte eftoit toute fracaf-
fee. Cleandre fe voyant fi mal traicté , fe leua foudain
tout en colere , & s'approchant de ce Geant luy tira
vn fi grand reuers , que l'efpee qui le couppa tout
au trauers de la ceinture paffa outre fifflant en l'air.
Le démefuré Geant ne faifoit que tomber à terre,
lors que l'animal prodigieux , qui fiffloit horriblement, s'approcha du Cheualier. Il battoit la terre de

fa queuë,& puis en la leuant il vouloit la faire fentir à
Cleandre. Mais il efuita le coup par vn grand fault
qu'il fit à cofté:& puis courut promptement là où le
bafton du Geant eftoit tombé en deux pieces. S'eftât
faifi de la plus groffe, il marcha vers le Serpent, qui a-
uec fa grande gueule le vouloit engloutir,& luy defchargea vn coup fi furieux fur la tefte,qu'il luy enfô-
ça le crane plus dur qu'vn rocher dans la ceruelle, de
forte que les yeux & la ceruelle mefme fauterét bien
loing de là. Neátmoins cette horrible befte ne mourut point incontinent.Elle fautoit d'vn cofté & d'autre, & frappoit la terre auec tant de fureur, qu'elle
fembloit eftre enragee plus qu'auparauant. Le Prince Cleandre ne fe fouciant plus de ceft Animal prodigieux s'affift fur vn de ces degrez, attendant que de-
uiendroit ce Monftre, qui quelque temps apres ex-
pira. Quand il fe fut vn peu repofé il prit le beau Cor
d'yuoire,le mit à fon col,& le bafton à la main, & l'efpee au cofté , paffa par la premiere porte du pont.
Eftant paruenu à la feconde tour baftie au milieu du
pont,il apperceut que fa porte eftoit comme la premiere, d'vn fin & reluifant acier.   Et croyant qu'elle
s'ouuriroit au fon du Cor, il le mit courageufement
à la bouche, & le fit hautement refonner. Les portes
s'ouurirent auffi toft, auec vn bruit non moins foudain qu'efpouuentable.Vn Geant auffi grand & auffi
prodigieux que le premier,en fortit.   Il tenoit d'vne
main vne Maffe, & de l'autre vne Chaifne,de laquelle il menoit attaché vn Lyon , le plus fier, & le plus
horrible qu'on puiffe imaginer.  Sa grandeur eftoit

comme celle d'vn Taureau, & des ongles groffes &
tranchantes, & longues chacune d'vn pied, luy fortoient des pattes. Ses yeux reluifoient comme deux
torches ardentes. Si toft que le Geant fut hors de la
porte, il deftacha l'efpouuentable Lyon qui couroit
vers le Prince Cleandre. Ce magnanime guerrier l'attendit de pied ferme, fon bafton en haut à deux
mains, & lors que le Lyon s'approchoit pour luy ietter fes pattes veluës, & pour le defchirer auec fes griffes trenchátes, il luy rua de toute fa force vn tel coup
fur fa couronne crineufe, qu'il luy fit fauter la ceruelle hors de la tefte. Ayant acheué ce digne exploict il
alla trouuer le Geant, qui venoit à grands pas contre
luy la maffuë haute. Le Prince fit femblant de vouloir attendre le coup. Toutesfois n'ayant point enuie d'efprouuer pour l'heure cette rude maffuë, il fauta à cofté & efuita le coup, qui tomba à terre auec tát
de violence, qu'il fit trembler tout le pont, de mefme
qu'auroit faict vne balle d'artillerie. Mais auant que
le Geant euft loifir de releuer fa maffuë, cette digne
race de Godefroy, luy donna vn tel coup à trauers
des jambes foubs les genoux, que luy ayant caffé les
gros os, il en fit fauter bien loing les moëlles. Le Geát
tombant à terre fit à lors retentir des mugiffemens
horribles, & des cris efpouuentables, tefmoignages
du coup mortel qu'il auoit receu. Cleandre ne fe fouciant plus de celuy qui ne luy pouuoit donner aucun empefchement, prit fa pefante maffüe & paffa
outre, merueilleufement eftonné des fortes & terribles gardes de ce pont. Cependant il trauerfa la feconde

conde tour, & paſſa la ſeconde voute. Quand il fut
paruenu à la troiſieſme, qui eſtoit fermee comme les
autres, il ne demeura gueres à ſóner du cor, & ſoudain
les portes s'ouurirent auec vn bruit pareil au precedent, Lors vn Geant Sauuage grand de plus de ſept
coudees en ſortit. Tout ſon corps eſtoit couuert
de poil long & eſpais, capable de reſiſter à
la meilleure eſpee du monde. Ce Sauuage portoit
à ſon coſté vn grand Cimeterre, & tenoit à chaque
main vne chaiſne auec des gros anneaux de fer dont
il menoit liés deux Tigres de merueilleuſe grandeur.
La rage de ces animaux eſtoit ſi grande, que tout vn
Regiment de Cauallerie en euſt eſté eſpouuanté.
Mais quand ils euſſent eſté deux furies infernalles, ie
ne croy pas que ceſte genereuſe race des Noralis en
euſt eu peur. Auſſi quiconque l'euſt veu en ceſte a-
ction, il euſt remarqué ce braue Prince Cleandre,
qui tenant en haut la groſſe maſſuë de fer qu'il auoit
oſtee au Geant, teſmoignoit vne contenance ſi fiere
& ſi martiale, qu'il euſt faict trembler le puiſſant Hercule, s'il fuſt venu pour le combatre. Mais ces cruelles beſtes, ſi toſt que le Geant les eut deſtachees, ouurirent leurs grandes & horribles gueules, & fondi-
rent ſur luy auec tant de viteſſe, qu'il ſembloit qu'elles ne touchaſſent point du pied la terre. A l'approcher, & lors que ces cruelles beſtes luy vouloient faire ſentir leurs griffes, il donna à l'vne vn ſi grád coup
de maſſüe ſur l'eſpaule, que luy ayant fracaſſé tous les
os depuis le milieu iuſques au plus haut du corps, il
l'eſtendit à terre toute morte. Cependant l'autre qui

luy estoit sautee dessus luy, prit de ses griffes ses espaules & les bras. Et le Tigre le serroit de telle maniere qu'il ne se pouuoit remuer. En outre ce cruel animal luy tenoit presque toute la teste dans sa bouche,
la pressant auec ses dents dures & tranchantes, pour
les luy passer de part en part. Mais la bonté du casque
de Membrin le deffendoit de ce costé, tandis que sa
cuirasse qui fut autrefois trempee dans les flots infer-
naux resistoit aux dangereuses griffes, dont le Tigre
s'efforçoit d'ouurir ses espaules. Le valeureux Cléan-
dre n'ayant pas moyen de s'ayder de sa massuë, & ne
pouuant mettre la main à sa bonne espee, embrassa
de furie ceste cruelle beste, & apres luy auoir donné
vne secousse il la ietta si violemment sur le paué, qu'il
luy fracassa tous les os de la teste, & pareillemét ceux
du dos, de sorte que toute la ceruelle luy en sortit.
Quand le Sauuage apperceut morts ses Tigres, pouf-
sé d'vne rage qui ressembloit à celle d'vn Demon in-
fernal, il mit la main à son grád Cimeterre, & deschar-
gea vn si horrible coup sur le casque du Cheualier,
qu'il en fit sortir autant d'estincelles de feu, qu'on
voit la nuict d'astres au Firmament, & luy fit mettre
les mains & les genoux à terre.    Cleandre se releua
promptement, & auec l'espee qu'il auoit tiree, atteignit d'vn si grand coup le Geant pres de la ceinture,
qu'il croioit l'auoir coupé en deux parties, à cause qu'il
estoit desarmé. Mais sa bonne espee eut tant de difficulté à couper ce poil dur & espais, qu'elle ne peut
atteindre iusques à la chair. Ce Sauuage rehaussa son
grand Cimeterre, & pensant frapper vne autre fois le

Cheualier fur fon armet, le coup fut defchargé en vain. Cleandre fauta legerement à cofté, & le Cimeterre qui donna fur le paué auec trop de violence fe mit tout en pieces. Alors le Cheualier fe iettant fur luy, luy tira vne eftocade qui le perça de part en part: car l'efpee luy entra dans le ventre iufques à la poignee, fi bien que le Sauuage ietta des cris horribles en cefte rage de la mort.

Quand le valeureux Cleandre eut fait cette execution, il croyoit qu'il n'eftoit pas befoin de faire dauantage, de forte qu'il paffa la troifiefme tour & le pont, iufques à ce qu'il entra en vn lieu qui feruoit comme de chemin entre la muraille & le chafteau. Ayant vn peu cheminé il defcouurit vn grand portail, enrichi de tant de figures de diuerfes fortes, qu'il luy euft fallu employer tout vn iour pour confiderer la diuerfité des merueilleufes hiftoires qu'on y auoit peintes & releuees en boffe : mais particulierement on y voyoit toutes les batailles que Godefroy auoit donnees en la Terre Saincte : La deffaicte du Duc de Bourgongne, le fiege de Mets, & la derouté des Reiftres. Cette efcriture eftoit fi bien au naturel, qu'elle auroit raui en admiration le fçauant Praxitelés. Au refte ces grandes portes eftoient toutes d'acier, & fermees comme les premieres. Le Cheualier voulant effayer, fi par fortune elles fe pourroient ouurir par quelque autre moyen, s'approcha & y fit tout fon effort, toutefois fon trauail fut inutile. Cela fut caufe que s'eftant vn peu reculé, il fonna du riche Cor d'Almont, au fon duquel ces grandes portes

s'ouurirent incontinent auec vn bruit pareil à celuy
du tonnerre. Il n'en vit pourtant fortir chofe aucune.
Seulemét iettant les yeux dedans, il apperceut deux
efpouuentables Geants : l'vn du cofté droict, & l'autre du cofté gauche. Ils eftoient armez depuis la tefte iufques aux pieds d'vn acier bien poli, & leurs armes eftoient efpaiffes d'vn doigt. Chacun d'eux tenoit en haut vne hache grande & trenchante. Ils attendoient de pied ferme, comme s'ils euffent voulu
defcharger leurs coups au milieu de l'entree. L'inuincible Cleandre fe voyant en tel eftat, s'appuya fur le
pommeau de fon efpee, & demeura quelque peu en
fufpens, confiderant leur contenance. Ce n'eft pas
qu'il euft peur de faire l'efpreuue d'vne entree fi efpouuentable, puis que pour toute la Monarchie du
monde il n'euft iamais defifté de pourfuiure fon entreprife. Mais feulement il penfoit en luy mefme au
moyen qu'il pourroit tenir pour euiter les premiers
coups de ces horribles Geans. Il fe reprefentoit que
fe mettre au hazard de receuoir vn coup d'eux ce feroit vn tefmoignage de peu de iugemét, veu la grãde
furie qu'ils faifoient paroiftre à leur fiere contenance. Lors que Cleandre eut bien penfé à la procedure
qu'il deuoit tenir, il marcha au petit pas, & s'approcha de la porte. Si toft qu'il en fut pres il feignit d'y
vouloir entrer, fi bien que les Geants croyans l'atteindre fur la tefte, defchargerent tous deux leurs
coups. Mais auant que les haches tombaffent, le
Cheualier fit vn fault en arriere, de forte que les
coups furent vains, & les haches defchargees auec

tant de furie, frappans fur le paué de marbre, fortirent de leurs manches, & le bois fe rompit entre
leurs mains. A peine ces coups furent rués, que le
braue Cleandre fauta dedans; & tira vn tel reuers au
Geant qui eftoit à la main droicte, que fi fes armes
n'euffent efté enchantees,il l'auroit mis en deux pieces. Les Geants voyans que leurs haches s'eftoient
rompuës,mirent foudain la main à leurs grands coutelas, & defchargerent leurs coups à mefme temps
fur le Cheualier. Il en receut vn fur fon efpee, & il
euita l'autre auec vn fault. Voulant retenter la fortune,il rua vn autre coup à la cuiffe de l'vn de ces Geás,
& iugeant par la grande force qu'il y auoit mife, il
croyoit l'auoir couppee tout au trauers. Mais il fut
bien trompé: car il ne luy fift non plus de mal, que
s'il l'euft frappé d'vne petite verge. Lors les Geans
poffedés d'vne furie d'Enfer, commenceret à le frapper de tous coftés, de forte que fi fes armes euffent
efté moins bonnes, ils l'auroient en peu d'heure mis
en pieces; quoy que par fa grande legereté & par
fon addreffe incroyable,il rendit inutile la plus grande partie de leurs coups.

Le Prince Cleandre fe treuuoit alors reduit en v-
ne grande extremité. Ces deux Geants l'affailloient
furieufement, & il ne pouuoit nullement les offencer de fon efpee. S'il euft voulu embraffer ou l'vn ou
l'autre, chacun eftoit capable de mettre à bas vne
tour, & il y auoit du danger, que l'vn ne le frappaft à
fon plaifir pendant qu'il en feroit venu aux prifes a-
uec l'autre. En fin de quelque cofté qu'il fe tournaft

il voyoit le remede impoffible, & le peril indubita-
ble. Mais comme les grands coups qu'il receuoit luy
euffent faict croiftre fa colere, il ietta les yeux tout
autour, & apperceut vne porte au bout de ce portique. Elle eftoit ouuerte & aucunement baffe : mais
non pas fi petite qu'il n'y peuft entrer. Les Geans qui
eftoient plus grands que luy de l'eftomac en haut,
n'euffent peu y paffer. Et ie vous laiffe à iuger fi
leur grandeur eftoit démefuree, puis que le Prince
Cleandre eft de la plus belle & plus riche taille que
Cheualier de l'Europe. Ce genereux guerrier ayant
doncques defcouuert cefte porte, refolut de tenter
vne chofe, capable de remplir d'eftonnement quiconque y penfe. Car comme l'vn de ces Geants s'efforçoit de le frapper, il attendit qu'il hauffaft le bras.
Et auant qu'il euft le loifir de ruer le coup, Cleandre
fe coula fous luy, & l'alla embraffer par le faux du
corps. Eftant le plus fort Cheualier du monde, il leua
de terre ce grand Geant, auec non moins de facilité,
que fi fes armes euffent efté compofees de carton &
de paille. Apres fans le laiffer toucher du pied la terre,
le Prince le porta d'vne fi legere courfe vers la porte
qui eftoit ouuerte, & y paffa auec tant de furie, que
le Geant qui pour fon extreme grandeur n'y pouuoit entrer, donna vn tel coup de la tefte, & des efpaules qu'il demeura tout fracaffé. Bien que l'autre
Geant couruft apres pour frapper le Cheualier de
fon coutelas, il ne peut pourtant le ioindre, fi ce n'eft
lors que fon compagnon auoit rendu l'efprit. Cependant il voulut frapper le Prince : mais le coup fut

deschargé en vain. Cleandre ayant éuité le coup, le
coutelas entra si auant à terre, que le Geant n'ayant
pas eu le loisir de le releuer prôptement, ceste valeureuse race de Godeffroy luy sauta dessus ; & l'ayant
embrassé, & puis sousleué, il luy fit faire deux ou trois
tours, & apres le battit sur le paué auec tant de violence, que le fiel luy creua dans le corps, de sorte qu'il
rendit soudainement l'ame.

Ce genereux Prince ayant acheué ce combat
cruel & incertain, se treuua las, si bien que pour reprendre vn peu haleine, il s'assit sur vne grosse pierre de marbre qui estoit sous ce portique. Mais comme il se representoit le merueilleux bastiment de ce
Chasteau, & les terribles & dangereuses gardes qui
estoiét dedás, il remarqua que par la porte où il auoit
fait mourir l'vn de ces Geants, on entroit en vne bas-
se court, à l'vn des bouts de laquelle on voyoit vne
autre grande porte, fermee comme les premieres. A-
pres s'estre vn peu reposé il marcha vers ceste porte,
& essaya de l'ouurir auec les mains : mais il ne peut,
non plus qu'il auoit faict les autres. C'est pourquoy
il mit le Cor en bouche, & le fit hautement retentir.
Ceste porte s'ouurit alors auec tant de bruit, qu'il
surpassoit les precedens. Et soudain vne grande flamme parut, auec vne espesse & noire fumee, qui proprement ressembloit à vne chose infernalle. Apres
que la fumee eut disparu, Cleandre apperceut à l'entree de la porte vn Monstre le plus horrible qu'on
puisse imaginer. Il estoit de la grandeur d'vn Croco-
dile, qui iettoit par la bouche ceste grande flamme,

& cefte efpeffe fumée. Ses dents eftoient crochuës
comme les deffences d'vn fanglier , & longues d'vne
coudee. Et fes yeux reluifoient comme deux torches
allumees, & fes pieds , fes bras & fes griffes eftoient
femblables à celles d'vn Lion. Ie ne croy pas qu'autre
que Cleandre euft eu le courage de le regarder. L'inuincible Cheualier, qui fe nourrit dans les trauaux,
comme la Pyralide dans le feu , ayant defcouuert ce
Prodige mit foudain la main à fa bône efpee, & voulut effayer d'entrer par cefte porte.    Quand il en fut
pres ce Monftre ietta de la bouche flamme & fumee
en fi grande abondance, qu'il fembloit à Cleandre
qu'il brufloit dans vne ardante fóurnaife. Et ne pouuant fouffrir cefte grande ardeur , il recula haftiue-
ment. Toutefois fes armes en eftoient fi efchauffees,
qu'il demeura long temps , auant que cefte ardeur
s'oftaft de fes armes & de fa chair. Ce fut là que le
courageux Cheualier reffentit plus de peine & de
trauail qu'en tout le paffé : L'vn pour l'ardeur infup-
portable de cefte flamme , & l'autre pour ne voir
point le moyen de pouuoir frapper cet animal prodigieux. Selon qu'on pouuoit remarquer à la grande ardeur qui procedoit de fa bouche, il y auoit de
l'apparence qu'il n'approcheroit iamais fix pas pres
de ce Monftre, qu'il ne fuft côfommé de cefte flamme infernalle, de forte qu'il demeura quelque temps
en incertitude. Mais en fin il fe fouuint de la maffuë
du Geant qu'il auoit laiffee à la premiere tour du
pont, fi bien qu'il y courut, & reuint promptement
vers l'Animal efpouuentable, qui ne ceffoit de ietter
                                               flamme

flamme & fumee. S'en estant approché le plus pres
qu'il peut, il prit à deux mains ceste massuë de fer, &
puis de pied ferme la rua auec tant de force contre
le Monstre, que l'ayant attaint à plain au milieu du
front, il luy fracassa toute la teste, & luy fit entrer
les os dans la ceruelle. L'horrible & espouuentable
Animal atteint de ce coup mortel, cheut à terre, se
demenant si fort des bras & des jambes, qu'on eust
dit que ce grand chasteau se vouloit abysmer. Mais le
bruit fut encores bien plus grand, par ce que presque à l'instant mesme, il se fit comme vn coup de
tonnerre si grand & si horrible, qu'on l'oüit de dix
lieuës à l'entour. Et à l'heure mesme tout ce bastimét
disparut auec tant de rumeur, de foudres & d'esclairs,
qu'on croyoit que le monde deuoit retourner en sa
premiere confusion. Quand la fumee & le broüil-
las eurent passé, l'on ne vit que les hauts & superbes
rochers que la Nature a posez pour bornes aux Gaules & aux Espagnes : si bien que le Prince Cleandre
apres auoir rendu libre ce passage, poursuiuit auec
son train son voyage, & fit tant par sa diligence, qu'il
arriua à Madrid vn mois apres. Le Roy Catholique
luy fit vn si bon accueil, que iamais autre ne receut
de luy vn pareil honneur. Aussi la grádeur de sa maison, & son extreme valeur forcent tous les Monarques de la terre d'honorer son merite. Apres auoir
heureusement conclud les Mariages de Lovys &
d'Anne, de Philippes & d'Elizabet, il reuint en
France, laissant l'Espagne toute pleine d'admiration. Nous quitterons maintenant ce Discours, &

Gg

dirons la fin de l'Auanture du valeureux Prince Oliuante de Loro, & de la belle & vaillante Nymphe
Orynthie.

---

## DV DANGEREVX ET CRVEL
*combat du Prince Oliuante & de la belle
Orynthie, contre Maganor &
les siens.*

### CHAP. VII.

E genereux Prince Oliuante de Loro, & la valeureuse Orynthie, apres
auoir acheué plusieurs auantures dignes d'eternelle memoire, arriuerent vn iour sur le midy dans vn
grand bois, que la Nature sembloit
auoir fait pour les delices des passans. Vne eau luisáte
& claire couroit au trauers, & elle estoit enuironnee
d'arbrisseaux & de roziers sauuages, qui rédoient vn
ombrage delicieux. Le flot tremblottant sembloit
parler d'Amour, & le doux Zephire qui estoit le jardinier de ce boccage, & de ces fleurettes, qui naisf-
soient parmy le tapis verd de ces riues molles, arro-
soit ce beau lieu de sa propre main, & entretenoit la
frescheur de ce paradis par le souffle de son haleine
douce. Et par ce que l'air estoit eschauffé des rayons
du Soleil, & que c'estoit en la saison la plus bruslante
de l'annee, le Cheualier & la Guerriere lassez du tra-

uail qu'ils auoient pris en cheminant toute la nuiᶜᵗ
precedente, & la moitié de ce iour, ʃe voulurent re-
poʃer au fraiz de ce riuage. Ils mirent doncques pied
à terre, & ayans faiᶜᵗ oʃter la bride à leurs cheuaux
ʃe coucherent ʃur l'herbe molle. Mais ils n'y eurent
long temps ʃejourné, qu'ils virent vn Eʃcuyer qui
pleuroit, & faiʃoit des plaintes ʃi pitoyables, qu'il en
euʃt eʃmeu à la compaʃʃion vne roche dure. Ceʃte
genereuʃe race de Mars, craignant d'eʃtre ʃurpriʃe ʃás
armes, reprit ʃoudain le caʃque, & ayant faiᶜᵗ deʃta-
cher les cheuaux, tous deux ʃauterent legeremét deʃ-
ʃus, & puis empoignants leurs fortes lances s'approcherent de l'Eʃcuyer & luy demáderent la cauʃe de ʃõ
dueïl. Luy, ayant ietté les yeux ʃur Oliuáte, & ʃur O-
rynthie, & iugé à leur cótenance guerriere, & à leurs
belles armes que c'eʃtoient quelques excellens Cheualiers, leur tint ce langage : Valeureux ʃeigneurs,
s'il n'y auoit trop de peril en l'attente, ie vous recite-
rois plus particulierement la cauʃe de mon mal. Mais
craignant que ʃi l'on differe de ʃecourir vn des meilleurs Cheualiers du monde, qui eʃt mon maiʃtre, il
ne ʃoit en danger de perdre la vie, ie vous diray ʃeu-
lement en peu de mots, que ce digne Cheualier eʃt à
vne demie lieuë d'icy, aʃʃailli de plus de cent Cheualiers, & de cinq ou ʃix Geants. Encores que ʃa valeur ʃoit incomparable, & qu'il vienne à bout d'vn ʃi
grád nombre d'aduerʃaires, toutesfois il n'aura pourtant acheué, par ce que le cruel Maganor ne man-
quera point de venir à leur ʃecours, auec vne plus
grande ʃuitte de voleurs, qui volent & maʃʃacrent

tous les paſſans. Le genereux Prince, & la valeureuſe
Nymphe, joyeux extremement de ce que la fortune
leur ouuroit vn ſi beau chemin pour acheuer leur entrepriſe, dirent ſoudain à cet Eſcuyer qu'il les me-
naſt au lieu où ce Cheualier teſmoignoit tant de valeur & de courage, & puis qu'il ne ſe ſouciaſt du reſte. L'Eſcuyer leur obeit incontinent, & les ayant
faict deſcendre par vn valon prochain, ils deſcouurirent vne petite plaine : & à coſté vne roche, autour
de laquelle il y auoit vne groſſe trouppe de gens armez, qui taſchoient de la gaigner. Mais vn Cheualier qui en ſon Eſcu portoit vne plante d'aloës, laquelle rendoit de la fumee dans vn brazier ardant,
auec ces mots, FLAMMA AVGEBIT HONO-
REM, en deffendoit le paſſage. Il faiſoit tant d'armes qu'il rauiſſoit en admiration tous ceux qui le regardoient. Il auoit deſia mis à mort deux Geants, &
plus de trente Cheualiers, & donnoit tant d'affaires
aux autres, que pas vn, preſques, n'auoit le courage
de s'approcher de ſa trenchante eſpee. Oliuante de
Loro, & Orynthie, qui recogneurent ſoudain ce
Cheualier à ſa deuiſe ( car c'eſtoit le vaillant Paulus
Emilius, l'vn des neuf conquerans, qui quelques
mois auparauant auoient paru au camp de la Place
Royale, pour honorer les alliances de la France &
de l'Eſpagne, comme vous auez peu voir cy-deſſus)
mirent ſoudain leurs lances en arreſt, & fondans ſur
ceſte mal-heureuſe trouppe, percerent chacun quatre Cheualiers, auant que leurs lances ſe rompiſſent,
& puis mettans la main à l'eſpee, rendirent des effets

de leur valeur accouftumee. Ils fe ietterent où le
nombre des ennemis eftoit plus efpais. Aux vns ils
tranchoient la tefte, & ils fendoient les autres iufques à la ceinture. Ils perçoient les vns de part en
part, & aualans bras, jambes, mains & efpaules, le
fang couloit comme vn ruiffeau en cefte petite plaine. Qui a veu quelquefois comme la tempefte en
paffant rauage vne partie d'vne montagne, ou d'v-
ne valee, fans toucher à l'autre, qu'il s'imagine que
la voye que l'inuincible Prince Oliuante de Loro, &
la vaillante Orinthie fe faifoient faire eftoit femblable. Il y eut quatre Geants qui voulurent s'oppofer
à leur valeur: mais cefte digne race de Godeffroy, &
de Bethune, les eurent bien toft enuoyez au Royaume de Pluton. Le valeureux Conquerant, voyant
que par vn fecours inefperé il n'eftoit tant preffé de
fes ennemis, abandonna le paffage de la roche, & fe
fourrant parmy ce qui reftoit, faifoit aduoüer que la
reputation que la Gloire luy donne, d'eftre vn des
plus vaillans Guerriers du monde, eft moindre que
fon merite. Ces trois braues Cheualiers ayans mis
en fuitte toute cefte canaille, vouloient ofter leur
cafque, pour fe baifer, & s'embraffer, quand vn bruit
qui procedoit d'vne prochaine montagne, les em-
pefcha de fe careffer. Vne groffe trouppe de gens
armez en defcendoit furieufement, & à la tefte
marchoit vn grand Cheualier, tout couuert d'armes
dorees. Il n'eftoit pas du tout fi grand qu'vn Geant:
mais bien plus gros d'efpaules, & de bras. C'eftoit
Maganor, le plus fort, & le plus puiffant Cheualier

du monde : lequel n'euſt pas craint d'attaquer ſeul,
toute vne armee.Il auoit appris par vn de ceux qui a-
uoient pris la fuitte, la deroute de ſes gens, de ſorte
que tranſporté de rage & de courroux, il deſcendit
de ceſte montagne auec deux Geants ſes couſins, les
plus ſuperbes & les plus orgueilleux qu'on euſt peu
rencontrer. Si toſt que Maganor fut deſcendu de
ceſte montagne, & qu'il apperceut le grand carnage de ſes gens, il ſe mit à maudire & à blaſphemer
tous ſes Dieux, & donnant des eſperons à ſon cheual, le plus grand & le plus fort qu'on euſt peu trouuer, il mit en arreſt vne ſi groſſe lance,qu'elle reſſembloit proprement à ces arbres que l'on plante pour
trophee le premier iour de May. Ses couſins qui
portoient ſur le poing de pareilles antennes, firent
pareillement ſentir les eſperons iuſques au ſang à
leurs Courſiers, & comme vne tempeſte,vindrent à
fondre ſur les trois Cheualiers, qui s'eſtoient deſia
preparez pour les receuoir, & qui s'oppoſans à ceſte
furie, eſtoient ſemblables à trois torrens,qui deſcen-
dent d'vne haute coline, & qui en tombant ſaccca-
gent la plaine, & emportent l'eſperance des labou-
reurs.Les rencontres furent merueilleuſes, Oliuante
de Loro, & Maganor s'atteignirent ſi rudement,
que leurs groſſes lances ſauterent en menus eſclats
iuſques aux nuës. L'inuincible Prince fut contrainct,
à ceſte dure ſecouſſe, de ployer aucunement, voire
meſme perdit les deux eſtriers, & s'il n'euſt em-
braſſé le corps de ſon cheual, il eſtoit en danger d'e-
ſtre porté pa rterre.Mais Maganor receut vne telle

atteinte, qu'abandonnant la felle, il fe trouua fur le
pré eftendu de fon long, fi froiffé & fi moulu, qu'il
ne pouuoit prefque fe releuer. La valeureufe Orinthie, & vn des deux autres Geants fe rencontrerent
de mefme auec tant de violence, que leurs bois ayás
volé en mille pieces, le coup fit retentir toutes les
valees prochaines, non moins que fi ç'euft efté vn
coup de tonnerre. Le Conquerant eut vne fort heureufe rencontre. Le Geant qui l'affailloit faillit d'atteinte, au lieu que Paulus Emilius l'atteignit au milieu de l'Efcu, qui comme s'il euft efté touché du
foudre, s'ouurit par le milieu, & ceda au fer qui ouurit encores la cuiraffe, & luy perça le corps de part
en part, de forte que le bois paroiffoit demie aulne
hors des efpaules. Le Geant alla par terre, mugiffant
comme vn Taureau, & donnant les derniers fignes
de la mort. Cependant Maganor fe voyant eftendu,
ne fçauoit fi ce qu'il voyoit eftoit vn fonge ou vne
chofe veritable. Il regardoit d'vn fier regard le valeureux Prince, qui retournoit au petit pas vers luy:
& bien qu'il fuft poffedé d'vne extreme fureur, il
eut pourtant la patience d'efcouter ces paroles. Geát
(luy difoit Oliuante) leue toy & acheuons noftre
combat, fi tu n'as enuie de recognoiftre tant de crimes que tu commets tous les iours. Ie receurois vn
grand contentement fi tu eftois capable de cefte re-
cognoiffance, & non feulement te donnerois l'honneur de noftre düel, mais encores te receurois au
nombre de mes plus intimes amis. Le Geant efueillé
comme en fur-faut, d'vn profond fommeil, fe leua

ſur pieds : & mettant la main à vn Cimeterre qu'il
auoit pendu à la ceinture luy fit ceſte reſponſe : Chetiue creature, quand tous les Dieux qui ſont au Ciel
deſcendroiét en ta faueur, il ne faut pas que tu croyes
d'eſchapper iamais vif de mes mains. Ce diſant il ſe
ietra furieuſement ſur le Prince, qui abandonna
promptement la ſelle, dédaignant d'attaquer auec
aduantage ce ſuperbe. Le Cheualier attendit que le
Geant deſchargeaſt ſon coup le premier, & quand
il vit deſcendre le Cimeterre, il fit vn ſault à quartier,
& puis d'vne grande legereté, il entra deſſous, & luy
tira vn tel reuers ſur vne cuiſſe, que le fer n'ayant pas
eſté capable de faire reſiſtence, la chair fut taillee iuſques à l'os, ſi bien que le ſang luy couloit en grande
abondance : Le Geant qui reſſentit vne grande douleur pour ceſte bleſſure, rugiſſoit comme vn fier
Lion, & blaſphemoit le Ciel. Il reprit ſon Cimeterre,
& tout poſſedé de rage tira au trauers de l'inuincible
Cheualier vn tel coup, qui l'auroit mis en deux pieces, s'il euſt eu d'autres armes, que celles que la ſa-
ge Zirfee luy donna, lors que la genereuſe Princeſſe
Philis acquit le prix de la beauté ſur toutes les plus
parfaictes, au tournoy qui ſe fit à la fontaine des
Nappees : comme le Cheualier, celuy de tous les
plus vaillans guerriers du monde. La violence du
coup fut neantmoins ſi grande, qu'il fut contrainct
de reculer vn pas au trauers, croyát auoir tous les os
froiſſez. Et auant qu'il peut ſe remettre, le Geant
luy vouloit deſcharger vn autre coup, lors que le
Cheualier porté de ſon grand courage fit vn ſault, &
puis

puis atteignit de sa bonne espee de telle sorte Maganor à l'espaule droite, que la cuirasse espesse d'vn gros
doigt, ne pouuât resister à sa trenchâte espee, le coup
horrible passa outre, & fédit le Geát iusques à la ceinture, de sorte qu'on luy voyoit tous les boyaux. La
valeureuse Orinthie donna à mesme temps vne telle estocade dans la visiere de son aduersaire, qu'elle
luy perça de part en part la teste. Lors que les Cheualiers des Geants virent leurs maistres morts, ils fon-
dirent tous sur eux, croyans de les engloutir: mais
ils trouuerent bien à qui parler. Le Prince Oliuante
& ses deux Compagnons se fourroient parmy ces
Aduersaires, comme deux loups affamez, & autant
de coups qu'ils donnoient, c'estoient autât de morts.
Les escus, les casques ny les cuirasses n'y seruoient de
rien. Ils se iettoient là où le nóbre des ennemis estoit
plus espais & plus proche, & trenchoient la teste aux
vns, & fendoient les autres iusques au nombril. Iamais on ne vit tant de carnage. Ils aualloient bras,
jambes, mains & espaules, & le sang couloit comme
vn ruisseau par ceste valee.

Quand les gens de Maganor eurent consideré ces
grands coups, ils furent si espouuentez que nul n'o-
sa plus leur faire resistance. Ils prirent la fuitte, &
tascherent de gaigner le haut de la montaigne, pour
fuyr dans la grotte. Mais les Cheualiers les poursui-
uirent si viuement, qu'ils y entrerent pesle, & mesle.
Vne centeine des plus courageux qui estoient re-
stez, leur voulurent encores faire teste, & ils apprindrent bien tost, à leurs despens, la force du Prince

Hh

Oliuante & de ses Compagnons: Enfin apres auoir mis à mort presque tous ces voleurs, ils donnerent la liberté à vn grand nombre de Cheualiers & de Dames, qui estoient miserablement detenus en ce lieu. Chacun y recouura son cheual & ses armes, que le cruel Maganor auoit faict pendre à l'entree de ceste grāde grotte: comme encores les armes des maisons de quelques excellens Cheualiers, que ce meschant auoit volees à leurs Escuyers, pendant qu'ils alloient combattre les cinq Cheualiers de la Gloire, qui gardoient le Palais de la Felicité. La belle Orinthie iettant les yeux d'vn costé & d'autre vit les siennes, & celles de nostre valeureux Conquerant penduës comme en trophee au plus haut du plancher. Elles sont comme ie vay vous les descrire.

## ARMES DE LA MAISON D'ORINTHIE.

*Les armes d'Orinthie sont du Marquis de Rosni, grand Maistre de l'Artillerie de France. Il porte escartelé. Au premier de Flandres, qui est d'or, à vn Lion de sable, armé et lampassé de mesme. Au second de France à Fleurs de Lys sans nombre, armes de la maison de Courtenay. Au troisiesme d'azur à sept bezans d'or, trois, trois vn au chef d'or, armes de la maison de Meleun. Au quatriesme d'or, à vn crest de gueules, armes de la maison de Crequi. Et sur le tout de gueules à vn Lyon d'argent, armes de la maison de Bethune.*

La vaillante Orinthie ayant faict despendre ses armes, son Escuyer les reprit; pendant que le genereux Conquerant, qui a pour pere ce grand & sage

Mareschal de SOVVRAY, à qui la France doit la
chere nourriture de LOVYS, auquel les Oracles ont
promis la Monarchie de l'Vniuers, fit pareillement
dependre les siennes.

## ARMES DE LA MAISON DE PAVLVS ÆMILIVS.

*Les armes de Paulus Æmilius font du Marquis de
Courtenuaux, premier Gentil-homme de la Chambre du
Roy. Il porte d'azur bandé de cinq pieces d'argent, & au
deſſus vne Couronne de Marquis.*

Il y auoit plusieurs autres armes, que i'espere de dé-
crire vne autrefois, & lors que leurs Majestez me
commanderont de mettre la main à l'Histoire plus
exacte de nostre Romant. Il est temps que nous a-
cheuions cet ouurage, par la fin des heureuses alliances de la France, & de l'Espagne.

---

*DV VOYAGE DE LEVRS MAIE-
ſtez, pour l'accomplissement des Mariages.*

## CHAPITRE VIII.

E Monarque de l'Vniuers voulant en fin
exaucer les vœux de tant de peuples qui
souspiroient apres l'accomplissemét des
heureuses alliances de la France & de
l'Espagne, & deliurer de tant de soin & de trauail la

grande MARIE, mit au cœur de leurs Majestés d'a-
cheuer le voyage, dont on auoit desia faict tant de
bruict. Le Roy & la Reyne, auec la Maistresse du
Prince des Espagnes, partirent doncques de la premiere des cités de l'Europe, au temps que le Soleil
estoit prest de quitter la Vierge, pour reluire en la
maison de la Balance. Si ie voulois descrire particulierement la joye que tesmoignerent les villes par où
leurs Majestés passoient, le temps me defaudroit
plustost que la matiere. MARIE, que les Histoires
fidelles publieront toufiours pour la plus sage, aussi
bien comme pour la plus belle Reyne qui ait iamais
porté Sceptre, ne fut pas sans peine durant ce long
voyage. Toutefois le bon heur de la France a permis
qu'au plus grand desespoir des affaires, l'accomplissement de l'eschange s'est ensuiuy.

Le Duc de Lerme, Ambassadeur du Roy Catholique, accompagné du Duc de Montoleon, de qui
la prudence & la sagesse incomparable ont merité
la conduitte & le depost du plus cher gage des Espagnes, conduisoit ceste belle INFANTE, qui auoit encores pour Gouuernate ceste renommée Comtesse
de la Tour, dont les vertus & les merites n'ont autres bornes que celles de l'eternité. Ceste belle IN-
FANTE (disie) & diuine REINE, de qui doiuent
proceder les demy-Dieux, qui feront de l'Vniuers
vne seule Prouince. Et le grâd Almidor auoit la conduicte D'ELIZABETH, qui doit donner à l'Espe-
rie les fruicts & les rameaux, qui couuriront vn iour
tout le monde nouueau. Les ceremonies de cest heu-

reux eschange n'estoient pas moins admirables que
belles & magnifiques. Il y a vn Fleuue qui separe au
pres de Bayonne les Empires des deux plus grands
Monarques de la Chrestienté. Deux petits batteaux
couerts, & artistement fabriqués y paroissoiët. Dans
l'vn estoit Anne, & dans l'autre Elizabeth.
Quand l'vn en s'auançant faisoit vn pas, l'autre s'a-
uançoit de mesme, auec tant d'egalité, qu'elle remplissoit de merueille les yeux des Assistans. Le Monarque des Espagnes estoit sur le sommet d'vne haute montagne voisine, d'où il contemploit ceste belle ceremonie, & remercioit le Ciel de l'heur qui deuoit succeder à tous les peuples baptisés, par le
moyen de l'vnion de ces deux puissantes Couronnes.
En fin le grand Almidor, suiui du Regiment des gardes, luy laissa la belle Elizabeth au pied des Pyrenees. L'Ambassadeur du Roy Catholique la receut, & Almidor eut en possession, pour son Roy,
nostre diuine Reine. Pendant tout ce brouillas,
qui menaçoit la France d'vn orage, s'escarta soudainement. La valeureuse & royale race de Bovrbon,
fit soudain paroistre son intention, & tesmoigna son
courage vrayement François. O genereux & inuincible Prince, non moins vaillant que sage, & aussi
heureux que prudent, les lauriers & les palmes puis-
sent tousiours couronner vos entreprises ! Ainsi
puissiez-vous, au nom de vostre Lovys, suiure le
pas de l'vn de vos Ancestres, & arborer les fleurs de
Lys aux Prouinces des Infidelles. Les renommez
& magnanimes Princes, Cleonthee & Rozoleon,

de qui la valeur & le courage sont encores plus grads,
que les grandeurs qu'ils possedent se formerent bien
tost aux vœux du digne Neueu du Grand Henry.
Cleandre, qui par ses exploicts guerriers efface la
gloire du Paladin Roland, mit aussi l'espee au fourreau, desireux de planter la Croix, & de chasser le
Croissant des plaines d'Idumee. Le Ciel fauorise son
dessein, & accomplisse le presage que iu fis autrefois
pour luy, quand il eut les premices de ma plume.

   *Belle palme Lorraine, ornement de nostre âge,*
    *Amour est dans vos yeux, Mars dans vostre courage:*
     *L'un charme les beautez, l'autre rauist les Dieux:*
   *Si bien qu'en possedans une egale victoire*
   *L'on doute qui des deux vous acquiert plus de gloire,*
   *Ou la valeur du cœur, ou le charme des yeux.*

   *Il est vray qu'en ces iours si serains & si calmes,*
    *Mars luy laisse porter le Sceptre de vos Palmes:*
     *Car ils ont partagé l'Empire de vos faicts.*
   *Et pour mieux acquerir les Lauriers de la terre,*
   *Mars un iour vous fera triompher à la guerre,*
   *Au lieu qu'Amour vous faict triompher à la paix.*

   *Ie vous offre ces vers les tesmoins de la flamme*
    *Qu'Amour de sa main propre alluma dans mon âme,*
     *Qui verroient leurs tombeaux à leur commencement,*
   *Si c'est Amour qui faict reluire vos conquestes,*
   *Ne leur seruoit de Phare au milieu des tempestes*
   *Que le vent de l'Enuie émeut incessamment.*

   *Ie m'essaye en chantant l'Amour & ses allarmes*
    *Pour mieux un iour chanter la gloire de vos armes:*
     *Lors que pour arborer l'estendart de la foy,*
   *Vous reconquesterez les champs de Palestine,*
   *Puis que la Loy du Ciel seulement les destine*
   *Au digne successeur de vostre Godeffroy.*

Les acclamations, & les refiouyffances publiques,
des villes & des peuples, qui ont accompagné la bonne intelligence que ces grãds Princes ont euë depuis
auec la grãde M A R I E, font paroiftre que le Ciel eft
autheur de ces Alliances. Auffi il femble que depuis,
les Aftres regardent la terre d'vn œil plus doux, que
de couftume, & que la Vierge Aftree veuille defcendre du Ciel, pour iouïr de la conuerfation des
Mortels. Mais fi iamais ville tefmoigna du contentement, & de la ioye à fon Prince fouuerain, Paris a fait
voir tant de fignes d'alegreffe, au retour de leurs
Majeftés, que lors que i'en confiderois moy-mefme
la preuue, & que ie regardois attentiuement le Char
triomphant de noftre belle R E I N E, ces beaux vers
du premier & plus grand Oracle de la France, & l'ornement & la gloire du Confiftoire Romain eftoient
toufiours à ma bouche.

*Paris l'amour du Ciel, des lettres le fejour,*
*Le temple de Pallas, t'attend à ce beau iour,*
*Dont nul obfcur oubly n'efteindra la memoire,*
*Par mille doctes voix ton triomphe entonnant:*
*Paris œil des Citez, theatre de la Gloire,*
*A qui tout l'Vniuers fert d'Echo rezonnant.*

Ie n'entre point fur les confiderations de la fidelité
que cefte grande ville a mõftree clairement, pendant
l'abfence de leurs Majeftés. Ce bon Ordre au fait de
la police, cefte ialoufie loüable en la garde des portes, & des auenuës, & cefte paffion digne de loüange, que l'on remarquoit, lors qu'il y alloit de l'authorité & du feruice de leurs Majeftés, ont rendu vne

immortelle preuue, que Paris furpaffe en fidelité,
auffi bien qu'elle fait en grandeur,& en multitude de
peuple, toutes les autres villes du Royaume. En fin
la France, à qui l'Efpagne a toufiours donné des
Reines, qui ont comblé de felicités l'Eftat & la Couronne, nous faict prefent d'vne Reine, de qui les perfections ne pouuans eftre defcrites en fi peu d'efpace, l'on fe contentera de lire ces beaux vers, qu'vn des
plus grands Oracles de la France compofa au mefme
temps, fur ce fubject.

*Mopfe entre les Deüins l'Apollon de cet âge,*
　*Auoit toufiours faict efperer,*
　*Qu'vn Soleil qui naiftroit fur la riue du Tage,*
　*En la Terre du Lys nous viendroit efclairer.*

*Cefte prediction fembloit vne Auenture,*
　*Contre le fens et le difcours,*
　*N'eftant pas conuenable aux regles de Nature,*
　*Qu'vn Soleil fe leuaft où fe couchent les iours.*

*ANNE, qui de Madry fut l'vnique miracle,*
　*Maintenant l'aife de nos yeux,*
　*Au fein de noftre Mars fatisfaict à l'Oracle,*
　*Et dégage enuers nous la promeffe des Cieux.*

*Bien eft-elle vn Soleil, & fes raiz adorables,*
　*Defia veus de tout l'Orizon,*
　*Font croire que nos maux, feront maux incurables,*
　*Si d'vn fi beau remede ils n'ont leur guerifon.*

*Quoy que l'efprit y cherche, il n'y voit que des cheines*
　*Qui le captiuent à fes lois:*

　　　　　　　　　　　　　　　*Certes*

*Certes c'est à l'Espagne à produire des Reines,*
*Comme c'est à la France à produire des Rois.*

*Heureux couple d'Amants, nostre grande* MARIE,
  *A pour vous combattu le sort:*
  *Elle a forcé les vents & rompu leur furie,*
  *C'est à vous de gouster les delices du port.*

*La closture des Monts, ny la borne des Fleuues,*
  *Ne vous tient plus en diuers lieux:*
  *Si vous auez du feu donnez vous en des preuues*
  *Et beuuez du Nectar aussi bien que les Dieux.*

*Les fleurs de vostre amour dignes de leur racine*
  *Monstrent vn grand commencement:*
  *Mais il faut passer outre, & des fruicts de Lucine*
  *Faire auoir à nos vœux leur accomplissement.*

*Reseruez le repos à ces vieilles annees,*
  *Par qui le sang est refroidy:*
  *Le vray plaisir des iours est en leurs matinees,*
  *La nuict est desia proche à qui passe Midy.*

I'ay tant de choses à dire sur ce Mariage, & sur les
accidens qui se sont passez depuis l'action pompeu-
se & magnifique de la place Royale, que i'en reserue
la description à l'Histoire que i'ay desia commencee
pour ce subiect. Il ne reste sinon que leurs Majestez,
qui prennent plaisir à lire quelquesfois mes escrits,
me donnent enfin quelque tesmoignage de leurs li-
beralitez. Ma plume est desia lasse d'escrire sans re-
compense, & se fasche de ce que plusieurs, qui sont
plus heureux que sages, se mocquent du trauail de

ceux qui perdent leur peine, pendant qu'ils s'amu-
fent à publier la gloire de leurs Princes. Toutesfois
parmy les efcueils qui fe rencontrét tous les iours en
vne mer, où les plus experts pilotes fót ordinairemét
naufrage, ie vois vn grand CARDINAL, le plus grand
(fans mentir) & celuy qui a plus merité de l'Eglife
Romaine, qu'autre que le Soleil ait iamais efclairé,
qui me tend fon bras fecourable, & qui promet de
rompre la cheifne de mon mal-heur. Ie vois encores
vne digne PRINCESSE, dont les beautés & les vertus
incomparables font auoüer à l'Enuie mefme fon
merite. Elle me voit de bon œil, & defire d'interce-
der pour moy enuers leurs Majeftés. O genereufe race de Godeffroy, qui parmy tant de rofes & de fleurs
que la fortune fait naiftre fous vos pieds, rencontrez
bien fouuent des efpines ! Ainfi puiffiez-vous viure
heureufe & contente aupres de voftre grande MA-
RIE. Qué voftre felicité furpaffe toufiours vos defirs, & que l'honneur que i'ay de me dire l'obligé de
voftre cher frere, me tenant lieu de recompenfe, ie ne
ceffe deformais de celebrer voftre gloire, & voftre
merite. Et vous MON DVC, ET MA DVCHESSE, que
les deuoirs naturels, me forcét & me conuient d'honorer, & de feruir auec autant de fincerité, que vous
poffedez de grandeurs & de perfectiós, ie m'ofe promettre que par voftre moyen noftre ieune, noftre
belle, noftre vertueufe, & noftre diuine REINE,
auoüera la peine que i'ay prife à defcrire l'Hiftoire
des magnificences de fon mariage, que i'offre maintenant aux pieds de leurs Majeftés.

FIN.

## PRIVILEGE DV ROY.

LOVYS par la grace de Dieu, Roy de France & de Nauarre, à noz amez & feaux Conseillers, les Gens de nostre Cour de Parlement, Baillifs, Seneschaux, ou leurs Lieutenans, & autres nos Iusticiers & Officiers qu'il appartiédra, Salut. Nostre amé & feal, le Sieur de Rosset nous a fait entédre, que pour la reputation de la France, & contentement des Estrangers, il a composé le Discours des Magnificéces qui se sont faites en la place Royale, en faueur de nostre mariage, intitulé, *Le Romant des Cheualiers de la Gloire*, où il a traicté le plus fidellemét qu'il a peu, toutes les circonstáces arriuees en ceste action, ayátpour cet effect trauaillé continuellement depuis quelques iours, pour se rendre capable de l'escrire dignement, & fait mesme vne partie des vers qu'on a presentez, tellement qu'il ne reste à present que de luy permettre de choisir tel Libraire qu'il aduisera, pour le faire imprimer correctemét. A CETTE CAVSE, voulans fauoriser vne intétion si loüable, & que ces triomphes descrits par vne personne, dont la suffisance respond au merite du sujet, soient imprimez le mieux qu'il se pourra. Auons de l'aduis de la Reyne Regente, nostre tres-honoree Dame & Mere, par ces presentes signees de nostre main, permis & permettons audit de Rosset, de faire imprimer ledict Romant, par tel Libraire ou Imprimeur qu'il voudra, pendát le temps de dix ans, faisant cependant tres-expresses inhibitions & defences à tous Libraires & Imprimeurs, & autres quelconques, de l'imprimer en tout & par tout, vendre ny distribuer, si ce n'est du consentement dudict de Rosset, ou de celuy qu'il aura pris pour cest effect, sur peine de confiscation desdits liures, & d'amende arbitraire, *nonobstant que par le Priuilege expedié au sieur de Porcheres, on ait faict couler vne clause, portant defences à toutes personnes de trauailler*

*ſur ce ſubiect*, Que ne voulons empeſcher l'effect de ces preſentes, & à ceſte fin, nous *l'auons reuoquee & reuoquons*. Si vous mandons, & à chacun de vous enioignôs, que de noſtre preſent Priuilege, permiſſion & contenu en iceluy, vous faites & ſouffriez ledit de Roſſet, & celuy qui aura ſon droict ioüir & vſer plainement & paiſiblement, contraignant tous ceux qui ſeront à contraindre par toutes voyes deuës & raiſonnables. Voulons en outre, que mettant vn extraict des preſentes au commencement ou à la fin deſdits liures, elles ſoient tenuës pour & deuëment ſignifiees, Car tel eſt noſtre plaiſir. Donné à Fontaine-bleau le vingt-cinquieſme iour de Iuin, l'ã de grace mil ſix cẽs douze, & de noſtre regne le troiſieſme. L O V Y S. Et plus bas, Par le Roy, la Reine Regente ſa Mere preſente.

## DE LOMENIE.

EN vertu du Priuilege cy-deſſus mentionné, i'ay François de Roſſet Eſcuyer, fait tranſport pardeuant Notaires à François Huby, maiſtre Imprimeur & Marchand Libraire en l'Vniuerſité de Paris, pour en iouyr le temps & eſpace porté par leſdites lettres, ſans qu'aucuns, de quelque eſtat ou condition qu'ils ſoiẽt, le puiſſent imprimer que ledict Huby, en quelque forme & maniere que ce ſoit, ſur les peines portees par icelles.

www.ingramcontent.com/pod-product-compliance
Lightning Source LLC
Chambersburg PA
CBHW060950280326
41935CB00009B/675